通説を見直す

16～19世紀の日本

平川 新 編

清文堂

はじめに

平川　新

「通説をとらえ直す」研究会は、荒武賢一朗さんと木下光生さんの提案から始まった。通説にチャレンジするという問題意識をもった研究会を開きたい、ということだった。メンバーは、お二人が声をかけて集まってくれた人たちである。本書に論文を収録したメンバーと、あいにく原稿提出がかなわなかった二人を加えた九人で研究会を始めたのは、二〇一〇年八月のことである。そのときに配布された「研究会の趣旨」（荒武氏執筆）には、次のように書かれている。

本研究会では、参加者の抱える個別テーマ・課題、日常的な研究活動から、日本史研究における通説を再検討していきたいと思います。

一九九〇年代以降、戦後歴史学の見直しが進められるとともに、これまでに新しい研究が多数発表されてきました。もちろんそれらの多くは、これまでの通説に一石を投じるものでありました。しかしながら、現在の歴史教科書やいわゆる概説では、必ずしもその成果が反映されているとは思えません。さらに突き詰めて考えていくと、当たり前のように述べられていた学説と、普段我々の接する史料が語る歴史像との間には、かなり乖離する実態があるようにも思います。

研究者として当然のことではありますが、今一度、通説で述べられてきた日本の歴史を見直して、史実に基づいた歴史像の構築、さらには歴史を読み解く新しい視角について議論を深めていきたいと考えています。

論文を書くときには、それなりのオリジナリティが求められるので、何らかの新しい解釈や史実の提示が必要である。だが、それが通説批判になっているかというと、どの論文もがそうしたスタンスをとっているわけではない。むしろ、通説を補強するために書かれている論文も少なくない。それはそれで価値をもつが、どうせなら「通説を見直すぞ」という意気込みがあると、なお面白くなる。私自身は実証主義を基本としたが、そのうえで通説とは異なる要素を発見したり、通説とは異なった論理を構築することに関心を注ぐことが多かった。そのほうが論文を書いていて楽しいからである。

研究会で意識したことは、自分たちが研究しているテーマについて、通説となっている解釈をとらえ直す視点を明確化することであった。何をターゲットにするかによって論文の書き方は、かなり異なってくる。できあがった研究を報告するのではなく、研究途上のものを報告して、問題意識を明確化したり、通説のとらえ方を吟味し、次回にはその議論をふまえて精度をあげた報告をするということを繰り返した。研究会は、福岡市、高知市、武蔵野市、津市、大阪市で計五回開催し、毎回、全員が報告をした。二〇一一年三月に東日本大震災が発生し、開催が危ぶまれた時期もあったが、なんとか継続して論集の刊行にまでもっていくことができた。荒武さんと木下さんが事務局として、ふんばってくれたおかげである。

なお、本書は各論文の論点にあわせて、第一部「戦争・政治・権力」、第二部「社会・経済・生活」の二部構成にした。それぞれの論者がどのような通説を課題としたかを、以下に簡単に紹介しておく。

平川論文は、秀吉による朝鮮出兵をイベリア両国による世界植民地化事業に対抗した動きだとする見解を別稿で提起したが、それに対する深谷氏の論評を取り上げて、朝鮮出兵論がもつ問題点を指摘する。

太田論文は、信長政権と対立して滅亡したと理解されている本願寺が、なぜ江戸時代に最大の教団として存続しえたのかを、石山合戦期に本山とは異なった論理で動いていた門末の動向から読み解いている。

神谷論文は、幕府の異国船対策を対外的危機への対応ととらえる理解に対して、外国船の海難処理体制の検討をとおして、それが対外平和外交でもあったことを指摘する。

矢野論文は、地租改正によって近代的土地所有と近代的租税が成立したという通説に対して、改正地租は収穫量に準拠した石高制の影響を内包しており、近代的租税の創出を貫徹できていないと評価している。

藤井論文は、神道本所吉田家と対馬神職の確執を身分編成論としてではなく、介在した対馬藩が抱える易地聘礼問題とからめながら、幕藩関係論としてとらえ直している。

荒武論文は、中央—周縁関係を重視する幕藩制市場構造論の克服をめざし、地域間関係に重点をおいた「日本列島市場論」を提起している。

木下論文は、所持高で判断されがちな貧困について、その方法では貧困の実態を把握できないという論点を提起し、困窮の要因が高税率や借金ではなく消費欲にあるという実態を暴露した。

いずれも、それぞれの分野とテーマにおける通説的なるもの、あるいは影響力をもつと思われる見解を析出し、それを意識することによって論の立て方を工夫している。全体の研究会をつうじて、果敢に通説にチャレンジしてみようという心意気がよかった。

最後に、本論集の刊行を引き受けてくださった清文堂出版の前田博雄社長と、編集の労をとっていただいた松田良弘氏、トビアスの齋藤伸成氏に心より御礼を申し上げたい。

二〇一四年九月の佳き日に

通説を見直す　目次

第二部　社会・経済・生活……133

装幀／森本良成

第一部　戦争・政治・権力

第一章　豊臣秀吉の朝鮮出兵をめぐる最近の論議

平川　新

はじめに

二〇一〇年に「前近代の外交と国家—国家の役割を考える—」[1]を発表し、豊臣秀吉の朝鮮出兵の歴史的意義について、スペインやポルトガルの世界征服事業との関連から理解する論点を提示したところ、私信や口頭で多くの共感を寄せていただいた。そうしたなかで、論考として最初に批評の対象にしてくださったのは深谷克己氏だった。深谷氏は次の二つの論文で拙論を取り上げている[2]。

①「イベリア・インパクトと壬辰戦争」（以下、論文①とする）。

②「東アジア世界の再序列化と近世日本」（以下、論文②とする）。

もう一つの顕著な反応は、朝日新聞出版の『週刊新発見！日本の歴史』[3]から「豊臣秀吉の国際外交」というテーマによる執筆依頼をうけたことである。拙論の視点を評価してくださったのだろう。短文ではあるが、私見を一般の方々に理解していただくチャンスだと考えて引き受けた。この雑誌の編集部は、「朝鮮出兵はスペインに対抗世界征服への第一歩だった」という、かなりセンセーショナルな見出しを付けたが、拙論の主旨からずれているわけではない。

戦後歴史学において秀吉の朝鮮出兵は、主として、全国統一にともなう国内矛盾を解消しようとする海外膨張主義論や侵略論の視点から論じられてきた。私がこうした朝鮮出兵論に関心をもつようになったのは、仙台市史の特別編『慶長遣欧使節』の編纂事業に従事したことがきっかけだった。慶長遣欧使節は、メキシコと仙台との貿易を開くことを目的に、一六一三(慶長十八)年に伊達政宗が家臣の支倉常長をスペイン国王とローマ教皇のもとに派遣した使節である。仙台市史ではスペインやバチカンに保存されている史料を収集し、それを翻訳して編集したのだが、専門委員の一人となった私は幸いにもこれらの海外史料を読む機会を得ることになった。そのなかで、遣欧使節派遣がもつ歴史的意義について従来の解釈とは異なる見解をもつにいたった[4]。

また海外史料を読むことで、スペイン・ポルトガルの世界植民地化事業とキリスト教の世界布教戦略についても、その具体的な動きを知ることになった。日本での布教戦略は豊臣秀吉が一五八七(天正十五)年に発したバテレン追放令で大きな転換を余儀なくされるが、朝鮮出兵と前後してスペイン領のフィリピン総督やポルトガル領のインド副王に宛てた秀吉書翰の意義を考えると、朝鮮出兵もイベリア勢力の世界植民地化動向と関連づけて理解したほうがよいと思われた。そこで、秀吉の大陸征服構想の前提に、イベリア両国の世界植民地化事業への対抗意識があったのではないか、という視点から取りまとめたのが先の拙論である。それとともに、朝鮮出兵による大軍事動員を目の当たりにしたスペインは、日本を軍事的に征服する計画を断念し、布教によるキリスト教国家への改造しか道が残されていないことを認識したという解釈も提示した。

この論文に目をとめてくださった深谷氏による批評は、拙論に対する注目を高める効果をもたらした。たいへんありがたいことだった。しかし一方で、その批評の仕方については、歴史学の学問としてのあり方にかかわる論点が存在しているのではないか、と受けとめざるをえない内容が含まれていた。

そこで本稿では、深谷氏による拙論の批評の仕方を検証するとともに、豊臣秀吉による朝鮮出兵の歴史的意義の論じ方について、改めて私見を提示することにしたい。

一　深谷克己氏による拙論の評価

まずは拙論に対して深谷氏がどのような評価をしておられるのかを、論文①から紹介しておきたい。最初に研究史上の意義についてである。

深谷氏は、「朝鮮侵略」の「原因論」について、これまでの日本史研究では、豊臣秀吉の独りよがりな征服欲説や、秀吉権力の求心力を保つための際限のない軍役動員説、あるいはアジアについて無知な秀吉の誇大妄想説といった評価がふつうの理解だったという。近年は堀新氏が、中国の周辺王朝がもつ中華皇帝化願望論を説いて視野を広げたが[(5)]、なおヨーロッパとの関係が「朝鮮侵略」論につなげられていないと評している。

「ところが最近、この難問を解こうとした論考が現れた」として拙論を紹介する。拙論は「初めて大胆にヨーロッパの圧力への反発と大陸への侵略行動の連関性を解こうとした研究である」とし、次のように述べている。

平川論文は、高瀬弘一郎『キリシタン時代の研究』などを中心的な典拠にしながら、「武力征服」への志向がキリスト教布教に付随していたことを強調している。平川論文は、これまでの研究者の議論が「朝鮮侵略」に集中していることに疑問を呈し、秀吉の「征服構想が中国・朝鮮だけではなく、琉球・台湾・ルソンを含めた東アジア全域にまで広がった」ことを問題にし、「秀吉の西洋列強認識との関係」を検討する。そしてポルトガル・スペインのアジア征服構想の現れ方、その言説の種類を分類しながら検討している」（論文①三四八ページ）。

さらに、

ともあれ平川論文が「ポルトガルとスペインによるデマルカシオン体制、つまりイベリア両国による世界植民地化戦略」を秀吉が知らないはずはなく、「秀吉がめざした」ことは、「明の冊封体制からの自立というだけでなく、世界最強国家のスペインと対抗し、東アジアを日本の版図に組みこんでいくこと」「世界の植民地化をめざすイベリア両国に対する東洋からの反抗と挑戦」という見方を提示した意義は大きい。ヨーロッパに出会ったことと、アジアに対する態度との一体的な考察の不可避性が提示されたのは収穫である（論文①三四九〜三五〇ページ）。

と評価してくださった。

次に論文②において深谷氏は、世界分割構想をもつスペインとポルトガルからの文明的圧力をイベリア・インパクトと称することを提案しながら、「このインパクトを壬辰戦争と結びつける考え方は、従来の「原因論」にはなかった。このことについて、最近の平川新の研究は、壬辰戦争原因論に新しい刺激を与える示唆ぶかいものである」と拙論を紹介している。

こうして拙論の主旨を取り入れながら、深谷氏自身も、朝鮮出兵とヨーロッパとの関係を次のように示した。

秀吉の征服構想は、中国・朝鮮だけではなく、琉球・台湾・ルソンを含めた東アジアを越える地域に及んでいた。これは、秀吉の軍事計画が、東アジア世界への攻撃意欲だけではなく、イベリア・インパクトとの関係を要素として組みこまなければ説明できないことを示している（論文②一一一ページ）。

拙論の主旨を評価していただいたことに感謝したい。だが、深谷氏は拙論に対して次のような懸念も表明されている。たとえば論文①では、「平川論文の大胆で隙のない論証には裨益されたが、その地球大的な視野にもまだ『日本史的発想』の西洋比肩論的な昂ぶりが感じられる」（三五〇ページ）という指摘がある。またヨーロッパ人の来航と朝鮮侵略の「両方をつなぐということは、おのずからヨーロッパへの対抗がアジア侵略を引き出すという論理になり、侵略免罪論になりはしないかという危惧をともなう」（三四八ページ）とも述べている。同様の趣旨は論文②でも、「ただ、この『原因論』は日本のヨーロッパへの対抗がアジア侵略を引き出すという論理になり、警戒して論じなければ侵略免罪論に隙を与える危惧がある」（一〇九ページ）と指摘している。

こうした批評を私なりに受けとめれば、深谷氏は、イベリア両国との関係から朝鮮出兵の動機を読み解こうとした拙論を評価しつつも、それが侵略免罪論になりはしないかと不安にかられているということのようである。

本論の目的の一つはこの指摘に応答することであり、もう一つは両論文で披瀝されている深谷氏の歴史認識のあり方について、いくつかの感想を述べることである。

二　朝鮮出兵の「原因論」と「侵略免罪論」について

まず論文①にある、「おのずからヨーロッパへの対抗がアジア侵略を引き出すという論理になり、侵略免罪論になりはしないかという危惧をともなう」という部分、および論文②にある、平川論文のいう「原因論」は、「日本のヨーロッパへの対抗がアジア侵略を引き出すという論理になり、警戒して論じなければ侵略免罪論に隙を与える危惧がある」という点について応答しておきたい。

深谷氏も的確に評価してくださっていたように、拙論の主旨は、なぜ秀吉は朝鮮や中国だけではなく、琉球や台湾、フィリピン、さらにはインドまでも視野に入れた征服構想を抱くにいたったのか、という点にある。その結果として、秀吉の東アジア征服構想は、スペイン・ポルトガルによる世界分割構想／植民地化計画に対抗して生み出されたのではないか、という見解を導きだした。そのような私の見解が「侵略免罪論に隙を与える」という発言をどのように受けとめればよいのか、正直なところ困惑している。

深谷氏が「侵略免罪論」というとき、それは秀吉の朝鮮侵略を正当化するという意味が込められているのだと思う。しかも「隙を与える」という表現をみると、朝鮮侵略を正当化し、「侵略免罪論」になるような歴史解釈は好ましくないというニュアンスも感じられる。これが読み手の側の率直な印象である。ただ、深谷氏も悩みながらこうした批評をされたのだろうということは理解できる。先に紹介したように、研究史上における拙論の意義を評価してくださっているからである。しかしそのことを強調すると、秀吉による朝鮮侵略の責任が曖昧になってしまうという懸念をお持ちなのだろう。そのジレンマを深谷氏の二本の論文から読み取ることはできる。だが、「侵略免罪論」というのは学術的論点ではなく、政治的なイシューだというのが私の理解である。深谷氏の次の文章がそのことを明確に示している。これは、先に紹介した堀新氏の「中華皇帝化」論に言及した部分である。

しかし、「中華皇帝化」欲求論にしても、「朝鮮侵略」の実際を曖昧にすることにつながるという責めを同様に負わなければならない（論文②一〇九ページ）（傍点筆者、以下同）。

「中華皇帝化」論は「朝鮮侵略の実際を曖昧にする」というのは分かりにくい表現だが、朝鮮侵略の責任を曖昧にするという意味だと私は理解した。文中に「同様に」とあるのは、文脈からいって、平川論文と共に堀氏の論文もという意味である。ということは、いずれも朝鮮侵略の責任を曖昧にしかねない解釈だ、と深谷氏が理解しておられるということになる。深谷氏は堀氏の「中華皇帝化」論を評価しているのだが、一方ではこうした懸念も払拭できないようである。

拙論や堀氏の論文には納得できないということであれば、見解の相違であるからどうということはないのだが、「責めを同様に負わなければならない」というのはどういうことなのだろうか。「責め」を負うということは、通常、何か責任を取らなければいけないような過ちをしたという意味で使われる。とすると、私や堀氏は深谷氏に「責め」

られるような過ちを犯したということになる。学術論文でこのような責任追及をされるとは、意外なことであった。もちろん、秀吉の朝鮮侵略を絶対に正当化してはならないという立場があってもかまわないと私は考えている。個人が自主的な見解をもち、それを表現する自由が民主主義国家である日本には存在しているからである。深谷氏がそのような配慮をしながら論文をお書きになることは、もちろんあってもよい。しかし私が違和感を覚えているのは、自分では因果関係を解明した実証的な論文だと考えている学術的見解に対して、「侵略免罪論に隙を与える」とか「朝鮮侵略の実際を曖昧にする」といった批評がなされ、その「責め」を負わなければならないとされている点である。これは、学問的に解釈が異なる、という言い方ではない。「責め」られている側からすれば、不都合なことを言っているという文脈で受けとめることになる。その意味では、深谷氏のこのような批評のあり方は、政治的な主義主張に学問を従属させる危うさをはらんでいる。

私が求めたいのは学術的批判であって、深谷氏がこの朝鮮出兵問題にどのような政治的主張をもっているかということではない。私の史料解釈や論理や表記に誤りがあるのであれば、その根拠を提示して、ぜひ学術的な批判をお願いしたいと思う。

あえて申し上げておくが、朝鮮出兵の理由や因果関係を論じた論考に対して、朝鮮侵略の歴史的責任を曖昧化させるという趣旨の深谷氏の批評は、今後の研究にも影響を及ぼすのではないかと危惧をしている。朝鮮出兵を論じるときに、自分の論が「侵略免罪論」に加担することにならないかということを、論者が気にしなければならなくなったからである。その意味で深谷氏のこの発言は、私や堀氏だけに向けられたということではなく、この問題を扱おうとする研究者一般にも向けられたといってよい。とくに若い研究者が萎縮して自由な議論ができなくなることをおそれている。

私が前稿を草したのは、朝鮮出兵論に、「侵略論」を逸脱してはならないという一種のタブーが生まれて閉塞状態にあるのではないかと考えたことによる。新しい解釈を提示して議論を活性化させたいというねらいがあった。深谷氏の批評はその一歩だと認識しているが、朝鮮出兵論が再びタブー化されることのないように、自由な議論の環境が守られることを期待したい。

三　「東洋からの反抗と挑戦」について

拙論に関する深谷氏の次の意見も紹介しておきたい。

ただ平川論文が、「明の冊封体制からの自立」「世界最強国家のスペインと対抗し、東アジアを日本の版図に組み込んでいくこと」「世界の植民地化をめざすイベリア両国に対する東洋からの反抗と挑戦」と書くことに対しては、異議がある（論文②一一二ページ）。

ここで深谷氏が「異議がある」とされているのは、拙論にある「明の冊封体制からの自立」という表記と、「世界の植民地化をめざすイベリア両国に対する東洋からの反抗と挑戦」という表記についてである。

前者についてはその後に続く文章で、「当年の日本には、明の冊封体制から自立しなければならない差し迫った動機が思い当たらない。入貢は長く中断状態であり、講和交渉、家康の朱印船政策とつなげれば、むしろ東アジア国際関係の内部に入り込む意欲をもっていたと考えざるをえないのである」と述べているように、「明の冊封体制からの自立」を秀吉が求めたわけではない、というのが深谷氏の理解である。

私が「明の冊封体制からの自立」と書いたのは研究史に乗った解釈だった。朝鮮を経て北京に天皇を動座させようとした秀吉の構想や、日本国王の称号を授けるために派遣された明の使節を怒って追い返し、再び朝鮮に派兵した経緯などをみれば、秀吉には「明の冊封体制からの自立」の意思があったとするこれまでの解釈に妥当性を感じたからである。

しかし深谷氏が指摘されるように、秀吉と冊封体制との関係については、なるほどそうした解釈の可能性もあるのかもしれないと受けとめることはできる。したがって、深谷氏の解釈を受け容れるかどうかとは別に、私が述べた「冊封体制からの自立論」に対して「異議がある」という指摘は理解できる。

だが、後者の「イベリア両国に対する東洋からの反抗と挑戦」について深谷氏は、次のように続けている。


イベリア両国に対する対抗は朝鮮侵略の動機を解明するものだが、「東洋からの反抗と挑戦」という表現には、留意しなければならない危うさが潜む。後継中華王朝の危機もふくめたイベリア・インパクトであったことは疑えないから、その意味で「東洋からの反抗と挑戦」だったと見るとしても、痛苦を覚えるのは、現実には朝鮮半島を経て中国の都城を奪取する「東洋侵略」の選択に結果する、日本のほとんど「宿命」的なありようである（論文②一一二ページ）。

この文章を改めて整理しておくと、朝鮮侵略の動機にはイベリア両国に対する対抗があった、だがそれを「東洋からの反抗と挑戦」と表現するのは危うい、あるいは「東洋からの反抗と挑戦」という表現を認めるとしても、それは「東洋侵略」に結果したではないか、ということになるだろう。要するに「東洋からの反抗と挑戦」という表現は、「東洋侵略」をあいまいにする行きすぎた表現だ、という趣旨だと私は受けとめている。

だが、これもまた困惑する指摘である。秀吉の朝鮮出兵が朝鮮や明の征服／侵略を企図したものであるということは、すでにこれまでの研究史では十分に指摘されてきたことである。拙論はそれを、朝鮮や明だけではなく台湾やフィリピン、あるいはインドまでもが秀吉の射程に入っていたのではないかと指摘した。そうした壮大な征服構想は、世界支配を着々と進めているイベリア両国への対抗心から生まれたものではないかというのが拙論の主旨であった。先に紹介したように、深谷氏もそのような拙論の主旨に理解を示しておられた。私は世界の植民地化を着々と進めている両国と、それへの秀吉の対抗心を的確にあらわすものとして、「東洋からの反抗と挑戦」と表現したのである。したがって、この表現が「東洋侵略」をあいまいにするとは考えてはいない。むしろ、イベリア両国に対抗しようとする秀吉の気負ったメンタリティを言いあらわし、なぜ秀吉が「東洋侵略」に突き動かされていったのかを示す、もっともふさわしい表現だと考えている。したがって私は、こうした表現を今後も続けることになるだろう。

なお右に引用した深谷氏の文章には、気になる表現があることを、今度は私から指摘しておきたい。

第一点は、先にも引用した「痛苦を覚えるのは、現実には朝鮮半島を経て中国の都城を奪取する「東洋侵略」の選択に結果する、日本のほとんど「宿命」的なありようである」という文章の後段、「日本のほとんど「宿命」的なありようである」という部分である。

「東洋侵略」は日本の「「宿命」的なありよう」だという言い方をみると、日本は常に侵略的だという意味が込められているようにみえる。そこで秀吉の朝鮮出兵以前に日本の側から出兵した事例を振り返ってみると、七世紀半ばの百済出兵が思い浮かぶ。だがこれは、倭国・百済旧臣の連合軍と唐・新羅連合軍との戦争であり、日本の一方的な侵略ではない。むしろこのとき唐は周辺の諸民族を征服しており、唐による版図の拡大は明らかだった。新羅と結んだ百済侵攻はその一環だったという理解もある。さらにさかのぼれば、神功皇后の三韓征伐（新羅征伐）伝承がある。真偽をめぐる諸説があるようだが、中国と朝鮮の史書には倭国の侵攻が記されているので、まったくの虚構ではないらしい。これらが秀吉以前に確認できる、日本からの出兵の事例である。

一方、十三世紀鎌倉時代の二度にわたる元寇は、モンゴル帝国とその服属政権である高麗国による日本侵略のための軍事行動であった。日本側には大きな犠牲者が出た。九世紀から十世紀には西日本に新羅や刀伊の入寇があり、十五世紀には李氏朝鮮が対馬に侵攻した。十六～十八世紀にかけては、深谷論文②も指摘しているように、東アジア世界にはいくつもの「侵略」が展開した。ただし深谷論文で不思議なことは、中華の周辺から「中華皇帝化」を狙った行動は「中華侵略」だと表記するが、清朝による西方への拡大行動は、それが「大規模な殺戮をともなう」ものであっても、「侵略」ではなく「武力膨張」だと表記されている。中華を攻める行為は「侵略」だが、中華が攻めることは「膨張」だということのように読める。「侵略」と「膨張」の使い分けは、どのような基準によるのだろうか。

こうした事例をみていくと、国レベルであれ海賊集団レベルであれ、他国・他地域を「侵略」しているのは、日本だけではない。対象を日本との関係以外にも広げれば、侵略の事例は枚挙にいとまがないほどになるだろう。深谷氏が今後も「東洋侵略」は日本の「宿命的なありよう」だと主張されるのであれば、日本だけではなく、中国や朝鮮、さらにはヨーロッパ勢力などの対外侵略の歴史も「宿命的なありよう」の視点から総括されることを期待したい。そうしたなかで、日本の「宿命的なありよう」の特質を論じていただきたいと思う。それがフェアな歴史分析であり、歴史解釈だと考えるからである。

なお、あまり知られていないことだと思うので、一九九四年にポルトガルがトルデシリャス条約五百年を記念したコインを発行したことを紹介しておきたい。トルデシリャス条約は世界史の教科書にも載っている有名なもので、一四九四年に、西アフリカのセネガル沖に南北の線を引き、東側の新領土はポルトガル、西側はスペイン領とすることを決めた条約である。イベリア両国による世界侵略／植民地化を示す代表的な歴史根拠なのだが、五百年後の現代においても記念のコインを発行し、堂々とこうした過去の事跡を顕彰している。また同年、イベリア系勢力が支配したブラジルでも同条約五百年を記念した切手が発行されている。それぞれの国の内部においてどのような議論があったのかまでは承知していないが、これがかつて植民地帝国としてならした国の、あるいは支配された国の、表に出てきている現在の歴史認識のありようである。

侵略や植民地主義を歴史分析し、こうしたことが再び繰り返されないことにつなげていくことは大切なことだと私も思う。だが、のちに指摘するように深谷氏の議論にはヨーロッパの侵略に対する批判的視点が弱いようにみえる。中華（中国）による侵略に対しても、その表記の仕方をみると同様の印象をうける。自国史を批判的にとらえることは必要なことだと思うが、研究の視点としては日本の侵略だけを対象とする一国史的な観点からではなく、東アジア史や世界史にも同様の視線を向けていただくことを期待したい。そうでなければ因果関係を解き明かす歴史分析としては説得力をもたないだろうし、現在および将来にわたる世界史的動向に、日本の歴史学が普遍の学問として対応することはむずかしいのではないかと考えるからである。

さて、深谷氏の文章で気になる二点目について指摘しておく。深谷氏は論文①で拙論を次のようにも評価している。

平川論文の大胆で隙のない論証には裨益されたが、その地球大的な視野にもまだ「日本史的発想」の「西洋比肩」論的昂ぶりが感じられる。壬辰戦争から一七世紀中葉にかけての大動乱の末に、東アジア世界は中華の入れ替えを実現した。そしてこれ以降東アジア法文明圏は、空間的（華夷関係）にも、内実的（政治文化浸透と人口増加）にも大膨張する。日本は、その域圏内に居るが、非入貢・非敵礼、つまり弾き出された場所に立っている。平川論文にはこの歴史的推移、つまり東アジア法文明圏に内在する論理が見えない（論文①三五〇ページ）。

気にしているのは、「西洋比肩」論的昂ぶりが感じられる、という一節である。論文②にも、平川論文には、なお「西洋比肩」論的昂ぶりがある（一一二ページ）と、同様の記述がある。

「比肩」の意味を辞書で調べると、肩を並べること、同等であること、匹敵、といった意味がある。「大国に比肩する経済力」といった用例もあげられている。したがって「西洋比肩」論というのは、西洋と比べて日本は同等だとか、西洋に匹敵する、といった論じ方のことだと理解した。

確かに秀吉は西洋に対抗心を抱いたというのが拙論の主旨であるから、それを「西洋比肩」論だと評価されることはあってもよい。私としては従来の一国史的あるいは日・朝・明関係史のなかで議論されてきた朝鮮出兵問題を、少なくともスペインやポルトガルの世界史的動向と関連づけて考えたつもりだったが、それでもなお、「日本史的発想」だと理解されるのであれば、それは受けとめ方の問題であるから、いたしかたのないことである。

しかし、右に引用した深谷氏の文章のなかに、「西洋比肩」論的な「昂ぶりがある」というのは何を指しているのだろうか。文脈からいって秀吉の「昂ぶり」ではなく、平川の「昂ぶり」を意味しているように受け取れる。もしそうだとしたら、私が興奮しながらこの論文を書いたという趣旨になる。自分では興奮しながら書いたつもりはまったくないが、公表した論文をどのように受け取るかは読み手によって異なるだろう。したがってそう受け取ったというのであれば、これもいたしかたがない。とはいえ、学術論文の評価にあたって、このように揶揄した表現を用いることが適切かどうか、という思いを抱いたことはお伝えしておきたい。

また右の文章で深谷氏は、「平川論文にはこの歴史的推移、つまり東アジア法文明圏に内在する論理が見えない」とも指摘している。「東アジア法文明圏」というのは深谷氏が提示している独自の概念であり、私の立論や視点とは大きく異なる。したがって拙論にそうした視点がないのは、当然のことである。拙論における最大関心事は秀吉による出兵の論理であり、「東アジア法文明圏」という概念と関係づけなくても、それは説明／解釈できる、というのが拙論の立場になる。批評をお願いしたいのは、その説明に誤りがないかどうか、学問的に一般化できる解釈になっているかどうかという点である。

四　「情熱」と「正義感」について

深谷氏の論考には、ほかにも気になる部分がある。まず、論文②でキリスト教勢力について論じた次の文章を紹介する。

（前略）だが、デマルカシオンという言葉で知られるポルトガルとスペインの世界分割構想と、キリスト教布教組織との関係については、研究史をふまえる限り、疑うことができない。当時の反対宗教改革勢力の宗教的覇権主義が、攻撃的な性格をもっていたことは東アジアにおいても当てはまる。世界を救済したいという願いが強いほど武力に訴えてでもキリスト教社会への転換をという情熱であって、いわば正義感にともなう負性である。イエズス会は日本社会を知ろうと努め、日本語事典さえ作った（『日葡辞書』）。しかし、それは布教の使命感から出たことで、「教皇」に忠誠を誓う軍隊的組織であり、対象社会を征服し植民地にすることを常時構想していた。文明の側が未開の側を征服することが悪しき事だという発想は、宗教家もふくめ世界のどこにもなかった（論文②一〇八～一〇九ページ）。

右の文章から深谷氏が、キリスト教布教組織（イエズス会やフランシスコ会など）は「世界を救済したいという願いが強」く、「武力に訴えてでもキリスト教社会への転換をという情熱」、すなわち「攻撃的な性格をもっていた」という理解をしていることがわかる。私も同様の認識をもっている。これに続けて、「いわば正義感にともなう負性である」という一文がある。

キリスト教布教組織や宣教師たちは、迷える子羊たちを神の国へと誘う「正義感」を抱いていたからこそ、布教に情熱を注いだ。それを彼らの立場に立って「正義感」だと評価することは十分にありえることだし、あってよい解釈だと考える。もちろんそれが、「宗教的覇権主義」であったり「攻撃的な性格」をもつゆえに「正義感にともなう負性」（傍点平川）だと評価することにも共感を覚える。

だが次の、「文明の側が未開の側を征服することが悪しき事だという発想は、宗教家をふくめ世界のどこにもなかった」という文章[6]は、意味を取りにくい。深谷氏の文意を間違って解釈しないように少し整理をしてみよう。

ここでは、「文明の側」と「未開の側」が設定されている。「文明の側」とは西洋キリスト教社会、「未開の側」

とはアジア・アフリカ・アメリカなどの非キリスト教社会などが想定されているのだと思われる。その「文明の側」が「未開の側」を征服することが「悪しき事」という発想は「世界のどこにもなかった」、という。文脈からいってここにいう「世界」とは、「文明の側」も「未開の側」も含めた、地球上に存在する人間社会のことだ、と読み手が受けとめるのは当然のことだろう。とすると深谷氏は、西洋キリスト教社会が非西洋・非キリスト教社会を征服することが「悪しき事」だとは世界のどの社会もが考えていなかった、という理解をしていることになる。つまりこの論理でいけば、「未開の側」も征服されることが当然だと考えていたことになる。深谷氏の文章から読み手が受け取ることのできる第一の解釈である。

こうした解釈を深谷氏がしているのだとすれば疑問がある。単純に考えて、海外への進出をはかろうとした旧教・新教いずれのキリスト教国であっても、地球上における征服／植民地化の過程のなかで、強弱の差はあれ抵抗を受けなかった国はない。文明／西洋による、未開／アジア・アフリカ・アメリカ、の征服だからやむを得ない、などと考えた非キリスト教の国も民族も地域も、一つたりとてないのではないか。

すでに拙論で紹介したものだが、私の知っている日本の反応を一つだけあげておきたい。慶長二（一五九七）年、豊臣秀吉がフィリピン総督に出した書簡には次のようにある。

（前略）その国においては布教は外国を征服する策略または欺瞞なることを聞きたればなり。（略）予は思うに卿がこの方法を用いて其の国の古来の君主を追い出し、ついにみずから新しき君主となりたるがごとく、卿はまた貴国の教えをもって我が教えを破壊し、日本の国を占領せんと企画せるならん。是ゆえに予は前に述べたる所に対して憤り怒を懐ける（略）(7)

秀吉がここで言っていることは、スペインが布教を足がかりに外国を征服していることは知っている、フィリピンでもこの方法によって君主を追放し、みずからが君主になっているではないか、同様の方法で日本を占領しようとしているに違いない、怒りを抑えることができない、ということである。これに続けて秀吉は、日本と交誼を結びたいのであれば布教をせず、単に「商賈往還」のためにのみ来航せよ、さすれば安全を保障する、と書いた。要するに秀吉はスペインに対して、布教を隠れ蓑にした日本侵略は絶対に許さない、と警告したのであった。もし深谷氏が第一の解釈をしておられるのであれば、こうした事実とは不整合になる。

二つめの可能性は、いやそうではなく、ここでの主語は「文明の側」であり、「未開の側」を征服することが「悪しき事」だという発想をもたなかったのは「文明の側」のことだ、という理解である。文章表現からいって、こう受けとめるのはかなり無理があるのだが、深谷氏の考え方を突き詰めて理解するために、あえて想定しておこう。こうした受けとめ方をした場合、ここにいう「文明の側」とは西洋キリスト教社会のことだろうから、「悪しき事」だと考えないのは、あくまで西洋キリスト教社会のことになる。そうであればよく理解できるし、私も同意したい。しかしそうだとすれば今度は、あとに続く「世界のどこにもなかった」という表現とは辻褄があわなくなる。

三つめの解釈として、ここにいう「文明の側」というのは西洋キリスト教社会だけのことではなく、非西洋・非キリスト教社会にも「文明の側」があるということが含意されているかもしれない。そうだとすれば、そのような「文明の側」はどこでも、「未開の側」を征服することを「悪い事」だと考えてはいなかったということになる。私は、そのような可能性は大いにあると思う。西洋キリスト教社会だけではなく、どのような「文明」であれ、「文明の側」はみずからの優位性を誇示し、周辺の「未開の側」を征服するからである。こうした事例は、キリスト教的文明観を露骨に掲げた西洋列強だけではなく、中華を標榜した中国の華夷意識、あるいは日本の蝦夷支配など、世界史のなかにいくつも見出すことができるだろう。

以上、文脈を読み取りにくい深谷氏の文章をどう理解すればよいのか、私なりに考えてみた。はたしてこのどれかに深谷氏の言いたかったことが含まれているのか、それともまったく別なことを言われようとしたのか、私の読解力では判然としない。

だがいずれであるにしても、キリスト教布教組織や宣教師たちが非キリスト教社会を征服することを「悪しき事」だとは考えていなかった、と深谷氏が理解していることだけは、はっきりしている。それを支えているのは彼らの「情熱」であり「正義感」だったという理解も明確である。しかも次の記述は、その理解をさらに補強している。

イベリア両国、というよりキリスト教布教集団は、とくに一五八〇年代、日本での布教の成果、すなわちキリシタン大名とキリシタン民衆の増勢という自信を前提にして、東アジアの「武力征服」という意欲を膨らませた。もとより我欲のためではない。キリスト教布教と一体化した善なる熱意であり、それだけに自己批判を生むことはない（論文②一〇九ページ）。

キリスト教団による武力征服の意図は「我欲のため」ではなく、「善なる熱意」から発したものだという評価である。征服する側の認識を検証することで、征服者の論理が見えてくる。キリスト教勢力に対する深谷氏のこうした評価の仕方には、私も大いに賛同する。

もう一つ、深谷氏のこの論で確認できる大事なことは、征服の論理を解明すれば「侵略免罪論」になる、という考え方をここではとっていないということである。それどころか、征服に走らせたのは、彼らの「情熱」であり「正義感」であり、「我欲のため」ではなく「善なる熱意」のためであったとも評価している。それを「負性」だとみなしてはいるが、征服者の立場と考え方に理解を示したものだといえよう。

だが翻って、私が秀吉による朝鮮出兵の論理を提示したことに対して深谷氏は、「侵略免罪論」になりかねないと批判した。私が理解に苦しむのは、そこである。西洋キリスト教社会による征服／侵略に対しては、そこにある「情熱」や「正義感」を論じても「侵略免罪論」にはならないが、秀吉の論理、すなわち「東洋からの反抗と挑戦」という秀吉のメンタリティのあり方を提示すると、「侵略免罪論」につながりかねないという指摘をうける。同じ侵略を論じるのに、なぜこうした違いがあらわれるのだろうか。

世界史のなかにいくつも存在する文明国や強大国は、前述したように周辺の国や地域を征服する意欲をもち、実際に征服した。それぞれに正当化の論理がある。はたして深谷氏は、「情熱」や「正義感」による征服意欲や征服行動を、非キリスト教社会にも認めてくれるのだろうか。秀吉による朝鮮出兵を、スペインの侵略に対抗する「情熱」や「正義感」のあらわれだと評価してくれるのだろうか。「情熱」や「正義感」をもつのは、キリスト教の宣教師だけではない。深谷氏がキリスト教社会による侵略を「情熱」や「正義感」で論じた以上、秀吉の侵略も同様の基準や表現で評価することは方法論として担保されなければならない。それがダブルスタンダードにならない、論理の一貫性だと考える。

深谷氏の「正義感」論を拝読したあとに、小島毅氏の『「歴史」を動かす』(8)にある、次の文章を目にした。第一部「近代はいつからか」のなかで、日韓併合を論じた部分である。小島氏は併合時に明治天皇が発した詔書を紹介している。引用しておく。

朕東洋ノ平和ヲ永遠ニ維持シ帝国ノ安全ヲ将来ニ保障スルノ必要ナルヲ念ヒ又常ニ韓国ガ禍乱ノ淵源タルニ顧ミ曩ニ朕ノ政府ヲシテ韓国政府ト協定セシメ韓国ヲ帝国ノ保護ノ下ニ置キ以テ禍源ヲ杜絶シ平和ヲ確保セムコトヲ期セリ（六四ページ）。

この詔書の意味するところについて、小島氏の解釈もあわせて引用しておこう。

東洋の平和を考え、帝国の安全のためには、いろいろな紛争の種になりやすい韓国を自分の保護下におくといっているのですね。建前上、どうして併合したのかということが書いてあり、韓国の皇帝と相談して、決めたといっています。もちろん日本の韓国統監が一方的に取り決めたわけですが、意図の表明としては韓国のためを思って、私の領土に入れることにしたというのですね（六五ページ）。

小島氏が指摘するように、詔書のなかには確かに「東洋ノ平和」を維持するために「帝国」の保護下におくとある。小島氏は、さらに詔書を引用する。

韓国皇帝陛下及其ノ皇室各員ハ併合ノ後ト雖相当ノ優遇ヲ受クベク民衆ハ直接朕ガ綏撫ノ下ニ立チテ其ノ康福ヲ増進スベク産業及貿易ハ治平ノ下ニ顕著ナル発達ヲ見ルニ至ルベシ而シテ東洋ノ平和ハ之ニ依リテ愈愈其ノ基礎ヲ鞏固ニスベキハ朕ノ信ジテ疑ハザル所ナリ（六五ページ）。

小島氏の説明である。

韓国の民衆は直接、自分の統治化で、もっと幸せになれるのだ、そしてこれによって東洋の平和はますます堅固なものになるんだというい い方をしています。

明治政府の首脳たちがこれを本心から信じていたというより、もっとあざとい利害関係に基づいての併合であることは間違いないのですが、思想的なコンテクストとしては、日本は神功皇后の「新羅征伐」以来、悪さをする韓国をたしなめる役割をずっと果たしてきた。今回も日韓協約以後、そういうふうにして韓国の人々を導こうとしていたのだけれども、どうもわかってくれない、もう自分たちと同じにすることによってその区別をなくし、韓国の人々も、日本本土の人と同じようにしあわせにしてやるんだというのが、併合論の宣言なのですね。もちろん、これは韓国、朝鮮の側の人々にとっては侵略者のいい分であり、自分たちの信じてきた文化、伝統を踏みにじる行為であり、それゆえに三・一独立運動が起こってきます（六五～六六ページ）。

引用が長くなったが、詔書は、韓国を「帝国」の保護下におくことが「東洋ノ平和」のために必要であり、韓国の民衆もそれによってますます幸福になる、という趣旨を述べている。ここには深谷氏の「正義感」論に関わる興味深い論点が含まれている。

確かに小島氏も指摘するように、これは日本の側の論理であって韓国の民衆が納得する論理ではない。だが天皇の意思として、韓国を併合することの正当性が表明されている。深谷氏の言葉をかりていえば、東洋の平和を希求し、韓国人を幸福にするための「情熱」と「正義感」に満ちた内容だといってよい。先に紹介した深谷氏の文章と天皇の詔書の言葉を入れ替えてみると、次のようになる。

「~~世界を救済~~（東洋ノ平和ヲ永遠ニ維持）したいという願いが強いほど武力に訴えてでも~~キリスト教社会への転換を~~（帝国ノ保護ノ下ニ）という性格の情熱であって、いわば正義感にともなう負性である」（見え消し線は筆者）

ほとんど違和感がないほど落ち着きがよい。深谷氏の論法に倣うと、帝国日本の側の意図を見事に説明できる文章となる。深谷氏は、このようにして説明される帝国日本の意図を、どう受けとめるだろうか。西洋キリスト教社会による征服／侵略を「情熱」と「正義感」で論じた以上、右の論法も深谷氏は当然承認されることになるのだと私は理解している。

五　「来襲」と「来航」について

深谷氏は二本の論文のなかで、ヨーロッパ人の「来襲」と「来航」について論じている。その部分を引用して紹介しておきたい。

＊ヨーロッパ人の「来襲」を「来航」に変えてしまったのは、東アジア世界が古代以来蓄えてきている総体としての力量であっただろう。言い方をかえると、一六世紀から一七世紀へかけての東アジア法文明圏の存在

力である（論文①三四六ページ）。

＊日本史では、ヨーロッパ人は「来航」したのであって、「来襲」したのではなかった。この表現は、ヨーロッパ大航海時代に東アジアでは、中南米のような植民地化の結末を見なかったからである。ヨーロッパを「来襲」勢力にさせなかった要因は、東アジア世界が古代以来、王朝交代を繰り返す中で蓄積してきた総体としての力量であったと見てよい（論文②一〇八ページ）。

＊キリスト教布教と抱き合わせになった世界分割支配勢力としてのポルトガル・イスパニアが東アジア世界の広さで見ると全土的な植民地を獲得できずに押し返されたのは、東アジア法文明圏のいわば「歴史力」の厚みによるものであろう。イベリア勢力のデマルカシオン構想を、「来襲」から「来航」に変質させた背景的な力は東アジアの、古代以来、興廃交替を繰り返してきた濃密な諸王朝の実在であり、それの総体的な反発力であったとみてよい（論文②一一三ページ）。

「来襲」というのは武力による侵攻、「来航」というのは言葉通り船でやってきたという意味である。前者は攻撃的な意味合いを含むが、後者は必ずしもそうではない。そのヨーロッパ人による「来襲」をうけた地域として深谷氏は中南米をあげる。十五世紀末に新大陸を発見したとして知られるコロンブスは、最初に到達したカリブ海諸島で大虐殺（一説に五万人以上ともいわれる）をおこなった。スペインはアステカ帝国を滅ぼして、一気に中米を征服し、勢いをかって南米にも侵攻した。インカ帝国を滅ぼし、現在のペルーやチリ、アルゼンチンなども武力制圧し植民地とした。一方のポルトガルは、一四九三年のトルデシリャス条約によってブラジルを支配し、さらにアフリカ大陸の沿岸部を次々に征服し、喜望峰を越えてアジアに進出した。

太平洋を横断したスペインと、アフリカ大陸を迂回してアジアに到達したポルトガル。そのアジアにおける両国の振る舞いについて、深谷氏は次のような記述をしている。

ポルトガル・スペインのアジア征服構想は、具体的な軍事計画・行動として発動されたものではなく、「言説」として認めることができるものである（論文②一一〇ページ）。

ここで深谷氏は、ポルトガルとスペインのアジア征服構想は「言説」にとどまったとしているが、そうなのだろうか。以下に事実関係を確認しておきたい。

太平洋を横断したスペインは、十六世紀中葉にはルソン島をはじめとする群島を軍事的に制圧して支配下においた。フィリピン史をひもとけば、ここでも多くの島民が殺されたことを知ることができる。これらの地域は、当時のスペイン皇太子フェリペ（のちのフェリペ二世）にちなんでラス・フィリピナス諸島と命名され、フィリピンという国名の由来になっている。いまも征服者の名前を国名にしている。一方のポルトガルはインドのゴアを植民地化し、そこに副王をおいてアジア支配の拠点とした。ゴアや海上交通の要衝であるマラッカ等を征服するにあたって、ポルトガルは多くの艦船や兵を派遣して攻撃した。かくして、南アジアも東南アジアも、ポルトガルとスペインの武力によって多くの地域が支配された。これはアジア征服構想の「言説」ではなく、歴史の実際である。

このようにスペインとポルトガルの世界征服事業は、それぞれの地域にとって、まさに「来襲」であった。その「来襲」が東アジアでは「来航」になった、と深谷氏はいう。軍事的な制圧がなかったから、という意味であろう。では、その東アジアとはどの範囲なのだろうか。東南アジアと東北アジアを合わせた地域を東アジアとする理解などもあるが、深谷氏が視野に入れるそれは、日本列島、台湾島、朝鮮半島、インドシナ半島北部、中国大陸だということである。(9)そうだとすると、深谷氏が東アジアにヨーロッパ勢力の「来襲」はなかったとするのは正確ではない。なぜなら台湾は十七世紀前期に、オランダとスペインによって交互に占拠され、それを鄭成功が十七世紀中葉に駆逐するという、領土争奪戦の対象になっているからである。ヨーロッパ勢力にとって東アジアは、決して不可侵の場所ではなかった。

とはいえ、ではなぜ台湾以外の東アジア、すなわち日本、中国、朝鮮は軍事的な攻撃を受けずに「来航」になったのだろうか。深谷氏が前掲引用文であげた理由は、次のとおりである。

＊東アジア世界が古代以来蓄えてきている総体としての力量
＊東アジア法文明圏の存在力
＊東アジア世界が古代以来、王朝交代を繰り返す中で蓄積してきた総体としての力量
＊東アジア法文明圏のいわば「歴史力」の厚み
＊古代以来、興廃交替を繰り返してきた濃密な諸王朝の実在

はたしてこれらを、「来襲」ではなく「来航」となった理由として理解することができるだろうか。「古代以来蓄えてきている総体としての力量」、「東アジア法文明圏の存在力」「歴史力の厚み」「濃密な諸王朝の実在」といわれても、それが何を意味しているのか、どのような実態をさしているのか、私には理解することがむずかしい。これらの理由と、なぜ「来航」になったのかの因果関係も説明されていない。

じつは私も、この問題を考えたことがある。拙著『開国への道』[10]において、十七世紀以降、イギリスやフランス、ロシアが環太平洋地域で植民地化を進めるにあたって、国家が存在しない地域には武力的に振る舞うが、国家が存在する地域では国家間の外交として対処したということを指摘した。前者が深谷氏のいう「来襲」にあたり、後者が「来航」にあたる。ただし、国家が存在するだけで安心なわけではない。西洋列強は、その国家が弱いとみれば襲撃して支配下においた。世界の帝国とみなされていた清国もアヘン戦争を契機として、イギリスに香港を奪われ、マカオもポルトガルの植民地となった。隙があればつけこんでいく。これも国家間外交のあり方である。

同様の理解は、これより早く十五世紀から始まるヨーロッパ列強の植民地化事業でも可能である。先行したスペインとポルトガルだけではなくイギリスやオランダも、武力と懐柔と対話の戦略を相手にあわせて使い分けていた。世界の多くの地域が植民地化されていったのは、国家がないか、あっても弱い国が多かったからだということになる。

ところが日本はそうではなかった。戦国時代の日本は戦国大名がそれぞれに軍拡競争に走り、領土争奪戦を繰り広げていた。信長・秀吉・家康と継承された統一事業は、分散していた戦国大名の軍事力の一元的編成を可能とし、日本は巨大な軍事国家として姿を現すことになった。秀吉の朝鮮出兵はその象徴であった[11]。当時の超大国スペインが日本の軍事的征服を断念したのは、この軍事動員力を深刻に受けとめたからである。オランダやイギリスもまた、キリスト教国の侵略主義に懸念を示す家康に配慮して布教を放棄し、貿易関係からのアプローチに限定せざるをえなかった。だが、布教による日本征服にこだわり続けたスペインとポルトガルは、徳川幕府によって日本から追放されることになる。

イギリスはオランダとの貿易競争に負けて日本から撤退していくことになるが、それより以前、貿易地を平戸や長崎に限定されながらも両国が従ったのは、前稿で論証したように、日本の皇帝（将軍）の力を畏怖していたからであった。断交を突きつけられたスペインとポルトガルが、それに唯々諾々と従ったのも日本の皇帝に抗えなかったからである。

とすると、なぜヨーロッパ列強が「来襲」ではなく「来航」になったのかの理由は明白である。ヨーロッパ列強が日本にだけ温和だったからではない。日本が強かったからである。弱かった国は征服されるか従属を強いられた。一六二一年に平戸オランダ商館長から東インド政庁に宛てた書簡は、この関係を明確に言いあらわしている。

日本の皇帝は、マカッサルの王とは異なり、彼の領土内における外国人の暴力を決して許しはしない。マカッサルの王もそれを望んでいるとは思わないが、彼には外国人の暴力を抑止する力をもたない。しかし日本の皇帝は力において欠けるものはない。(12)

マカッサルとはインドネシアにある王国のことであり、当時、貿易をめぐってオランダとの抗争を続けていた。こうした王国と比べて日本の皇帝の力は絶大だということが述べられている。オランダが日本の貿易を統制したのではなく、なぜ日本がヨーロッパ列強との貿易を管理統制できたのか。その理由はこれによって明確になる。

では同じ時期に、なぜ明と朝鮮がヨーロッパの従属国とならなかったのか。一六〇〇年前後の時期でみると、当時の明はポルトガル人にマカオの居留権を認めていたが、主権を保持し、海関も設置してポルトガル人の貿易を統制していた。強い国家が厳然と存在していた。

一方、朝鮮の事情は判然としないが、一五九〇年代まではポルトガル人もスペイン人も未だ朝鮮との接触はなく、秀吉の朝鮮出兵の時にキリシタン大名に従ってイエズス会宣教師が渡海したのが初めての関係らしい。だがそれは、日本人信者の礼拝・祈祷のためであり、朝鮮での布教のきっかけにはならなかったという。その後一六五三年、済州島に漂着したオランダ人が朝鮮に幽閉されるという事件が発生した。一三年後に脱出して日本に保護されたオランダ人ハメルがその体験を公刊したことから、当時の朝鮮事情がヨーロッパにも明らかになった。これを機にオランダ東インド会社は朝鮮貿易の可能性を探ったが、朝鮮が清への朝貢国で、日本にも使節を派遣していたことから見送ったとされている(13)。

こうして一六〇〇年前後の時期、明および朝鮮ともにヨーロッパ人の「来襲」を受けることはなかった。朝鮮とは接触の機会をつかめなかったという事情が大きいようだが、明の場合は、その貿易管理体制のなかにポルトガルが組みこまれていたことが大きい。前稿で指摘したように、思い通りにならないことに苛立ったイエズス会の宣教師たちは、だからこそ、日本のキリシタン大名を動員して明を征服することを夢想していたのである。

なお、深谷氏の次の文章についてもコメントをしておきたい。

　近世化の段階に日本にやってきたヨーロッパ諸勢力が武力行使を前面に押し出すことをしなかったことも、敵対性の薄いヨーロッパ観を準備することになったであろう（論文①三四四ページ）。

日本での武力行使が「前面」に出なかったのは、ヨーロッパ勢力の自発的な意思と選択によるのではなく、武力行使をしようとしてもできなかったという現実があったからである。日本でもイエズス会領となった長崎の拠点化が進んでいたが、その危険性を察知した豊臣秀吉がバテレン追放令を出し、力を背景に長崎領を没収した。そのため、日本国内におけるイベリア両国の領土化を未然に防ぐことができたのである。こうした日本の側の対応も視野に入れておきたい。

なお深谷氏は「敵対性の薄いヨーロッパ観」とするが、スペインやポルトガルとの断交、すなわち日本からの追放といった経緯をみると、私は「敵対性が薄い」という理解をとらない。深谷氏がいうように、「敵対性が薄い」と感じられるようになったのは、最後まで残ったオランダが、あの狭い出島に押し込められたことを甘受し、江戸参府によって将軍へ服従する姿勢をみせたからであった。なぜそれが可能になったのかという点にこそ、「来襲」と「来航」の関係を読み解くカギがある。

以上、深谷氏の文章に触発されて、日本、中国、朝鮮それぞれの「来航」の経緯を見てきた。これによって、ヨーロッパにとって未知の国であった朝鮮はともかく、日本と中国においてヨーロッパ列強が「来航」勢力になったことと、台湾においては「来襲」勢力になったこととの違いの理由が、かなり明確に浮かびあがってきたのではないだろうか。すなわち、征服意欲の強いヨーロッパ列強に対して、日本と中国はそれに対抗し、列強をコントロールすることが可能な国家としての力を有していた、ということである。

深谷氏は「来航」にとどまった理由を前述のように、古代以来の、「総体としての力量」や「存在力」「歴史力」といった言葉で説明していた。しかし、こうした抽象的説明で納得することはむずかしい。これらがどのように働いた結果、「来襲」が「来航」になったのかの具体的な説明がないからである。

とはいえ、前述のような日本・中国・朝鮮のそれぞれの経緯をふまえると、深谷氏の理解と私の認識にも重なり合うところがあると考えている。つまり、「古代以来、興廃交替を繰り返してきた濃密な諸王朝の実在」は、まさしく国家という枠組みが存在するからこそ可能なことであった。「東アジア法文明圏の存在力」を支えているのも国家だといってよい。いわば法文明と国家は表裏の関係にある。もちろん、国家が存在しただけでヨーロッパ勢力の「来襲」に対峙できたわけではない。その「来襲」を跳ね返すだけの力、あるいは「来襲」を断念させる力が国家になければならない。そこで問われるのが、まさに国家が「古代以来蓄えてきている総体としての力量」なのである。それは政治力であり軍事力だといってよい。その力量が不足すれば、いかに東アジア法文明圏であっても「来襲」されることになる。二世紀あとのことになるが、アヘン戦争によって清国はイギリスとポルトガルに香港とマカオを奪われた。

これまで深谷氏が提示してきた「東アジア法文明圏」とは、その用語に端的にあらわれているように、政治文化の中核に「中華的古典古代」「儒教政治思想」等を共通して有する圏域のことだと理解している。かつて言われた儒教文化圏よりも諸要素の範囲は広い(14)。だが、こうした東アジア法文明圏の存在と共通性だけで「来襲」を跳ね返すことができるわけではない。おそらく深谷氏も、「力量」や「存在力」「歴史力」の具体的前提として国家という存在を想定しておられるのでないかと拝察する。しかし国家という言葉を用いずに、こうした抽象的な説明にとどまるのであれば、国家がはたした歴史的な役割を、それこそ「曖昧」化させるのではないだろうか。かくして、いま私は、深谷氏が言及することを慎重に避けていると思われる国家という存在、すなわち「来襲」を「来航」とさせることに大きな役割をはたした国家について、さらに検討を進めていかなければならないと考えている。

おわりに

国家についての考え方は実に多種多様で、立場と視点によって、どのように論じることも可能である。また、学問としてはどのように論じることも許容されなければならない。戦後歴史学のなかで国家は階級支配装置としての視点が強調されたために、暴力的抑圧装置としての理解が広まっていた。また近代日本の対外膨張主義的性格を強調する視点から、国家の侵略的性格も重視されてきた。先に紹介したように深谷氏が、「東洋侵略」を日本の「宿命的なありよう」とみなすのは、こうしたイメージを前近代に投影させた結果だろうと推察している。

私は以前に、民意吸収や世論調整をシステム化した公共国家としての近世国家論を提起して、階級支配装置としての国家論の相対化をはかったことがある。(15) それは国家の多様な性格を明らかにしたいという思いからであった。幸いにして多くの理解を得ることができたと受けとめているが、今度は深谷氏が指摘されたように、「来襲」された国と「来航」になった国との違い、すなわち国土防衛にはたした国家の役割を追究し、「国家が存在したことの意味」を歴史的に問いなおしていきたいと思う。それが国家論の幅をさらに広げていくことにつながり、また日本史と世界史をリンクさせていく視点の一つにもなるであろうと考えるからである。

【註】

（1）拙稿「前近代の外交と国家―国家の役割を考える―」（『近世史サマーフォーラム二〇〇九の記録』二〇一〇年三月）。なおのち、荒武賢一朗・太田光俊・木下光生編『日本史学のフロンティア1―歴史の時空を問い直す―』（法政大学出版局、二〇一五年）に改稿して収録された。

（2）深谷克己「イベリア・インパクトと壬辰戦争」（国立歴史民俗博物館編『韓国併合一〇〇年を問う』岩波書店、二〇一一年三月）、同「東アジア世界の再序列化と近世日本」（趙景達・須田努編『比較史的にみた近世日本』東京堂出版、二〇一一年五月）。深谷氏はこの二論文を統合し、『東アジア法文明圏の中の日本史』（岩波書店、二〇一二年）の第四章「壬辰戦争とイベリア・インパクト」としてまとめている。本稿では掲示した二論文を対象にしている。

（3）『週刊新発見！日本の歴史』4号、「豊臣政権と朝鮮出兵の真相」（責任編集：矢部健太郎、朝日新聞出版、二〇一三年）。

（4）拙稿「慶長遣欧使節と徳川の外交」（仙台市史特別編8『慶長遣欧使節』仙台市、二〇一〇年）、同「スペインの対日戦略と家康・政宗の外交」（『国史談話会雑誌』五〇号、東北大学文学部日本史研究室、二〇一〇年）。

（5）堀新「織豊期王権論」（『人民の歴史学』一四五号、二〇〇〇年）。

（6）註（2）の深谷前掲『東アジア法文明圏の中の日本史』（九五ページ）においてこれに該当する部分は、「その時代、文明が未開を征服することが悪だという発想は、どこにもなかった」と修正され、「宗教家をふくめ世界の」が削除されている。だが、深谷氏の初出の論文を拝読したさいの衝撃は大きく、また現在もなお影響力を発揮し続けていると思われるので、ここでは初出論文での見解を検証しておく。なお右の部分を削除したとはいえ、キリスト教社会の側に悪意がなかったという文脈に変更はないと理解している。

（7）異国叢書『異国往復書翰集　増訂異国日記抄』駿南社、一九一五年、八〇ページ。

（8）小島毅『「歴史」を動かす』亜紀書房、二〇一一年。

（9）深谷前掲『東アジア法文明圏の中の日本史』の「はじめに」。

（10）拙著『開国への道』全集日本の歴史十二巻、小学館、二〇〇八年。

（11）日本に関する以下の記述については次の拙稿を参照。前掲「前近代の外交と国家」、同「スペインの対日戦略と家康・政宗の外交」、同「慶長遣欧使節と徳川の外交」。

（12）細谷千博、イアン・ニッシュ監修『日英交流史 1600-2000』第一巻、六六ページ、東京大学出版会、二〇〇〇年。

（13）ヘンドリック・ハメル『朝鮮幽囚記』解説、平田滋訳、平凡社東洋文庫、一九六九年。

（14）前掲深谷『東アジア法文明圏の中の日本史』四六ページ以下。

（15）平川新『紛争と世論―近世民衆の政治参加』東京大学出版会、一九九六年、同「幕府官僚と利益集団―天保の油方仕法改革と政策過程―」（『歴史学研究』六九八、一九九七年、同「交差する地域社会と権力」（『歴史評論』六三五、二〇〇三年、同「郡中公共圏の形成―郡中議定と権力」（『日本史研究』五一一、二〇〇五年）。

第二章　石山合戦に敗北しても活動を続ける本願寺門末
―近江国湖北の事例から―

太田　光俊

はじめに

一向一揆の研究が、歴史学界で輝きをみせていた時代があった。農民戦争を彷彿とさせ、民衆の力が結集したかのようにみえる一向一揆は、大変魅力のある素材だったのかもしれない。

しかし、その一方で、一向一揆と本願寺の関係の追究や本願寺自体の構造分析はあまりなされなかった。本願寺、一揆と、全体的にイメージがはっきりとしているだけに、詳細な分析の蓄積がなくとも、各事象をつなげて叙述しやすかったのかもしれない。その後、この状況は批判され、いわゆる本願寺教団論が展開された[1]。そして、宗派内の日記史料が充実する天文期を中心に研究は進展し、本願寺自体の構造が明らかになっていく。一方で、宗門史とのつながりが強くなり、一般的な歴史学研究との距離が開きつつあった。とはいえ、「石山合戦」や長島一向一揆が巻き起こり特に華々しくみえる織豊期では、宗派内史料がととのっていないこともあり、本願寺教団論の本格的展開はみられなかった。結果、織豊期において本願寺の内実に迫るような研究の深化がないまま、事件のみが通史に残り続けた。現在でも高等学校日本史の教科書[2]では、

信長の最大の敵は石山（大坂）の本願寺を頂点にし、全国各地の浄土真宗寺院や寺内町を拠点にして信長の支配に反抗した一向一揆であった。信長は、1574（天正2）年に伊勢長島の一向一揆を滅ぼしたのに続いて、翌年には越前の一向一揆を平定し、1580（天正8）年にはついに本願寺を屈服させた。

と、本願寺と織田信長の間の戦いに一定の紙幅をさいて叙述している。

近年、神田千里氏によって信長の最大の敵は本願寺ではなく、本願寺や毛利家などを動かしていた足利義昭であるというコロンブスの卵的読み替えがなされるとともに、本願寺と信長の殲滅も辞さない苛烈な戦いというイメージにも戦国期における戦争の研究蓄積を援用して修正が迫られた[3]。そして、織豊期の本願寺・一向一揆像は、統一政権を描き出すためのアンチテーゼとして措定されたものにすぎないことを、氏は喝破したのだった。

神田氏の議論は本願寺自体の実態分析の重要性をうったえながらも「本願寺教団論」的な着地点をにらんだものではなく、あくまで政権論、あるいは宗教から見た移行期論として設定されている[4]。それゆえ、天文期の「本願寺教団論」に比せられるような、具体的かつ密度の濃い織豊期「本願寺教団論」は未だ構築されていない。

そこで本章では本願寺側の実態に着目し、「石山本願寺を頂点にし、全国各地の真宗寺院や寺内町を拠点に信長に反抗し」滅ぼされたという、本願寺の門末のイメージを批判、吟味したい。とはいえ、江戸時代以降は本願寺が門末ともども日本最大の教団として存在しているから、そもそもそんなイメージが成り立たないことは、実のとこ

ろ明白である。しかし、その過程を具体的に位置づけた研究は少ない。

本願寺の門末については、本山の儀式に直接参加することが許されていた「直参」とよばれる層の研究が天文期を中心に進んでいる。(5) そこで、私は「直参」という分析視角を石山合戦終戦時にも適用し、本山と地域権力の間で揺れ動きつつ戦闘状態から抜け出していく様を分析した。石山合戦は全国的な戦いであり、門末の戦いが各地で繰り広げられた。本願寺の命令が各地に行き渡った一方、領主との関係を優先し反本願寺的行動をとる門末もいた。門末は本願寺の本山、領主との間で揺れ動く存在だった。

そもそも、ほとんどの門末が本願寺が領域支配を行わない地域で生活をしており、各地の政治権力との接触は免れえない。それゆえ各地の政治権力との折衝はより深刻なものとなり、各地の門末は独自の行動をせざるを得なくなる。(6) 門末と、本山や門主の動きがずれて当然であるのに、本願寺門主と権力者との関係を、即門末も含めた本願寺総体と権力総体の関係と見なしてストーリーをつくりあげるために、門末の独自の行動があたかも不条理なもののようにみえていたのではなかろうか。織豊期の本願寺について、門末までふくみこんだ具体的な議論は発展途上といえる。

これまで、私がなしてきた検討は主に石山合戦終了後の考察に重点をおいたものだったが、本稿では石山合戦開始の時期から考察したい。地域において本願寺門末が移ろいゆく権力とどのような関係を結んでいったか、そこに秀吉権力がどのように浸透していったかなど、豊臣期の本願寺総体をとらえるために欠かせない問題を検討していきたい。

本稿では、この問題を検討するのに適した近江国湖北地域を取り上げる。次章では、先行研究を振り返りつつ、なぜ近江国湖北地域が検討に適しているのかを述べよう。

一　近江国北郡における本願寺門末の位置づけ

1　近江国の門末展開と十ヶ寺

石山合戦期、近江国は「南郡惣坊主衆中、門徒衆中」の宛所をもつ南郡（野洲・栗田）、「中郡門徒」の宛所をもつ中郡、「北ノ一揆」あるいは「北郡坊主衆」の宛所をもつ北郡の勢力と、本願寺一族一家衆寺院の慈敬寺に代表される湖西といった四つの地域で、本願寺によって把握されていたという(7)。とはいえ、これらの郡のまとまりで門末が統一した行動をしていたわけではなく、それぞれの有力寺院が個別に行動していたという。

これら近江の門末は、本山においても重要な位置を占めていた。それは本願寺の中興の祖、蓮如（応永二十二［一四一五］～明応八［一四九九］）の時期にまでさかのぼる。例えば本山で行われた報恩講において、その活動が確認できる。報恩講とは、十一月二十二日から二十八日まで七日間にわたって法要と共同飲食（斎と非時）を行う本願寺の最大の行事であり、懇志を収集するシステムの一つでもあった。蓮如期の延徳元（一四八九）年の報恩講では、大坂周辺・近江・大和・美濃・尾張の坊主達が頭人を務めており、近江からは、北郡の福田寺・誓願寺と南郡の赤野井の坊主が登場している(8)。本稿では、このうち特に福田寺と誓願寺が属する、北郡（滋賀県湖北地方）の「十ヶ寺」といわれる本願寺門末に着目したい(9)。

十ヶ寺とは、先に掲げた、福田寺（現米原市）と誓願寺（所在地については後述）に、福勝寺（現長浜市）、順慶寺（現長浜市）、称名寺（現長浜市）、真宗寺（現長浜市）、金光寺（現長浜市）、浄願寺（現長浜市）、授法寺（当時は中道場、現長浜市）

を加えたものである。なお、誓願寺は同名の寺が二つ存在しており、地名を頭に付けて箕浦誓願寺（現米原市、江戸初期に退転し現藤井寺市へ）、湯次《ゆすぎ》誓願寺（現長浜市）と呼ばれている。湯次誓願寺、箕浦誓願寺双方とも蓮如との関係が確認でき、湯次誓願寺には親鸞絵像が、箕浦誓願寺には蓮如寿像が蓮如から贈られていたことが知られており[10]、先に記した蓮如期の報恩講に登場する誓願寺がどちらに対応するかは不明である。なお、福田寺にも『口伝鈔』・『安心決定鈔』・『御伝鈔』が、蓮如から贈られており同様に古い由緒がうかがえる[11]。

そして、それから四六年たった天文四（一五三五）年、宗主証如の時代にも、同日の斎頭人は相変わらず北郡の寺が勤めており、北郡三ヶ寺、福田寺、誓願寺といった名称を確認することができる。

表は、宗主証如の日記「天文日記」、証如の叔父である実従の日記「私心記」、報恩講の帳簿である「天文十二年報恩講中頭人勤」、「天文十七年報恩講関係文書[12]」の記述を総合したものである。なお、天文十二年は「私心記」と「天文十二年報恩講中頭人勤」と二つの史料がそろっている。私心記には斎の主体として北郡三ヶ寺が記され、「天文十二年報恩講中頭人勤」には福田寺のみが記されている。斎の共同飲食の費用を北郡三ヶ寺が頭人となり負担し、斎にも出席したのである。そして、頭人の福田寺が「頭人勤」、すなわち、頭人として読経（法会での「調声」）を勤めたと考えられる。なお、この時期のこの儀式全体に関してはこれ以上のことは分からず、相伴した人物などはまったく不明

表　二十二日の斎・非時

年		頭人		出典
		調声	その他	
天文四年	斎		北都三ヶ寺	『私』
同十二年	斎		北都三ヶ寺	『私』
同十二年	斎	福田寺	北都三ヶ寺	『二』『私』
同十七年	斎	誓願寺		『七』
同二十二年	斎		「不動」	『天』

『二』:「天文十二年報恩講中頭人勤」（青木忠夫『本願寺教団の展開』法蔵館、二〇〇三年所収）、『七』:「天文十七年報恩講関係文書」（同）、『天』:「天文日記」（『真宗史料集成』三、同朋舎出版、一九七九年）、『私』:「私心記」（同）。

である。

この表に集約された情報についても、誓願寺が両誓願寺のどちらにあたるのかは分からない。また、北郡三ヶ寺というのは福田寺と両誓願寺を含むと想定されるものの、特定は不可能である。なお、報恩講の儀式への出仕は十ヶ寺の寺々を巻き込みつつ、近世初期まで確認できる。(13)このように本山での地位が、時代を通じて一定である点も湖北十ヶ寺の特徴である。

一方、「天文日記」には、当地の権力者との関係も詳細に記されている。(14)天文十一（一五四二）年には浅井亮政死去に際して、本願寺は十ヶ寺の福勝寺を使者として香典を贈っている。また、天文十七（一五四八）年には、浅井氏が北郡坊主衆の種々の依頼に応えてくれるため、本願寺側からも礼をお願いしたいとの十ヶ寺から申し入れがあり、浅井久政に贈り物をしている。また、天文七（一五三八）年から天文二十三（一五五四）年にかけて、都合八回にわたって本願寺と浅井氏の間で贈答が行われていることも「証如上人書札案」(15)からうかがえる。

このように、蓮如の時期から近世初期にいたるまで本山の重要な儀式においても一定の位置を占め、地域の権力とも良好な関係を保ち確固とした地位を占めていたのが、十ヶ寺であった。ちなみに、北郡には戦国・織豊期を通じて、中本山のような活動をする別院のような施設や本願寺一族が入寺する別格の寺院である一家衆寺院は設置されていない。門末と本願寺本体の直接の関係、地域の権力との関係を、蓮如あるいは証如の時期から連続して検討することができる、分析に非常に適した地域であるといえよう。

2　一向一揆論からみた北郡十ヶ寺

そして、十ヶ寺は合戦の中でも活躍を見せている。石山合戦期、本山あるいは地域の権力であった浅井氏は信長と敵対し、全面対決という事態に立ち至る。十ヶ寺も反信長の軍事行動を引き起こした。さらには、石山合戦終了後も門末の軍事的行動が確認できる。本能寺の変や賤ヶ岳合戦の中で一揆を扇動した形跡が残っている。石山合戦に敗北したといっても、実質的にはその後も行動可能である例を、湖北は如実に示しているといえる。

このように、非常に豊かな事例が伝わる十ヶ寺であるが、一向一揆という面から深く切り込んだ研究は、案外少ない。そもそも、本願寺自体が存在する畿内における一向一揆分析の少なさは、一九五〇年代すでに石田善人氏によって問題視され、先に述べたこの十ヶ寺の事例などを元に検討がなされている(16)。そして、十ヶ寺が武士的性格を持ち、被官衆を多数抱えていたであろうことを指摘し、信長の武力と門徒団の抱えた内部の矛盾ゆえ一揆は敗北し、秀吉による取り立てなどの懐柔策によって一揆は終息していったとした。

この研究以降、一向一揆という切り口では、湖北十ヶ寺の研究は大きい進展はなかった。例えば三つの同名の大著『一向一揆の研究』では、近江国を詳述した部分が残存する豊かな史料に比して極端に少ない(17)。また、峰岸純夫氏は一向一揆全体を論述する中で、十ヶ寺を中心とする事例を紹介し、織田信長に挑む勇敢な一揆衆と、石山合戦後も継続して存在し続ける強固な門徒等の結合を描いているが、湖北の部分のみ抜き出してみると石田氏の論から進んだ点は確認しがたい(18)。

結局のところ、一般的な一向一揆終了後もひきつづいて軍事的行動がみられ、かつその行動が反政権ではなく統一政権成立に親和的な活動であることから、湖北の事例は知らず知らずのうちに従来の一向一揆研究の枠内では消化不良となっていたのだろう。

なお、石山合戦終了後の一揆については、北西弘氏の『一向一揆の研究』の中で十ヶ寺の事例が引かれ、位置付が示されている。氏は、①豊臣政権の天下統一に利用され、あるいはそれと関係し、統一政権の支配下に属した一向一揆、②統一政権に抵抗する他の権力と提携した一向一揆、③地方領主の封建知行化に抵抗した地域的な一向一揆、と一向一揆の解体について三類型を示し、近江の事例を①と位置づけた[19]。この分析は①と②の差異、すなわち親統一政権か反統一政権かといった差異が重視されている。しかしながら、地域にありつづける門末の組織に視点をすえるならば、統一政権との関係よりも地域でその地を治めている領主と共闘するかしないかの方が視点として有効と思われる。現在の研究段階では、本願寺門末が領主らと共同して地域の秩序を形成していく様子が既に確認されている[20]。地域の勢力との共存も視野に入れた研究がなされている現在、近世前期に到るまでの定点観測が可能で、地域の権力や本山との関係に関して研究蓄積も多い近江の事例は、逆に多くの論点をもった魅力的な素材となるだろう。先に記した柏原氏をはじめとする研究では、主に末寺の社会的性格や、東西分派の問題が切り口ではあるものの、多くの事象が既に紹介されているのである。

3　新たな論点

では、新たな論点としては何が挙げられるだろうか。

一つは石山合戦の評価に関わる問題である。筆者は、地域の権力と本山の行動との間を右往左往しつつ、地域の中で安定を求めていく門末の姿を、天正十二(一五八四)年の小牧・長久手の戦いを題材として確認した[21]。小牧・長久手の戦いでは、畿内・中部・北陸にわたって局地戦が繰り広げられ、各地域の勢力は秀吉権力あるいは信雄権力のどちらにつくかという選択が迫られるなど、天下分目の合戦という色合いを多分に有したものであることが近年明らかになりつつある。本願寺の本山自体は秀吉と連携していたものの、各地の地域権力と関係を結んでいた門末は反秀吉の活動に与する場合もあった[22]。局地戦だけならば、これらの矛盾はうやむやに処理できたかも知れない。しかし、全国の局地戦が一つの方向を向き始めたとき、すなわち、統一政権成立が目前となったときにこれまでの矛盾が明白なものとなり問題を引き起こすこととなる。

これと同様の構造の問題は、当然ながら石山合戦期にも存在していたと考えられる。そして、石山合戦では本山が戦火にさらされることで本山自体の危機というより一層切迫した問題をはらみつつ、その構造があらわれていたと想定される。この状況下で局地戦が結びつくことの意味を、確認することが本章の第一の課題である。

次に、石山合戦中、局地戦に敗北した寺院がいかなる活動をしていたかである。これについても、湖北の事例は柏原祐泉氏以来の研究が蓄積されているが、地域の権力と本山と各地の門末が取り結ぶ関係性の中でさらに読み解いてみる必要があるだろう。天正元(一五七三)年に信長によって浅井氏は滅びることとなるが、その後も十ヶ寺は活動を続け、本山との関係も保ち続け、現在もその法灯は続いている。

「はじめに」でも述べたが、多くの門末は本願寺の領域支配のもとにあったわけではない。本願寺というと、加賀のイメージなどから面を支配する姿を想定してしまうが、門末の基盤は地域における権力との関係の中で生み出されるものがほとんどであり、実際はあまり強固なものではない。このような門末の位置を明らかにすることによって、本願寺全体が当時有した影響力を具体的に考察することが可能になると考えられる。近江国北郡の事例は、地域での敗北という極限状態の中であっても、本山と地域の権力の間でバランスをとりつつ行動する門末の姿が確認できる大変よい事例なのである。

典型的な石山合戦の叙述として、本山が信長によって圧迫され危機なので蜂起せよという命令があって、それに呼応する各地の門末というパターンがある。そこには、呼応したものの敗北してしまった地域の門末の姿、呼応して地域で蜂起しようにも全く依るところがない門末（したがって蜂起しない）の姿、逆に地域の権力から促されて反本願寺的な行動をする門末といった要素は全くみえなくなっている。しかし、視座を地域の門末に寄せてみると、本願寺の論理ともいうべき蜂起命令の裏には、門末が各地域で安定した地位を保全しようと苦闘する姿が見いだせるのではないか。これを、本願寺の論理と対比させて、私は仮に地域の論理と称している(23)。

このような姿を読みとることで、この時期の本願寺が連続しているか断絶しているかという議論の解消にも資することができると考える。権力に屈服し存立基盤が変化したという従来の解釈に対し、石山合戦に敗北しても門末は生き続けそのありようもあまり変わっていないという、連続論とでもいうべき新しい解釈が神田千里氏によって出されている(24)。この論に対する疑問は多々あるものの、再び断絶をうったえても不毛だろう。連続論は本山や末寺の連続をもってして連続を読み取り、断絶論は本山や末寺が権力に屈服しその存立基盤や行動変化したことを読み取って断絶を読み取っている。連続論と断絶論の差異は、史料から帰納的に出てくる論というよりも、史料の読みをどのように行うかという分析視角の問題であるように思われる。実際のところ、連続論・断絶論どちらにせよ、中近世移行の中で変化したこと、権力との新たな関係を取り結んで組織が続いていったことは確実なのである。これまでも強調してきたことであるが、本願寺の研究を石山合戦で終えていたことにこそ問題があるのであり、連続か断絶ではなく、具体像をもって織豊期の本願寺を描くことを着地点とせねばならない(25)。

本山ではなく門末に視座を据えた場合、権力に「屈服」し「連続」を勝ち得る過程は各地の個別の状況に左右され複雑になる。流動的な政治過程の中、本願寺門末は各地で政治的な行動を成し遂げ「連続」した。それは「連続」

といいつつも、流動的な情勢に対応する何らかの変化が必要となった。この具体像を解明し、本山、権力との関係を解き明かすことが課題なのである。

二　信長と戦った北郡の門末

1　織田家との合戦と敗北

さて、先に天文期の事例をもとに、十ヶ寺と浅井氏との蜜月関係を確認した。そして、織田権力の伸張と浅井長政との合戦はその中で起こった。永禄十（一五六七）年織田家から市を娶った浅井長政であったが、元亀元（一五七〇）年四月織田信長が徳川家康とともに越前国の朝倉方の城を攻めたことにより、朝倉義景との同盟関係を重視し、織田徳川の軍勢を背後から急襲した。そして同年六月には姉川の戦いが起こり、浅井長政は朝倉の軍勢とともに、織田徳川の軍勢と戦い敗北を喫した。

戦いの中で、十ヶ寺は浅井氏と行動をともにしていた。この間の状況は、元亀三（一五七二）年五月十日付の十ヶ寺惣衆御中宛下間正秀書状に記されている(26)。

一、御屋形（細川昭元カ）儀、弥此方与無御別儀、数通御堅共候て、御一味候。即御城なとへも自此方為御見廻、切々番衆被入置候、可御心安候。信長与ハ尽未来不可被仰通之由、重々御筈共にて、御懇望候間、被成御一味候

一、其方儀、毎度一揆衆計魁被申付之由、御迷惑尤候、先日即浅備へ一両度被仰遣候、乍去御返事ハ未到来候、

坊主衆与武辺衆、替々替可然之由、懇ニ被仰遣候、猶又可申越候、不可有疎略候

一、坊主衆三ケ年牢篭御不弁之上、一疋をも被相拘候事、御迷惑尤ニ被思召候、彼兵粮米之儀も、越州へ追々可被仰遣之由候、於此方所々方々被成御調儀子細共、雖無御油断候、其色立不相見候へ共《（者カ）》、無曲様ニ各可被存候、聊以無御等閑、被成御肝煎御事迄候、乍御迷惑無御退屈御構可為御忠節候、承候通一々無余儀被思召之由、心得可申旨被仰出候、猶々小谷并越州両所事、無御油断可有出馬之由、追々被仰越候、万一出勢坂本までの事不成候ハヽ、尾・濃口往還通路被取切候様にと、切々被仰事候、其御肝煎共、更ニ無御油断儀候、恐々謹言

五月十日　　　　　下間正秀（花押）

十ケ寺

惣衆御中

最初の一つ書きでは、大坂の本願寺を取り巻く情勢を語っている。そして、二つ目の一つ書き以下が近江の坊主達の状況への対処と取り巻く状況を知らせている。特に傍線部には、浅井氏から先陣ばかり命ぜられる坊主への気遣いを記している。ここから、十ヶ寺の坊主らが指揮した一揆衆が独自の部隊を構成し、浅井の指揮のもと信長と戦っていたことが確認できる。

この時期、本願寺本体も大坂で信長と戦い、その末寺である十ヶ寺も湖北で浅井長政の麾下で信長と戦っていた。十ヶ寺の行動が、本山へもつくし、地元の権力にもつくすものとなる状況が生じていたのである。本山と信長との戦いという文脈で解釈するならば、本山の命令にしたがってたちあがった十ヶ寺という像がよみだせるかもしれな

い。しかし、実際のところ、ここからは体制を覆すような姿勢は見えてこない。ただ、地元の既存権力との関係を保つべく、苦境をたえぬきながら戦い続ける本願寺門末の姿のみが見えてくるのである。

しかし、翌天正元（一五七三）年八月、浅井氏は信長に敗北した。この時、十ヶ寺がどのような処分を受けたかを示す直接の史料は存在しない。逆に言えば、信長と一向衆の関係で想定されがちな、苛烈な弾圧の形跡も存在しない。ただ、後述するとおり、十ヶ寺の称名寺が本能寺の変時に秀吉から還住を許されていることから、天正十年段階では闕所検断されていたと考えるのが自然であろう。他の十ヶ寺の寺々もおおむね本拠地を立ち退くことを余儀なくされたのだろう(27)。

2　敗北後も続く活動

では、敗北して闕所処分されて、ちりぢりになったと想定される十ヶ寺は、そんな状況下でどのような活動を展開したのだろうか。石山合戦最末期の天正八（一五八〇）年に出された、湯次惣門徒中宛下間頼廉奉本願寺顕如御印書(28)を次に引用しよう。

□（黒印―明聖）

急度申下候、先々御所様御堅固御座候条可為大慶候、①以各懇志被遂久年御籠城之段、誠以被難思食候、然者、始有岡三木、始公方ニ、御味方中令相果候儀、絶言語候哉、②就其三月初、信長当表可被相詰事必定之儀定而可為存知候、御一大事ニ相極候段、可為分別候、然者、③為御番壱人、即鉄炮壱挺并玉薬以下被用意、在寺之儀、別而令願思召候、聖人善知識之御座所、自然不慮候てハ可為後悔候、此度之事候間、御門徒之面々者如何様之御馳走候ても無余事候、兼而令得其意、今般弥於令竭紛骨候者、併仏法再興与可為御満足之旨御意候、以外火急之儀候条、於延引者不可令相立御用之間、急度可有参上事肝要候、御不如意付而、諸篇不相調候段、嘆敷御事候、依之方々へも被仰下候、猶以一廉報謝尤肝要候由、多言相意得可申下之旨被仰出候、仍所令排　御印如件

（下間）刑部卿法眼

頼廉（花押）

（天正八年）正月廿五日

（湯次）ユスキ

誓願寺

惣門徒中

この文書では、これまで大坂で本願寺が籠城するにあたって懇志を寄せていることを感謝している（傍線部①）。そして、信長の攻勢が強く三月には限界に達するという状況を説明する（傍線部②）。その上で、番衆を本山へ差し出すべきこと、鉄砲や玉・薬を用意するべきことを告げている（傍線部③）。この充所は、当然ながら退転しているとおもわれる湯次の誓願寺である。しかし、坊主ではなく惣門徒衆が充所となっており、坊主自体は別の地にいることが想像される。一方で、その下についていた門徒等は地元にのこり、信長麾下の秀吉が治める湖北周辺で活動を続けていたと考えるのが妥当だろう。

次の本願寺坊官家臣の益田照従書状(29)からも、同様の状況と各地の門末による大坂への支援について読み取ることができよう。

猶々右之御番衆、おそく候てハ、御用ニ相たゝれましく候、早々御馳走尤ニ候、以上
態可申入候処ニ、幸彦左衛門下向候之間、令申候、仍来三月初、当表信長押つめ、可有手遣之由候、定おの／＼可為御存知候、其付而、諸国へ為御番、一寺ヨリ一人、てツはウ壱挺并玉薬以下御用意候て、御在寺之頼、思召候旨、只今いち／＼へ、以御印書被仰出候、被得其意、別而御馳走かんように候、うへ様之御一大事、此時ニ相きハまり候、不始于今候へ共、此度いよく御報謝肝心候、万一御座所、不慮御座候へハ、可為後悔候、かねて其分別にて、御紛骨専用候、委細之儀ハ自法眼、被蒙直札候、恐々謹言

二月七日　照従（花押）

キタ

御年寄衆中

御宿所

冒頭部分の猶々書では、番衆の上山は緊急に応じなければ役に立たない旨がしるされ、石山合戦最末期の切迫感が伝わってくる。そして特に傍線部では、番衆一人、鉄砲一人等を上山させるように呼びかけている。地元で一揆を起こしこそしなかったものの、本願寺に懇志と兵員を送り続ける門末がいた。これも、よくよく考えてみると当然の動きである。なにも圧倒的に立場が弱い地域で、勝ち目のない一揆を起こす必要は全くないのである。同様に、信長領国内の門末が信長と戦闘を続けている本山へ懇志を贈る活動は他でも確認できる[30]。

地域の権力であった浅井氏との共闘の中、地域で生き抜く論理と本願寺門末としての論理が渾然と一体となり行

動していた状態は、地域での信長との対立敗北により終了した。そして、地域での公的権利などを失ったことにより、逆に本願寺の論理のみに裏付けられた行動へと純化していった。当然、本願寺の論理のみで行動するといっても、それが発現される場は地元ではなく、大坂においてである。地域の権力が戦闘状態であるならば、その地域において、門末と本山、地域権力、周辺諸勢力の微妙な関係の中、権力との間をバランスをとりつつ軍事的政治的な行動をする必要があった。先に記した文書にも、緊密に連携しているはずの浅井家との間の齟齬を感じさせる文言があり、門末のバランス感覚がうかがえる。しかし、敗北後はただひそやかに資金や人員を集めそれを集約して、本山に送り届ける活動をすればよいといえる。皮肉なことに、地域で負ければ負けるほど（本山が存在する限りであるが）、本願寺本山への純粋な奉仕へとつながっていくのである。

そして、十ヶ寺の坊主自体が、この時期本山へ上山していたことを裏付ける史料も存在する。天正十（一五八二）年五月二十九日付の、信長と本山が和平に及んで以降、湯次誓願寺下坊主衆御中宛に出された下間仲之・下間頼廉奉顕如御印書には、[31]「随而誓願寺事、今般至雑賀御供被申、無二之忠節、別而無比類儀と被思食候。所詮誓願寺御供」と記されている。湯次誓願寺は、門末を地域に残し戦場である大坂の本願寺に詰めており、信長に敗北し、紀州へ宗主顕如以下の人びとが移動する際も同道したこととなる。実は、湯次誓願寺の名は、天正七年から十年にかけて本山で行われた報恩講の共同飲食行事の中でも確認できる。十一月二十二日から七日間行われる法要の五日目、二十七日の非時に四年連続で湯次誓願寺の名があった。[32]また、称名寺の教宗が、北陸への使者として顕如から派遣される、[33]天正七年十一月には本山の報恩講で二十二日の斎と二十六日の斎を勤めている御堂衆教宗の名も確認できる。[34]両記事を合わせて考えると、ともに称名寺をさす可能性が高い。称名寺も坊主を本願寺へ上山させていたのである。

なお、天正八年、本山は信長との戦いをつづけるか否かで、宗主顕如を支持し和平を結ぼうとする一派と宗主の息教如を支持し戦いを続行しようとする一派に、二分されることとなる。先の湯次誓願寺は和平を支持し顕如にしたがった。箕浦誓願寺にも同様の文書が残されているし、称名寺にはこの時期に顕如から宝物が下付されており、これらの寺々が顕如に与したことは明白である。なお、箕浦誓願寺へは、顕如の元で活躍していた坊官家家臣益田照従が、天正十一年に入寺することとなる[35]。一方で、教如に従った坊主もいた。福田寺に宛てた正月二十五日付教如消息案が残っており[36]、「仍福田寺儀、就子細有之、門主（顕如）不被成御免付」と記される。これだけでは時期や真相は分からないが、教如が継職したさい顕如から勘気を被っていた福田寺が本山での役職に復帰したとされており、慶長期になって湖北に長浜御坊が教如により取り立てられた際活躍したのが福田寺であることから、この時も教如に与していたと考えられる[37]。

なお、これらの顕如と教如の対立が出発点となって、本願寺の東西分派へと立ち至るが、十ヶ寺も顕如・教如の間を揺れうごいてゆく。これも、本山に常に詰める層がいるからこそより一層はげしい動きとなったのであった。

3　地域での姿

さて、地域に残された門末は、ただ本願寺に資金と人員を送るだけだったのだろうか。地域での門末の活動をうかがえる好史料が、残されている。天正八年作成と考えられる、九月四日付十ヶ寺連署起請文[38]がそれである。

一、今度喜右衛門殿と其時衆へ、向後出相之儀、堅停止候事
一、彼衆死去之時匆論参候事、一切有之間敷候事、付、志被下、少も取申間敷候事

一、下坊主・同行衆等も左様之事、可為同前、各より具可申渡事

右之旨、万一破申候ハヽ、彼衆可為同罪候、此上者相背候者、忝茂　如来　上人様、可蒙罷御　罰候者也、

仍如件

天正八年九月四日

福田寺

覚芸

福勝寺

覚乗（花押）

真宗寺

祐乗（花押）

浄願寺

勝理（花押）

称名寺

性慶（花押）

誓願寺

了乗

順慶寺

珍乗（花押）

金光寺

教通（花押）
中道場
願心（花押）
誓宗（花押）
ミノウラ
誓願寺代
超宗（花押）

喜右衛門が誰かは不明であるものの、その関係者の宗教行事に出席してはならないと記された起請文である。[39]ここからは、逆に十ヶ寺が地域で葬儀を担い続ける姿がみえてくる。十ヶ寺がほぼ全員連署しており、結合が健在であることがわかる。十ヶ寺は湖北での敗北後、織田領国下にあっても結合し続けていた。検断により土地の公的所有等、地域での立場は失ったものの、葬儀などの宗教的な部分をなお担い続けていたのだろう。当然ながら、その中で懇志など金銭の授受が行われ、厳しいながらも寺院経営がなされていたのだろう。

織田領国内でこのような宗教活動を行うと、弾圧されそうにみえる。しかし、実際のところ葬儀など個別に各地で営まれた宗教活動を、権力がどのように把握し取締ればよいのだろうか。末端の信仰や祭祀を、権力が把握すること自体そもそも途方もなく手間がかかる話であり、徹底させること自体無理な話だといえよう。[40]そして、本願寺の坊主等の収入は領地というよりも門末からの懇志と考えられるため、検断によって土地を没収されたとしても完全な打撃とはならないだろう。織田政権下での本願寺対策というと、本願寺門徒を専修寺門徒へ改宗させる越前の柴田勝家のものが有名であるが、秀吉はそのような方策を採らず、また在地の土豪らも領国経営にそのまま活用しようとしたという点も重要かもしれない。[41]とはいえ、柴田の対策も積極的な受け皿となる真宗高田派寺院があってこそできる動きであって、改宗をになう勢力がなければ実現不可能といえる。

なお、ここで福田寺が署名していないのは、教如派として活動していたからであろうし、誓願寺了乗が署名していないのは先にみたとおり本山に詰めていたからであろう。そして、ミノウラ誓願寺は何らかの都合で住職の代務者がたてられており、それゆえ天正十一年の益田照従の入寺となるのであろう。[42]当該期の称名寺の坊主としては先述の教宗が知られているが、ここに記されている名はその息子称名寺性慶である。親が本山に、息子は自坊に詰めていたのだろう。なお、後に教如に従う寺院の多さから、当該期の湖北を教如派の牙城として読み解きがちであるが、前項で述べた顕如からの下付文や文書の状況に、この起請文の署名者からの類推をあわせると、石山合戦直後十ヶ寺はその多くが顕如に従ったと考えられそうである。

また、三つ目の一つ書きには下坊主衆とあるとおり、十ヶ寺の下にさらに坊主（後に寺号を名乗り末寺となる）が存在していた。この下坊主の動向がよくわかるのが、湯次誓願寺である。湯次誓願寺の下には、本誓寺（長浜市香花寺町）、光乗寺（長浜市稲葉町）、万徳寺（長浜市湯次町）、法善寺（長浜市尊野町）、玄龍寺（長浜市東主計町）、蓮台寺（長浜市八島）、成満寺（長浜市内保町）、極楽寺（長浜市大路町）、運行寺（同）、了西寺（長浜市三田町）、宗玄寺（長浜市南郷町）、徳蔵寺（長浜市岡谷町）、光泉寺（米原市吉槻）、行徳寺（米原市甲津原）、休庵（長浜市宮部）、同行六軒（長浜市田町）、蓮沢寺（長浜町今町）、願養寺（同市朝日町）、長願寺（同市南田附町）、極性寺（同市南小足町）、妙林寺（岐阜県揖斐川町）、妙輪寺（同県同町）、伝明寺（同県同町）といった寺院があり、この時期教如にしたがった由緒をほこり湯次方という集団を形成し、江戸時代は東本願寺の末寺となっていた。[43]従来の本元関係がくずれるきっかけとなる宗主からの働きかけがあったのが、この時期であった。

北郡には、十ヶ寺を中心とした連合と考えられる「坊主衆中」という宛先以外に、「門徒中」宛の文書が存在する。他にも、近江鉄砲衆中などさまざまな宛先の本願寺側からの書状が多く残されている(44)。宛先の多様性からは、石山合戦最末期の本山支援の訴えが、通常の本末関係のルートを越えたものとなっており、なりふり構わない必死さが伝わってくる。そして、顕如、教如父子が対立すると、その通常とは異なるルートは、そのまま両派が各門末を直接捉えるルートになった。織田領国にあってもしぶとく活動する門末の姿が確認できるとともに、一方戦時下の切迫した状況の中で様々な回路が利用されたのである。湯次誓願寺ではその直接回路が地域の本末関係に変化をもたらし上寺は顕如につき下寺は教如につくこととなったのだろう。

これら全体を通してみると、十ヶ寺のように地域で一定の規模を持ち一揆蜂起も可能であった寺院の位置づけがよくわかる。一揆蜂起が可能なだけの規模を持つゆえに、逆に本山、地域の権力、そして自己の配下にあった寺院の動向といった状況がその行動に制限を与えていただろう。そして、一揆蜂起は浅井氏や秀吉など地域の権力の軍事行動をどのように補完するかにかかっていた。湖北において、公的な位置の確保と一揆蜂起は裏腹の関係にあった。寺院自身が権力の色彩を帯びていた、長島一向一揆など(45)とことなる点であり、苛烈な弾圧が不可能だった一因ともいえるだろう。このような一定規模の寺院が合戦に敗北し坊主等が寺地を追われた場合、その活動は低迷するかのようにみえるが、門末は現地にとどまりつづけ個別の宗教行事も連続していた。また、懇志を最終的に納める先の本山も信長との戦いを続けていた。その中で門末からの懇志はたえることなく本山へ集まっていった。

三　秀吉期の還住

1　本能寺の変と称名寺

では、次に石山合戦からの復興についてみていきたい。

皮肉なことに十ヶ寺の退転状態が変化するきっかけとなったのが、天正十（一五八二）年六月三日の本能寺の変以降の動きであり、またもや合戦であった。その際、十ヶ寺の一部が直接秀吉に接近し、忠節を尽くすこととなった。次の秀吉家臣中井信貞書状[46]は、本能寺の変時の様子を伝える。

端書なし

今度筑前守（羽柴秀吉）足弱衆、御馳走ニ付而、御帰住之事、可為如前之旨、折紙被進之候、依被取紛於委曲従我等能々可
申入由候、御寺領六拾余石並被官衆諸役免除之事、同多賀古屋敷与西之明屋敷弐ヶ所、新儀被申付候、向後可
有御才判候、為其懇ニ加筆候て可申入之由、被申付候条、如此候、恐々謹言

七月朔日　　卜真斎（中井信貞）
信貞（花押）

尊勝寺之
称名寺
床下

ここにある「足弱」とは、老人、夫人、子どもの意である。同様の文言は、天正十年六月付広瀬兵庫助宛羽柴秀吉判物に「今度女房共相越候処抽馳走候、喜悦候、為忠恩五百石、令扶助畢、可有全領知状如件」とみえ、秀吉の夫人の移動を手伝った旨が褒賞されている(47)。ちなみに、広瀬兵庫助と称名寺の関係は定かではないが、広瀬兵庫助の弟が真宗寺院の僧であったということも伝わっており、なにやら浅からぬものがあるようである(48)。これらの諸史料を総合して、称名寺は本能寺の変時に、秀吉の夫人等が長浜脱出する際に案内をした可能性が極めて高いとされる(49)。

次の文書は、中井信貞の文書と同日に出された秀吉と秀勝の連署状である(50)。

今度令赦免召返上者、尊勝寺郷へ有還住、屋敷寺領家来等、如先々可申付者也

七月朔日　筑前守
秀吉《(羽柴秀吉)》（花押）
次
秀勝《(羽柴秀勝)》（花押）

称名寺へ褒美として、尊勝寺への還住と、屋敷家来の安堵などを与えている。尊勝寺村（現長浜市）はもともと称名寺の寺基が存在した土地である。称名寺は地域での一向一揆敗北後、本来の寺地から離れていたのであろう。当然のことであるが、緊急の対応であるから、他の寺院や本山と連絡を取りつつ行われたとは考えられない。称

名寺独自の判断で行動し、秀吉の家族の避難に一役買い、結果還住を勝ち得たといえよう。

2　賤ヶ岳の合戦での軍事行動

本能寺の変を乗り切った秀吉は、着々と体制を固め他の勢力を牽制していくこととなる。そして、一年もたたない内に次の合戦、賤ヶ岳合戦が行われる。(51)賤ヶ岳の合戦は、天正十一(一五八三)年四月、羽柴秀吉を中心とする軍隊と柴田勝家を中心とする軍隊によって、越前国への通路である近江国賤ヶ岳付近で行われた戦争である。実際の戦闘は、北伊勢から越中国までに及ぶ広範なものであった。この戦争によって、羽柴秀吉は不動の地位を獲得することとなる。この合戦の際にも、先に紹介した称名寺が活躍する。その活躍の様子を示す増田長盛書状を次に掲げる。(52)

被仰越候通、具申上候、雪ふかく候て、通路一切無之候由、其分にて御座候へく候、彼飛脚かへり候て、相替候事候ハヾ、可被仰上候、此表一篇ニ被仰付、御存分のことく罷成候、可御心安候、近日御帰陣たるべく候間、其刻み万々可申述候、恐々謹言

（天正十年）十二月廿日　増仁右（増田長盛）長盛

称名寺
御返報

この史料は、天正十年のものであろう。十二月二十日はちょうど、秀吉が柴田勝豊を降伏させ、柴田勝家と結んだ織田信孝を岐阜城に囲んだ日である。(53)そして、この文書が知らせるとおり、北国筋が雪で通行不可能になっていた。それにより、柴田勝家の行動が押さえられていたため容易に事が進んだのである。このような情報を秀吉へ注進したのは、称名寺のみではないだろうが、称名寺の情報が秀吉の戦略を進める上で役に立ったであろうことも、また事実であるといえよう。この史料の文言で確認できる、秀吉側との書状のやりとりはそれを物語っている。

その後、この戦いはいよいよその名の通りの賤ヶ岳周辺の局地戦となっていくが、称名寺はもちろんそこでも秀吉方に協力をする。次の石田三成書状からその様子をうかがおう。(54)

③尚以筑州（羽柴秀吉）より御直札にて被仰候之間、為我等不直札候、已上

①柳瀬（現長浜市）ニ被付置候もの罷帰候とて、御状御使者口上趣、具申上候処、一段御満足之儀候、②重而も彼地、人を被付置切々被仰上、尤存候、尚追々可申承候、恐々謹言

（天正十一年）三月十三日　　石田左吉

三也（三成）（花押）

称名寺

貴報

無年号だが、賤ヶ岳付近の柳瀬に人を「付置」（傍線①）ということから、通説通り天正十一年としてよいだろう。

また、傍線部②の重ねて人を付け置くという表現から、柳瀬では称名寺による監視が引き続き要請されていること

がわかる。さらに傍線部③からは秀吉から直札が下されていることがわかる。この直札に当てはまるのが、次の秀吉書状であろう(55)。

已上

敵陣取に至り、急度出馬おしつむ《押し詰む》べく候、定めて北国ははいくん《敗軍》たるべく候、然る時は、余呉《現余呉町》・丹生《現余呉町》その外在々所々の山々に、かくれいる土民百姓以下、ことごとくまかりいで《罷出》、あと《後》をしたひ、ちうせつ《忠節》をはげまし、くび《首》をとるともがら《輩》にをきてハ、あるひは知行をつかはし《遣はし》、あるひはたうざ《当座》のいん《印》物を出べし、もしのぞみ《望み》の儀あらば、しよやくめんぢよ《諸役免除》すへく候、此むね《旨》相心得、申しふれ《触れ》らるべき者也、仍て件の如し

天正十一
三月十五日　筑前守
秀吉（花押）
称名寺

この四日後秀吉が上杉家家臣須田満親に与えた文書(56)には、賤ヶ岳の情報が記されている。早くも柳瀬付近の情報が、秀吉を経由して北陸へ伝えられている。この情報の発信源の中に当然称名寺が入っていたといえるだろう。主戦場に近い地に称名寺が立地し、さらにその土地に精通していた称名寺は、賤ヶ岳の合戦に関して、秀吉の情報網の要となっていた。

そして、三月十五日付の文書にあるように、情報提供だけではなく、百姓も含めた軍事行動が称名寺には求められた。とはいえ、その形態は戦線の最前線に立つのではなく後方支援であった。「定めて北国ははいくんたるべく候、

然る時は、余呉（現余呉町）・丹生（現余呉町）その外在々所々の山々に、かくれいる土民百姓以下、ことごとくまかりいで、あとをしたひ」

とある。「あとをしたひ」というのは、敵を追いかけるという意味なので、残党狩りを行えということであろう[57]。

また、賤ヶ岳の合戦後、称名寺は寺領六拾石屋敷七ヶ所を賜ったという。確かにその後の天正十九年には御朱印が発給されている[58]。

ここまで、称名寺の活動を確認してきた。一方、十ヶ寺の残りの寺院の活動は明白ではない。朱印拝領寺院は称名寺にとどまったようであるから、他の寺々はそれほどの活動をしていなかったのであろう。それゆえ、称名寺の活動は、十ヶ寺あるいは本願寺門末全体のものというよりも独自のものであった可能性は非常に高いだろう。とはいえ、多くの寺院は現在も北郡に存在していることから、天正期を通じて徐々にその地位を回復させていったのだろう。

3　当該期の本山の動き

ここまで、地方門末は各地の政治状況に独自の判断で対応し行動したことをのべてきた。一方で、この時期の本山はどのような行動をとったのだろうか。

当該期の本願寺家臣の日記『鷺森日記』をひもとくと、本能寺の変の直後は、織田信孝と丹羽長秀が織田側の窓口と考えていたようであり、天正十年七月一日に両者へ書状が出されている。しかし、約二ヶ月後堺にあった本願寺の坊舎の返還交渉から、秀吉との関係が動き出した。八月三十日に本願寺家臣下間仲之と平井越後らは、堺に向かい寺領返還を求めている[59]。その後、本願寺は十月十六日、羽柴秀吉、丹羽長秀、堀秀政に対して書状を出し、逆に羽柴秀吉からは、本願寺坊官下間頼廉、下間仲之のもとへ返書が出され本願寺に対して疎意がない旨を述べた[60]。

ここから、本願寺と秀吉双方の接近が始まった。この後、織田信孝の名が『鷺森日記』に出ることはない。この時点で本願寺は秀吉を政権の後継者と見なしたのであろう。

これらの交渉の結果、十一月十六日、羽柴秀吉と丹羽長秀の判形によって、堺の寺領は本願寺に返付された(61)。しかし、その実質の返付には時間がかかったようで、天正十一年の四月になってもまだ「此儀ニつきて御使あまた在之」(62)と交渉途上であった。このように羽柴氏と本願寺の交渉がのびるなかで、賤ヶ岳の戦いを迎える。そして、秀吉から本願寺に対して以下のような文書が出された(63)。

今度柴田（柴田勝家）江北境目罷出付而、①賀州被相催一揆、可有御忠節旨被仰越候、一廉被及行賀越令錯乱於被忠儀者、
②賀州之儀任　御朱印旨、如先々無相違致馳走進上可申候、恐々謹言、

　　卯月（天正十一年）八日　　　　秀吉（花押）

　　　下間刑部卿（下間頼廉）法眼御坊

これによると、本願寺側が、柴田勝家の侵攻に対して「賀州被相催一揆」と一揆扇動を秀吉に持ちかけ（傍線部①）、また秀吉はその申し入れに対し成功したならば加賀の返付を行うと（傍線部②）返答している。本山もまた門末と同様に、秀吉から還住をちらつかされていた。そして、本願寺は逆に軍事行動への参画をちらつかせていたのである。

先に見た称名寺の行動は、このような積極的な本願寺の意志が出されている中の出来事であった。しかし、二つの行動は同一の方向を向いているようであり、その実発端はばらばらであった。そして、既に神田千里氏が指摘するように、本願寺による軍事行動の小さな兆候はあったものの、加賀の一揆が目立った軍事行動をすることもなく

賤ヶ岳の戦いは終わってしまった(64)。その後、小牧・長久手合戦期に秀吉の北国攻め時に本願寺門末が動いたことが確認できる。一方、十ヶ寺をふくめて近江国の本願寺門末の軍事行動や政治的な行動が確認されることは、関ヶ原合戦に到るまでない。関ヶ原合戦についても、戦闘の主軸になるような動きではなかった。

おわりに

賤ヶ岳の戦いを終えて、十ヶ寺はある程度平穏な世界に戻ることができたのではなかろうか。本山における通常の報恩講の勤仕については、天正十六年・十八年に十ヶ寺を中心とする坊主の出席が確認できる(65)。その後、教如の継職により直接東西分派につながる混乱が生じ、十ヶ寺もそれに巻き込まれ、多くが東本願寺へ集結する動きを見せるのであった。

本章では、全国の局地戦が相互に連関してくる、石山合戦から賤ヶ岳の戦いまでの、湖北の十ヶ寺の動きを確認してきた。石山合戦当初、十ヶ寺は反信長の戦線を本願寺とともに張った浅井家の麾下で軍事行動を行っていた。浅井家はそもそも地域の領主であり、郷土防衛の色合いも強い従軍であった。近江国北郡における一向一揆はこのような状況下でおこったものであり、門末が独自に立ち上がったものではなかった。しかし、浅井家は早々に敗北し、十ヶ寺は秀吉権力の膝下にあり続けねばならなかった。坊主自身は寺基が退転したものの、門末は地域に残り、宗教行事を続けるとともに懇志などを大坂の本山へ供出し続けていた。

このような政治権力の如何にかかわらない持続的な活動は、本願寺勢力の本質的な活動が地域支配や土地経営ではないからこそ、可能だったことである。このような行動によって、天下分け目の合戦の色合いが出て各地の諸勢力が合戦での旗色を明確にせざるを得なくなる微妙な政治状況の中を、直接の軍事行動をさけつつ門末等は抜けきったのである。

地域において門末は、本山の本願寺と全く同じ行動をできるわけもなく、独自に各地域の権力と関係を作り上げ、その地位の安全を確保する必要があった。そのことを、本山がとやかく指図することは、実際は不可能だっただろう。そして、それゆえに門末は敗北したにもかかわらず、織田政権膝下の領地に存在したにもかかわらず永続できたのである。

逆に門末らが立ち上がる姿がみられる場所の多くは、自分達の元来の本拠がある地域ではなく大坂などの本願寺自体が実効支配をしている拠点であったり、何らかの形で地域の権力が戦いを行った地域でこそ見られる姿であった。地域の権力に対応した行動をすることは、本願寺門末にかぎらずどの勢力でも行うことである。しかし、本願寺門末は本山に収斂するような活動も同時に行っていたのである。その場合、立ち上がる拠点と、普段の活動をする場所が異なることが、局地戦の敗北に関係なくかなりの長期戦を戦い抜けた要因であり、本願寺勢力の強さの基盤だったと考えられる。このように考えると、当該期の一見矛盾するかのようにみえる、信長に協力する末寺、独自の判断で秀吉に協力する末寺の動きは全く矛盾なく理解できるのではなかろうか。そして、立ち上がる拠点と普段の活動の拠点を同列に捉えてしまうと、あたかも全国で本願寺の勢力が信長や権力に対して反旗を翻し公然と行動していたかのようにみえることとなる。

［註］

(1)金龍静『一向一揆論』吉川弘文館、二〇〇四年、草野顕之『戦国期本願寺教団史の研究』法藏館、二〇〇四年。

(2)『詳説日本史B』山川出版社、二〇一四年。
(3)神田千里『一向一揆と戦国社会』吉川弘文館、一九九八年、同『信長と石山合戦―中世の信仰と一揆―』吉川弘文館、一九九五年、同『戦争の日本史14一向一揆と石山合戦』吉川弘文館、二〇〇七年。
(4)神田千里『宗教で読む戦国時代』講談社選書メチエ、二〇一〇年。
(5)草野顕之「戦国期本願寺直参考」(『戦国期本願寺教団史の研究』前掲)、早島有毅「戦国期本願寺における「頭」考」(『真宗研究』二六、一九八二年)。
(6)小谷利明『畿内戦国期守護と地域社会』清文堂出版、二〇〇三年。
(7)石田善人「畿内の一向一揆について」(『中世村落と仏教』思文閣出版、一九九六年)。
(8)『蓮如上人・空善聞書』講談社学術文庫、二〇〇五年、四〇ページ。
(9)湖北の真宗に関する研究としては、柏原祐泉「本願寺教団の東西分立―教如教団の形成について―」(『日本近世近代仏教史の研究』平楽寺書店、一九六九年所収)、吉田一彦・脊古真哉「湖北の浄土真宗関係資料(1)」(『寺院史研究』第五号、一九九六年)など。近年では長浜市長浜城歴史博物館『湖北真宗の至宝と文化』(特別展「湖北真宗の至宝と文化」実行委員会、二〇一一年)が多くの法宝物文書の写真と、太田浩司、草野顕之両氏の論考が入りまとまったものとなっている。
(10)長浜市長浜城歴史博物館『湖北真宗の至宝と文化』(前掲)。
(11)長浜市長浜城歴史博物館『湖北真宗の至宝と文化』(前掲)。
(12)青木忠夫『本願寺教団の展開―戦国期から近世へ―』法藏館、二〇〇三年、二部第一章。
(13)『増補改訂本願寺史第一巻』本願寺出版社、二〇一〇年、五五二ページ。
(14)長浜市長浜城歴史博物館『湖北真宗の至宝と文化』(前掲)。
(15)『真宗史料集成三』同朋舎出版、一九七九年。
(16)石田善人「畿内の一向一揆について」(前掲)。他に金子昭弌「中世末期畿内における真宗本願寺教団の発展」(『法政史学』七、一九五五年)も重要な研究である。

(17)笠原一男『一向一揆の研究』山川出版社、一九六二年、井上鋭夫『一向一揆の研究』吉川弘文館、一九六九年、北西弘『一向一揆の研究』春秋社、一九八一年。
(18)峰岸純夫「本願寺教団と一向一揆」(『中世社会の一揆と宗教』東京大学出版会、二〇〇八年)。
(19)北西弘『一向一揆の研究』(前掲)。
(20)小谷利明『畿内戦国期守護と地域社会』(前掲)。
(21)藤田達生『小牧・長久手の戦いの構造—戦場論上』岩田書院、二〇〇六年、『近世成立期の大規模戦争—戦場論下』岩田書院、二〇〇六年。
(22)太田光俊「小牧・長久手の戦いにおける本願寺門末」(藤田達生編『近世成立期の大規模戦争戦場論下』岩田書院、二〇〇六年)、太田光俊「本願寺末寺の位置」(新行紀一編『戦国期の真宗と一向一揆』(吉川弘文館、二〇一〇年)。
(23)山田康弘「戦国期本願寺の外交と戦争」(五味文彦・菊地大樹編『中世の寺院と都市・権力』山川出版社、二〇〇七年)は、同様の課題に本山の外交という視点から迫った研究といえる。
(24)前掲の神田千里氏の著作参照。
(25)太田光俊「本願寺末寺の位置」(前掲)。
(26)「湯次誓願寺文書」(『東浅井郡志』四、一九二七年、八九ページ)。
(27)『長浜市史二』一九九八年、第二章三節。
(28)「富田文書」(『改訂近江国坂田郡志』第七巻、一九四一年、三一一ページ)。
(29)「長浜市河崎稔家文書」(金龍静『一向一揆論』前掲、資料編、三六五ページ)。
(30)金龍静・泊清尚作成の「石山合戦」時の懇志収納図(『新訂増補週刊朝日百科24一向一揆と石山合戦』朝日新聞社、二〇〇二年、一〇三ページ)。
(31)「湯次誓願寺文書」(『東浅井郡志　四』前掲、九二ページ)。
(32)青木忠夫『本願寺教団の展開—戦国期から近世へ—』(前掲)。
(33)『近江・若狭・越前寺院神社大辞典』平凡社、一九九七年、二四四ページ。「厳照寺文書」(『富山県史史料編Ⅱ中世』

一九七五年、一八四四号)、『金沢専光寺文書』(北国出版社、一九八五年、一六七ページ)。なお、「興敬寺文書」(『栗東歴史民俗博物館紀要五』一九九九年、二五ページ)や「阿岸本誓寺文書」(『新修門前町史資料編』一、二〇〇三年、三七三ページ)にも登場するが、こちらは教宗とのみ書かれており、寺号は記されていない。

(34)青木忠夫『本願寺教団の展開—戦国期から近世へ—』(前掲、二部第一章)。

(35)天正十一年三月十日付箕浦誓願寺下坊主衆中同惣門徒中宛下間仲之・頼廉奉顕如御印書(金龍静「史料編」『一向一揆論』前掲、五四号)。太田光俊「豊臣期本願寺の吏僚」(『織豊期研究』一一、二〇〇九年)。天正八年四月廿八日付箕浦誓願寺照俊宛顕如消息(金龍静『一向一揆論』吉川弘文館、二〇〇四年、資料編三七二頁)、天正八年五月廿九日付ユスキ誓願寺下坊主衆御中門徒衆中宛顕如印書(「湯次誓願寺文書」『東浅井郡志　四』、一九二九年、九二頁)。同年十一月十三日付親鸞聖人絵伝顕如裏書(願主〔称名寺〕性宗)(脊古真哉「湖北地域における実如期本願寺教団の展開」『実如判五帖御文の研究』法藏館、二〇〇〇年、一〇八頁)。

(36)「教如消息集」(『真宗史料集成六』同朋舎出版、一九八三年、八九四ページ、一四二号)。

(37)『本願寺史二』一九八六年、二ページ。柏原祐泉「本願寺教団の東西分立」(『日本近世近代仏教史の研究』前掲)三〇ページ。

(38)「福勝寺文書」(『湖北真宗の至宝と文化』前掲)。

(39)湖北で当該期喜右衛門を名乗る人物には、元亀元(一五七〇)年信長の陣に切り込み戦死した遠藤喜右衛門がいる。その時ともに戦った長円寺(現大谷派)はそこを逃れ教如に帰依したとされる(『改訂近江国坂田郡志五』、一九四一年、一八八ページ)。とはいえ、この喜右衛門をこの文章に引き付けるような読みには無理があろう。また、国友の鉄砲鍛冶に富岡家があり、名乗りが善右衛門であった(『長浜市史二』前掲)。富岡家が湖北十ヶ寺の内の一つ授法寺の末寺を再興していた。ちなみに、湖北十ヶ寺の中で天正八年前後の教如書状をもつのは授法寺のみである。また、近江鉄砲衆中に教如から「従御門主者、御折檻候て迷惑察候」という、顕如派による折檻を案ずる書状が八月十五日に出されている。想像をたくましくするならば、富岡善右衛門が主宰する、近江鉄砲衆中は当初授法寺を通じて、湖北十ヶ寺とつながりがあったものの、教如に荷担することによって、本願寺や湖北十ヶ寺から破門されたと考えることも出来よう。しかし、これも「喜」という文字の読みを無視した憶測に過ぎない。
(40)金龍静『一向一揆論』(前掲)第六章参照。
(41)『長浜市史二』(前掲)。
(42)当文書の正文は虫損著しく、年号がよみとれない。それに関して天正元年説、天正八年説、天正二十年説があり、峰岸純夫氏は天正二十年説をとる(「本願寺教団と一向一揆」前掲)。現物の写真と写本の写真が、長浜市長浜城歴史博物館『湖北真宗の至宝と文化』(前掲)に掲載された。同図録解説中の太田浩司氏の検討では、天正八年説が採られている。本稿もそれに従いたい。本文中に記した通りの時代の前後の状況とも合致するし、例えば「誓願寺系図」(『東浅井郡志三』、九三三ページ)では、了乗が天正十九年没となっていることなどとも合致する。
(43)『長浜市史二』(前掲、二二四ページ)。
(44)「富田文書」(『改訂近江国坂田郡志七』一九四一年、三〇九ページ)には、ユスキ誓願寺惣門徒中宛(天正期)正月二十五日付下間頼廉奉御印書や、江州北郡坊主衆同門徒衆中宛(天正八年)八月十五日付教如書状、同日付の江州鉄放(砲)衆中宛教如書状などが収められており、その一端をうかがうことができる。
(45)神田千里『信長と石山合戦』(前掲)の根切の記述(一一六～一三〇ページ)参照。
(46)「称名寺文書」(『東浅井郡志四』前掲、八一ページ所収)。中井卜真斎信貞は長浜三奉行の内の一人であり、秀吉の長浜支配に重要な役割を果たした人物で、岐阜城の近くに住する土豪であったという(『特別展　秀吉家臣団』大阪城天守閣、二〇〇〇年)。
(47)「甲津原文書」(『改訂近江国坂田郡志七』一九四一年、一七一ページ)。
(48)『改訂近江国坂田郡志五』(前掲)二一〇ページ。
(49)『長浜市史二』(前掲)三七四ページ。
(50)「称名寺文書」(『東浅井郡志四』前掲、八一ページ所収)。
(51)高柳光寿『戦国戦記賤ヶ岳之戦』春秋社、一九五八年。
(52)「称名寺文書」(『東浅井郡志四』前掲、八一ページ所収)。

(53)高柳光寿『戦国戦記賤ヶ岳之戦』(前掲)。
(54)「称名寺文書」(『東浅井郡志四』前掲、八一ページ所収)。
(55)「称名寺文書」(『東浅井郡志四』前掲、八二ページ所収)
(56)「木村文書」(『大日本史料第十一編之三』、八二〇ページ所収)。
(57)藤木久志「村の動員」(『村と領主の戦国社会』東京大学出版会、一九九七年所収)参照。
(58)天正十九年四月二十三日付称名寺宛秀吉朱印状「称名寺文書」(『東浅井郡志四』前掲、八三ページ所収)。
(59)「宇野主水日記」天正十年八月三十日条(『石山本願寺日記下巻』所収、大阪府立図書館長今井貫一君在職二十五年記念会、一九三〇年)。
(60)谷下一夢『顕如上人伝』(前掲)。
(61)『鷺森日記』十一月十六日条(前掲)。
(62)『鷺森日記』天正十一年四月条(前掲)。
(63)「本願寺文書」。
(64)神田千里「本願寺の行動原理と一向一揆」(『一向一揆と戦国社会』吉川弘文館、一九九八年、二九一ページ所収)。
(65)堺市立中央図書館所蔵「堺御坊文書」。

第三章　十九世紀における西洋艦船の海難問題と海保体制

神谷　大介

はじめに

本論は、「外圧」「対外的危機」の象徴として位置付けられてきた異国船来航とそれに対する幕府の政策について、対外平和の構築という視角から、横浜開港後の西洋艦船の海難問題と海上保安（海保）の体制に焦点を当てて考察を加えるものである。

幕末対外関係史において西洋艦船による日本沿岸での活動は、「外圧」の性格を規定するものとして検討されてきた。かつての「外圧」（あるいは「対外的危機」「国際的圧力」）に関する研究では、「半植民地化の危機」の有無やその性質をめぐって、いくつかの論争が巻き起こった。その代表的な論争のひとつに遠山茂樹氏と井上清氏の論争がある。遠山氏は、中国が西洋諸国の「半植民地」になるコースを歩んだのに対し、幕末期の日本が「政治的」に独立できた要因として、イギリスの対日政策が対中政策と比較して「より緩和された性格」であったこと、イギリスの主な目的が日本との自由貿易の確立にあったことなどを挙げ、イギリスによる日本の「半植民地化」は「経済的隷属」に止まったと主張した。[1] これに対し、井上氏は、イギリスの貿易の本質を「掠奪的なもの」とし、ロシア軍艦による対馬占領事件（ポサドニック号事件）やイギリス・フランス両軍の横浜への駐留、フランスからの借款や同国の技術者の指揮による横須賀製鉄所の建設などを挙げて「半植民地化の危機」を強調し、遠山氏への反論を展開した。[2] こうした反論を受けて遠山氏は、幕末期に「半植民地化の危機」が「政治的」「軍事的」にも存在したことを明記し、自説を修正した。[3]

「資本主義化」した日本と「半植民地化」した中国との岐路をどの時点に求めるか、この問題をめぐる論争が遠山氏と芝原拓自氏の論争である。遠山氏は、その岐路を「外圧」が若干緩んだ日清、日露戦争期に求め、大久保政権と中国の洋務派との政策の共通点を指摘した。[4] これに対し芝原氏は、その時期に「外圧」が弛んでいないことや大久保政権と洋務派との違いを挙げて、遠山説を批判した。[5]

また、幕末期における日本の「半植民地化の危機」の有無をめぐる論争に石井孝氏と芝原拓自氏の論争がある。石井氏は、植民地の獲得や軍事力の行使をできるだけ回避しようとする政治的思潮であるイギリスの「小英国主義」に着目し、外圧の相対的緩和を認め、危機を強調した芝原氏の説を批判したのである。[6]

これらの論争は、国際環境が国内政治を大きく規定するという、現在の明治維新史研究や対外関係史研究における基本的な議論の枠組みを形作った。その一方で、「外圧」については、「半植民地化の危機」の有無やその性質の分析、他のアジア諸国との比較検討に論点が集中したため、以降の研究においては対外関係の実態面の分析が多角的に進められていった。ただし、杉山伸也氏[7]や鵜飼政志氏[8]が西洋諸国の「外圧」＝軍事的圧力を限定的なものと評価したのに対し、近年では保谷徹氏がイギリス側の史料に基づいて攘夷戦争の一つである下関戦争を分析し、自由貿易体制の維持拡大における軍事力発動の可能性について再考するなど、[9]「外圧」の性質に関する評価は定まっていないのが現状である。また、日本沿岸の測量図の流通過程を分析した横山伊徳氏は「測量行為を外圧の一形態として考える立場に立てば、一九世紀の海図作成＝水路測量は、ヨーロッパ拡張と世界植民地化の一環であり、文字通りその水先案内としての役割を果たしてきた、という考え方も成り立つ[10]」と十九世紀の日本沿岸における西洋諸国の測量行為を植民地化の一環として捉えており、その背景の軍事的圧力を想定している。小風秀雅氏は、日本の「対外自立」の過程を考察する素材として「日本海運」に着目し、「幕末維新期の日本にとって、黒船すなわち汽船海運は欧米外圧を象徴する存在であった[11]」と述べ、西洋諸国の「汽船海運」の実態を解明することは、「外圧」そのものを解明することにつながると指摘している。

このように従来の研究では、日本沿岸の西洋艦船の通航を「外圧」「対外的危機」の象徴とする考えが存在する。「外圧」の内実については論者により見解の相違がみられるが、それだけ開港後の「外圧」は様々な問題として顕在化するようになっていったということであろう。

「外圧」に対する日本側の対応に関してはこれまで様々な視角から多くの研究成果が上げられてきた。その柱の一つが海防研究である。藤田覚氏は「対外的危機」への日本の対応として、近世後期の異国船取扱法の変遷や天保改革における幕府の海防政策について考察し、鎖国祖法観の形成と並行して開港を受容するだけの幕府の外交能力が近世後期以降に形成されていったとする。[12]藤田氏の天保改革論以降、原剛氏[13]が全国的な海防政策の展開を網羅的にまとめたほか、針谷武志氏[14]や松田隆行氏[15]の研究によって弘化・嘉永期における阿部正弘政権の海防政策の特質が明らかになるなど、海防研究は大きく進展した。また、横山伊徳氏は寛政期（一七八九〜一八〇一）以降を異国船打払の時代とし、西洋艦船の日本沿岸通航に対する幕府の対応の変化を分析した。[16]藤田氏・横山氏の研究に対し、上白石実氏は「海防とは海で何を、何のために防ぐのか[17]」が明らかになっていないとし、十九世紀という「長期的連続性」の観点から、西洋艦船や外国人の「隔離」を幕府の「不変の方針」として位置付けた。多くの海防研究がペリー来航までを分析の対象としているのに対し、上白石氏の論は開港以後も射程に入れたところに意義がある。とはいえ、和親条約や通商条約の締結によって日本が西洋国際法の大系に組み込まれ、そうした中で西洋艦船が通航していたという点を考慮すれば、幕府は開港後の日本沿岸における西洋艦船の恒常的な通航に対して、海防体制ないしは外国人隔離策のみで対応することができたのかという疑問が残る。「外圧」への対応という文脈の中で海防に分析の重点を置いた場合、結果として開港した幕府の対外的な主体性に関する評価は限定的なものにならざるを得ないのではなかろうか。

外国側の視点に立てば、日本沿岸は正確な水路情報を欠く未知なる危険海域であった。それゆえに幕府と西洋諸国が締結した和親条約や通商条約、貿易章程には、海難時の対応が明記された。アジアへの進出を図る西洋諸国にとって、生命・財産に関わる海難事故は深刻な問題であり、アジアへの進出を図っていく上で、海難事故への対応を幕府側に求めることは当然の行為であった。しかしながら、従来の研究においては、海防の視点から外れる西洋艦船の海難とその対応、すなわち対外平和構築のための海上保安の体制については十分に考察されてこなかったと考えられる。

以上の点を踏まえ、本論では第一に外国人の記録を通じて日本沿岸における西洋艦船通航の危険性を確認し、その上で開港後における西洋艦船の海難事故の概要を把握する。第二に幕府が西洋諸国と締結した条約における海難規定を確認する。第三に西洋艦船の海難事故の処理過程について、開港場への乗員・流失品の護送および修復の問題を主に分析し、実際にどのような対応がなされていたのかを明らかにする。その際、海難に関する条約の規定がどのように運用されたのかに留意して論を進めていく。以上の作業を通じて、西洋艦船通航に伴う海難事故の実態とそれに対する幕府の海保体制を明らかにし、対外平和構築、すなわち日本側がいかに西洋艦船通航の安全を確保し、外国人の生命・財産を保護しようとしていたのかという観点から歴史を捉え直したい。なお、本論で用いる「海保体制」とは、諸外国との条約を前提とし、開港に伴う西洋艦船の頻繁な沿岸通航という新たな情勢に応じて整備された海難救助の体制全般を指すものとする。

一　横浜開港後における西洋艦船の海難事故

安政六(一八五九)年六月、横浜が開港し、幕府と西洋諸国との間で貿易が開始されると、条約締結国の商船・軍艦(本章ではこれらを「西洋艦船」と総称する)は日本沿岸を頻繁に通航するようになった。しかし、それは危険を伴うものであった。

日本沿岸を通航した外国人たちの記録には、海難の危険性に触れた記述が散見される。例えば、プロイセン外交使節団のオイレンブルク(Friedrich Albrecht Graf zu Eulenburg)は万延元(一八六〇)年九月の伊豆沖通航に関して次のように述べている。

〔史料①〕

大島とキング岬との間の湾の東の入口は、まったく未知の水道で、日本のジャンク船だけが通っているにすぎない。凪は、しばらくの間は危険なほどの素早さで羅針盤のあらゆる点の上を行きつ戻りつした後、激しい西南の暴風となった。そのため、われわれの取るべき通常の航路はふさがれてしまったのである。戻ることは、内湾の入口が狭いし、また燈台がないので考えられなかった。陸地に接近すれば至る所に遭難の危険があった。（中略）本当にすさまじい夜だった。それはおそらく艦が経験した一番危険な状態であったろう。なぜなら、遭難に至らせる暗礁がこの海峡にあるのかどうかは誰も知らなかったし、進路も未知で激しい潮流のためにおおよそしか定まらなかったからである。[18]

また、イギリス園芸学者フォーチュン（Robert Fortune）は「伊豆の岬は荒れるので、船員の恐怖の的だが、私は都合よく、まだそのような目には逢わないので嬉しかった」[19]（万延元年十一月六日）と述べており、伊豆沖通航の危険性が広く認識されていたことが窺える。

他にもスイス使節アンベール（Aime Humbert）が富津岬（「サラトグ岬」）付近の暗礁について「サラトグ岬の前方に、しばしば海難の原因となった砂地の暗礁があり、航行可能の通路は、六マイルの幅しか残っていない」[20]（文久三年三月九日）と記している。フランス海軍士官スエンソン（Edouard Suenson）も横浜沖・江戸湾について「横浜の埠頭は絶えずたくさんの軍艦、商船でいっぱいである。広々としていて、日本の海岸をたびたび襲う嵐からもかなりよく守られている。ただ、北の風、北東の風に対してはほとんど無防備なのが玉に瑕といえる。いつもはおだやかな江戸湾も、嵐とともに次から次へと巻き込むように高波が押し寄せてくると、たちまち怒れる海と化し、船の運航を危険におとしいれる」[21]（慶応二年七月一日）などと江戸内海通航の困難さや厳しい気象条件について叙述している。

西洋艦船の通航の安全を図ることは、諸外国はもちろん、幕府にとっても重要な課題であった。万延元年九月、外国奉行たちはイギリス公使オールコック（Rutherford Alcock）が日本沿岸の測量を要求したことを受けて、その対策を協議している。(22)協議の中で外国奉行は、通航の安全を確保するために日本沿岸を測量したいというイギリス側の主張の妥当性を認めている。すなわち、座礁につながる暗礁の位置を知ることは航海の「要務」であり、水深を把握していなければ風雨や濃霧での航海はままならないことに理解を示しているのである。現実問題として横浜開港以後、西洋艦船の海難事故は多発するようになっていた。イギリスは自国の艦船を安全に運用するため、日本沿岸を測量し、海難事故の防止を図ろうとしていたのである。

それでは横浜開港後の海難事故は、いつ、どこで発生したのだろうか。また、その状況はどのようなものだったのだろうか。幕府が対応した概況を確認し、その上で幕府と西洋諸国との間で交渉がどのように行われたのかを検討する。

表1は、横浜開港後の日本沿岸で発生した西洋艦船の海難事故についてまとめたものである。何件かの脱漏もあろうが、事故の概況・傾向は把握できるだろう。表1の内容を基に、各海域における国別の事故件数をまとめたものが表2、各海域における海難事故の状況をまとめたものが表3である。

表1・2を見ると、イギリスが特に多く、全三五件のうち一五件にのぼる。イギリス艦船の場合は、江戸湾が五件と最も多いほか、あらゆる場所で事故を引き起こしている。その理由は、横浜における幕府最大の貿易相手がイギリスであり、多くの同国艦船が日本の開港場に出入りしていたためであろう。イギリス以外では、アメリカが九件と多く、九州沖以外の場所で事故があった。以下、プロイセンとロシアがそれぞれ四件、オランダが三件である。また、各海域における事故件数の合計をみると、江戸湾が一〇件、次に蝦夷地沖が八件、東海沖が七件、東北沖が五件、九州沖が三件、房総沖が二件である。江戸湾で最も多く発生している理由は、先述のように最大の貿易港であった横浜に出入りする西洋艦船が多かったためと推測される。

表1　横浜開港後の外国艦船の海難事故

№.	年代	西暦	国名	船形	船名	事故発生の海域	状況
1	安政 6. 6.	1859	イギリス		ロクロモント号	上総国周淮郡富津村沖	座礁
2	安政 6. 7.25	1859	アメリカ	測量船		武蔵国久良岐郡横浜村沖	難船
3	安政 6. 8.	1859	アメリカ	商　船	ペスヒリーン号	蝦夷地奥尻島沖	破損
4	安政 6.11.23	1859	アメリカ	バーク	ネンプ号	遠江国豊田郡掛塚村沖	座礁→破損
5	安政 6.12.	1859	イギリス	商　船		遠江国榛原郡地頭方村枝郷御前崎沖	座礁→沈没
6	万延元. 7.17	1860	プロイセン		フラウエンロブ号	江戸湾近海	沈没
7	万延元. 7.20	1860	イギリス	馬運送船		伊豆国大島沖	座礁→行方不明
8	万延元.11.	1860	イギリス			遠江国豊田郡掛塚村沖	難船
9	万延元.12. 1	1860	アメリカ		タイノス号	蝦夷地泉沢村沖	難船
10	文久元. 4. 6	1861	イギリス			相模国三浦郡鴨居村沖	座礁
11	文久元. 6.25	1861	イギリス			相模国三浦郡長井村沖	座礁
12	文久元. 8.11	1861	ロシア			武蔵国荏原郡羽田村沖	碇を落とす
13	文久 2. 2.28	1862	アメリカ	鯨漁船	ゼルメン号	陸奥国北郡下風呂村沖	破損
14	文久 2. 3.16	1862	アメリカ	商　船		蝦夷地箱館村沖	沈没
15	文久 2. 8.22	1862	オランダ	商　船		相模国三浦郡走水村沖	座礁→破損
16	文久 2.10. 2	1862	アメリカ		シウエリー号	常陸国鹿島郡東下村沖	座礁→漂着
17	文久 3. 4.17	1863	アメリカ	商　船		伊豆国御蔵島沖	座礁→破損
18	文久 3. 7.22	1863	ロシア	蒸気船		蝦夷地箱館村沖	防州明神丸と衝突
19	文久 3. 7.22	1863	ロシア	蒸気軍艦	ヂヤパニース号	蝦夷地箱館村沖	快風丸と衝突
20	文久 3. 8.19	1863	イギリス	蒸気軍艦		相模国三浦郡西浦賀村沖	尾州廻船と衝突
21	文久 3. 8.24	1863	イギリス		エリサメルリー号	蝦夷地箱館村沖	大野丸と衝突→破損
22	文久 3.(10).(6)	1863	ロシア	スクーナー	ペルアヤ号	南部藩領沖	破損
23	文久 3.11. 2	1863	プロイセン	商　船		上総国周淮郡富津村沖	難船
24	文久 3.11.22	1863	イギリス	バーク商船	イジリヤ号	蝦夷地大沢村沖	漂着→破損
25	文久 4. 2. 5	1864	プロシア		トーウエー号	伊豆国賀茂郡宇佐美村沖	漂着
26	元治元. 9.17	1864	イギリス		ボニトー号	蝦夷地泉沢村沖	座礁→破損
27	元治元.10.24	1864	イギリス		アスモール号	陸奥国北郡大間村沖	座礁→破損
28	元治元.12. 2	1864	イギリス	バーク	ヲンワルト号	常陸国鹿島郡東下村沖	漂着
29	慶応元. 閏5.7	1865	プロイセン	スクーナー	タイフーン号	伊豆国神子元島沖	破損→沈没
30	慶応元.(7～8).	1866	オランダ	商　船	ヨアンメルチヲルケンブル号	肥前国五島沖	沈没
31	慶応元. 9. 7	1865	イギリス	蒸気軍艦	コンホル号	江戸深川洲崎沖	座礁
32	慶応 2. 6.29	1866	イギリス		シコローン号	大隅国熊毛郡種子島沖	沈没
33	慶応 2. 9.	1866	オランダ	商　船	ヂユヲデジマ号	薩摩国沖	沈没
34	慶応 3.(3).(14)	1867	アメリカ	鯨漁船		南部藩領大沼浦弁天島沖	沈没
35	慶応 3. 7.21	1867	イギリス	飛脚蒸気船	シンガポール号	津軽藩領沖	座礁→破損

註）・『続通信全覧』類輯之部30船艦門（雄松堂出版、1987）、「御軍艦操練所伺等之留」（国立公文書館所蔵）より作成。
・「年代」の（　）は推定を示す。
・「船形」および「船名」は史料上の表記に従った。ただし、「バルク」は「バーク」、「スクーネル」は「スクーナー」に改めた。
・「事故発生の海域」は原則として村名を冠して表記したが、島や具体的な場所が特定できない場合は、史料上の表記に基づき、適宜場所名を付した。
・「状況」は、岩場や浅瀬などに座礁した場合を「座礁」、何らかの理由で航行に支障を来している場合を「難船」、船体が破損した場合を「破損」、艦船が沈没した場合を「沈没」、海難して消息を絶った場合を「行方不明」、航行不能となる沿岸に辿り着いた場合を「漂着」、他の船と不意に接触した場合を「衝突」とした。また、時とともに状況が変化した場合は→で示した。例えば、№4は浅瀬に座礁して船体が破損したことを示すものである。
・外国艦船と衝突した和船名は史料上の表記に従った。

表２　各海域における国別の事故件数

海域＼年代	英	米	普	露	蘭	合計
江戸湾	5	1	2	1	1	10
蝦夷地沖	3	3		2		8
東海沖	3	2	2			7
東北沖	2	2		1		5
九州沖	1				2	3
常陸沖	1	1				2
合　計	15	9	4	4	3	35

表３　各海域における事故状況

海域＼状況	破損	沈没	座礁	難船	衝突	漂着	行方不明	その他	合計
江戸湾	1	1	4	2	1			1	10
蝦夷地沖	4	1		1	2				8
東海沖	2	2		1		1	1		7
東北沖	4	1							5
九州沖		3							3
常陸沖						2			2
合　計	11	8	4	4	3	3	1	1	35

　次に、表1・3から状況をみると、破損と沈没が合わせて一九件にのぼり、全海難事故の半数近くを占めている。これはいずれも乗員の命に関わる深刻な海難事故である。破損と沈没が発生している場所は、蝦夷地沖、東海沖、東北沖、九州沖である。九州沖では、三件と少ないものの全てが沈没である。一方、江戸湾は一〇件のうち四件が座礁であり、破損と沈没はそれぞれ一件にとどまる。ちなみに破損の一件（No.15）も、座礁したことが原因であった。

　江戸湾の海難事故をみると、富津と観音崎付近に集中していることがわかる。この海域は、房総半島と三浦半島の間が最も狭まるところであり、しかも富津村沿岸には暗礁があった。横浜開港以前は幕府によって異国船の江戸内海への侵入を防ぐラインとされたが、開港後は西洋艦船の航海が活発化し、事故が多発する危険海域となったのである。

以上のように横浜開港後は、海難事故が継続的に発生した。西洋諸国は安定した貿易を継続するために幕府との間で何らかの取り決めをしておく必要があった。

二　西洋艦船の海難事故に関する規定

海難事故への対応に関しては、横浜開港以前、和親条約締結の段階ですでに幕府と西洋諸国との間で問題になっていた。幕府が西洋諸国と締結した和親条約には、漂流民の取扱いや海難した西洋艦船の修復、開港場以外の場所への入港に関する規定がある。

嘉永七（一八五四）年三月三日に調印された日米和親条約の第三条には、「合衆国の船、日本海浜漂着之時扶助いたし、其漂民を下田、又ハ箱館に護送し、本国の者受取可申、所持の品物も同様に可致候、尤漂民諸雑費は両国互に同様之事故、不及償候事[23]」とあり、幕府がアメリカの漂流民を開港場の下田・箱館に護送し、アメリカへ引き渡すこと、漂流民の救援のための費用は互いに賠償しないことを定めている。同条約の第十条には「合衆国の船、若し難風に逢さる時ハ、下田・箱館の港之外猥りに渡来不致候事[24]」とあり、暴風に曝された場合に限って不開港場へのアメリカ艦船の入港を認めている。

同年八月二十三日に幕府がイギリスと調印した日英和親条約の冒頭には、「破船修理之為め、肥前之長崎与松前の箱館との両港に、貎利太泥亜国之船を寄ることを差免す[25]」、第二ヶ条目には、「難風に逢ひ、船損せすして、右両港〔箱館・長崎〕之外へ猥に渡来不相成事[26]」とある。幕府は海難して破損した場合、イギリス艦船が修復のために箱館・長崎へ入港することを認めていた。

同年十二月二十一日調印の日露和親条約の第三条には、「日本政府、露西亜船の為に、箱館・下田・長崎之三港を開く、今より後、露西亜船難破の修理を加へ〔中略〕露西亜の船難破にあらされは、此港〔箱館・下田・長崎〕の外、決而日本他港に至る事なし、尤難破船につき諸費あらハ、右三港の内にて是を償ふへし(27)」とあり、幕府は海難したロシア艦船に限って箱館・下田・長崎での修復と不開港場への入港を認めている。続く第四条には、「難船漂民ハ両国互ニ扶助を加へ、漂民はゆるしたる港に送るへし、尤滞在中、是を待を緩優なりといへとも、国の正法を守るへし(28)」とあり、幕府は海難したロシア艦船の乗員に対して扶助を加え、開港場へ護送することを定めている。

なお、安政二(一八五五)年十二月二十三日に幕府がオランダと調印した日蘭和親条約の条文には、海難に関する規定はない。オランダと幕府はすでに通商関係にあり、従来の海禁の枠組みの中で漂流民護送が処理されていたためと推測される。

このように、幕府がアメリカ・イギリス・ロシア・オランダとの間で取り交わした和親条約条文を見ると、原則として海難した西洋艦船の不開港場への入港を認めており、海難時の対応の柱は漂流民の開港場への護送と艦船の修復であったといえる。漂流民護送に関してはアメリカ・ロシアともに相互扶助が原則となっているが、西洋艦船修復に関しては、国ごとに規定が異なっている。幕府はイギリスに対して箱館と長崎、ロシアに対して箱館・下田・長崎での海難西洋艦船の修復を認めているが、アメリカについては修復の規定がない。また、ロシアに対してのみ修復の諸費用を箱館・下田・長崎で賠償させるとある。

次に、幕府がアメリカ・オランダ・ロシア・イギリス・フランスと締結した通商条約ならびに貿易章程の内容を検討していく。幕府とアメリカが安政五(一八五八)年六月十九日に日米修好通商条約とともに調印した貿易章程の第四則には、「薪水食料等用意の為、入港の鯨漁船或ハ難船ハ、其積荷の告書を出さすといへとも、若其積荷を売払ハんと願ふ時は、第一則の通、定式輸入の手数をいたすへし(29)」とあり、海難したアメリカ艦船に関しては、積荷の報告書を幕府に提出していなくとも、積荷を売却する場合は、貿易章程第一則(30)に従うという規定がある。幕府がオランダ・ロシア・イギリス・フランスと締結した貿易章程にも同様の規定がある(31)。

また、同年七月十八日に調印した日英修好通商条約の第十二条には、「貎利太泥亜船、日本海岸にて破船、又は漂着し、或は危難を遁れ来る事を知らは、其所の司人、是を救ひ、厚く扶助を加へて、最寄のコンシユル江送り渡すへし(32)」とある。同年九月三日調印の日仏修好通商条約の第十六条には、「仏蘭西船、難船、又は難風に逢、日本の地に漂着いたしたるを、日本役人承ハらは、成丈其人々を救ひ、覆愍を加へ、最寄の港にある仏蘭西コンシユルへ送るへし(33)」と、日英と類似の条文がある。この日英・日仏双方の条文によると、イギリス・フランス艦船が海難し、そのことを幕府・諸藩などの役人が知った場合は、海難した艦船の乗員を救助し、海難した場所から最寄りの開港場の領事へ引き渡す取り決めであったことがわかる。イギリスとフランスはそれまで幕府と取り決めていなかった漂流民護送に関する規定を新たに通商条約に盛り込んだのである。

幕府の立場から見ると、和親条約および通商条約、貿易章程を締結したことによって、海難西洋艦船の乗員（漂流民）の開港場への護送をアメリカ・ロシア・イギリス・フランスに対して認めたことになる。ただし、具体的な処理方法は現場での運用に委ねられることとなった。

三　乗員・流失品の開港場護送と賠償問題

海難に関する規定、方針が不統一なまま、安政六（一八五九）年六月に横浜は開港し、西洋艦船が江戸湾を頻繁に通航することとなった。以後、幕府は西洋艦船の海難事故の対応に追われることとなるが、諸条約に明記された規定はどのように運用されていったのだろうか。

横浜が開港して以降、日本沿岸で最初に発生した西洋艦船の海難事故は、管見の限り富津沖でのイギリス艦船ロクロモント号の事故（表1―No.1）である。事故の処理にあたった神奈川奉行が老中に宛てた同年六月付の上申書によると、神奈川奉行は規定に従い、海難したイギリス艦船を救助し、積荷を開港場である横浜の運上所に保管し、その警備のために番人を配置しようとしている。神奈川奉行は開港直後から、海難扶助に関する積荷の保管や番人の差配を担当していた。

では表1―No.2の事故について、同年七月二十八日に神奈川奉行兼帯外国奉行水野忠徳、同加藤則著、外国掛目付鳥居忠善が老中に宛てた上申書から確認しておきたい。

〔史料②〕

己未七月廿八日　　　　　　　　　　　　　　　　　　　　　　　水野筑後守

当港碇泊之亜国測量船及困難候儀に付申上候書付

加藤壱岐守
鳥居権之助

一昨廿五日朝卯中刻より風雨有之候処、追々荒模様相成、辰刻頃より次第に暴風吹募降雨者勿論、怒浪激潮烈敷、碇泊之船々悉危難之体に相見、就中亜米利加測量船之儀者船形も小ク、殊に岸遠に掛り居一時覆没にも可及之処、百術相晴右危急者免れ候得共、追々海岸江被吹寄、猶傾き、積荷悉く刎捨候に付、支配向其外船々救助之ため出役為致置候もの共不取敢人足等狩催し、右刎捨荷品掛ケ揚、本船者海岸江繋留、荷品一同番人申付乗組士官其外一同上陸為致、其以前用意申付置候異人貸家等江差置、其余右船水夫之内両三人海中江落入既に可及沈溺といたし候もの有之候処、夫々助ケ揚ケ、右をも介抱手当之上、前書仮止宿所江引渡し、且士官其外乗組一同前夜より風波凌方而已ニ困労罷在饑渇難堪様子に付、不取敢食物手当およひ、猶鶏並鶏卵等人数ニ応し被下方取計、其外寝食無差支様夫々取計遣し候処、一同難有、尤船将出府に付右之趣早々御地江可申進旨右船将次官之もの申聞、其外碇泊之船々江も風波和らき候間、間を見合セ安否為致尋問候処、右者一同別条無之、是又尋問を請候段忝趣申立候由出役之もの申聞候、且前書風雨にて鶴見川・六郷川出水、継越難出来旨追々注進有之候に付、御用状差立延引仕候、依之此段申上候、以上

七月廿七日(34)

この上申書によれば、安政六年七月二十五日朝から横浜港は暴風になり、同港に停泊していた船々は危険に見舞われた。特に、アメリカ測量船は小型で、岸から遠い場所に停泊していたため、転覆しそうであった。天候が回復し危難は免れたものの、アメリカ測量船は風に押し流され、船体が傾いたため、積荷を海中に投げ捨てた。この時

の神奈川奉行所の対応に注目すると、事故の報告を受けた彼らは自らの判断で現場に赴き、周辺村々から人足を動員して流失品を海中から引き揚げ、海難したアメリカ測量船の乗員を救助し、介抱した上で「異人貸家」「仮止宿所」などへ護送し、鶏や鶏卵などの食料を与えたとある。「異人貸家」「仮止宿所」は、西洋諸国との貿易に伴う海上保安に備え、幕府が横浜居留地内に予め用意していた施設である。この事故に際して神奈川奉行所役人は、乗員を横浜居留地まで護送しており、その救助費用の賠償は求めていない。大枠で日米和親条約第三条の規定に沿った対応といえる。同条文では、開港場が下田となっていたが、実際に開港したのは横浜であったため、下田を横浜に置き換えて条文を適用したと考えられる。また、横浜沖に停泊していた西洋艦船の安否をわざわざ確認するなど、海上保安における神奈川奉行の主体性を見出せる。

　次に表1―No.4・5の事例を検討する。

〔史料③〕

庚申四月廿日

亜米利加外壱ケ国漂民扶助入用之儀に付申上候書付

神奈川奉行
神保伯耆守

去未年（安政六年）十一月中、亜米利加国商船壱艘、同十二月中、英吉利同断壱艘、今川要作御代官所遠州御前崎沖合おゐて、逢難風、破船等およひ候を見受、早速最寄村々より助船差出、浮荷物等掛揚、乗組之ものとも上陸為致、夫々厚扶助いたし、荷物一同村役人差添、雇船を以、神奈川港江送越候に付、請取候上、同所滞在之右国コンシユル共江、其段申遣し、引渡候処差当り可差置場所無之、手当いたし呉候様申聞候に付、運上所囲内江入置、食料其外手当いたし遣し候儀に有之、然る処右雑費等彼我何れより差出可然哉、いまた可見合先例無之候間、差向前書遠州表より神奈川港江送り越候迄之入用者要作方にて仕払候積、其後相渡候食料代等者神奈川御役所金を以て仕払候へども、以後又同様之儀可有之、其度々区々取計有之候而者不都合に付、右入用立方等取束勘弁仕候処、亜米利加御条約に者、漂民諸雑費者両国互に同様之事故不及償と有之、英吉利其外之国々には厚く扶助を加へ、最寄コンシユル等江送遣し候積認有之、雑費者何れよりと之廉、無之候へ共、亜米利加は条約にも有之候通相互之儀、殊ニ扶助を加へ可申と之文段有之候上者、前書両国難破船乗組之もの共、神奈川港江送越、コンシユル江引渡候迄之入用者夫々御入用に相立、其後彼方依願当方江差置候内之食料代等者彼方より請取、相当可仕哉と奉存候間、右之趣に取計可申奉存候、尤向後共、漂民有之候節者同様取扱可申、就而者前書漂民共、神奈川表江送越候迄之雑費者要作方にて御入用ニ相立候様御勘定奉行江被仰渡候方と奉存候、右者初而之儀に付、一応此段申上候、以上

申四月　　溝口讃岐守
竹本図書頭
神保伯耆守[35]

この史料は、表1―№4・5の事例について、神奈川奉行の溝口直清と竹本正雅、神奈川詰の外国掛目付神保長興が連名で老中に宛てたと考えられる上申書である。これによると、安政六年十一月にアメリカ商船（ネンプ号）一艘、同年十二月にイギリス商船一艘が今川要作代官所領の遠江国御前崎沖で海難したとあるが、実際にネンプ号が

海難した場所は掛塚村沖である。こうした事実の誤認もあるが、No.4・5の事例において、事故現場近郊の村々は救助の船を出し、流失品を海中から引き揚げ、海難した西洋艦船の乗員を扶助し、村役人の付き添いの下、西洋艦船の積荷や乗員を神奈川へ護送し、領事に引き渡したとある。

この史料で神奈川奉行が問題としているのは、海難した外国人乗員の救助や積荷の管理に要する費用を幕府と西洋諸国のどちらが負担するのか、ということである。No.5では、海難した西洋艦船の乗員を御前崎から神奈川へ移送するまでに要した費用は代官今川要作の負担とし、横浜運上所内における外国人の食料代などは神奈川奉行所の運営費から負担したとある。つまり、海難した西洋艦船の救助に伴う費用は幕府側がすべて負担していたことになる。神奈川奉行らは西洋艦船が海難事故を起こすたびに幕府側の対応が区々であっては不都合なので、救助費用の負担方法を統一したいと提案しているのである。史料③に「亜米利加御条約に者、漂民諸雑費者両国互に同様之事故不及償と有之」とあるのは日米和親条約第三条、「英吉利其外之国々には厚く扶助を加へ、最寄コンシユル等江送遣し候積認有之」とあるのは、日英修好通商条約第十二条、日露和親条約第四条、日仏修好通商条約第十六条を指しているとみてよいだろう。神奈川奉行らは日米和親条約第三条について「相互之儀、殊ニ扶助を加へ可申と之文段」があると解釈し、海難した外国人乗員を領事に引き渡すまでの護送費用は幕府側、求めに応じて開港場などで外国人に与えた食料代などは外国側が負担するようにしたいと主張し、今後の漂流民についても同様に対応したいと提案している。ここからは開港場での食料代に限って外国側に支払わせ、自己の負担を軽減しつつ、統一的かつ普遍的な海保体制を構築しようとする神奈川奉行所側の意図を読み取れる。

神奈川奉行らからの提案が、老中たちの間でどのように審議されたのかは不明であるが、万延元（一八六〇）年五月十三日、幕府老中の脇坂安宅と安藤信睦は、アメリカ公使ハリス（Townsend Harris）、イギリス公使オールコック、フランス代理公使ベルクール(Gustave Duchesne Prince de Bellecourt)に対して三ヶ国の艦船が日本沿岸で「難破」「漂流」して不開港場に寄港し、薪水・食料などの支給を日本側に求めた場合の代金の支払いについて提案している。[36]すなわち、西洋艦船が海難した場合、その乗員は寄港場所を管轄している幕府・諸藩の役人に対して船名と乗員名を報告し、薪水・食料などの代金の書付を受け取る。実際の代金は海難の場所から最寄りの開港場で支払うという内容である。老中は、海難した西洋艦船に渡す薪水や食料の費用について、西洋諸国からの賠償を望んでいたと考えられる。先の史料③で検討した神奈川奉行らの提案では、西洋諸国が負担するべき費用は横浜の運上所内での費用だけであり、護送費用は幕府側が負担するとされていた。この老中の提案に対する西洋諸国の反応は確認できないが、この提案に従えば表1―№5の事例で代官今川要作が負担した護送費用の一部も西洋諸国からの賠償の対象になる。

天保薪水給与令下では、従来、西洋艦船に給与する薪水・食料の費用は原則として日本側が負担した。しかし、諸外国との条約に基づいて開港すると西洋艦船の日本沿岸通航が活発化し、海難救助の機会が増えて日本側の負担が大きくなり、その費用請求を条約締結国に提案するようになったのである。

四　横須賀における海難艦船の修復問題

本節では、幕府が諸外国と締結した海難規定の柱の一つであり、海保体制の重要な機能の一つである艦船の修復について、相模国三浦郡横須賀村で行われた事例を検討する。開港地横浜近郊の横須賀村には慶応元(一八六五)年九月以降、製鉄所(造船所)が建設、造成されていくが、その前段階として外国艦船の修復が行われていたことはあまり注目されてこなかった。

横須賀村で最初に修復を行ったのはアメリカ艦船であった。[37] アメリカ総領事は幕府に海難した艦船の修復を申し立てた。これを受け、万延元(一八六〇)年十二月二十四日、アメリカ船主が神奈川奉行所役人立ち合いのもと、熊本藩の預所となっていた横須賀村を一見した。その結果、アメリカ側から横須賀村で修復を行いたいと申し出があった。アメリカ艦船がどのような海難事故に遭遇したのかは判然としないが、神奈川奉行所役人が付き添って破損したアメリカ艦船を神奈川から横須賀まで廻送した。さらに、翌年正月、神奈川奉行は修復中の警衛のため同心・下番[38]を派遣する費用、また「地平均人足」一三人を村方から徴発する費用について「御役所入用之内を以遣払候様仕度」と伺いを立てている。横須賀村での修復は二月七日まで行われ、この間、取締の神奈川奉行所役人の交代は行われなかった。

二月九日付の熊本藩士吉田平之助の報告書[39]によると、外国奉行(神奈川奉行兼帯)松平康英から取締の通達があったことを受け、熊本藩はその筋へ通知し、村方へも厳重に申し渡した。しかし、横須賀周辺の村々は海岸付で僅かに漁業を稼ぎとして生計を立てているに過ぎず、近年漁撈は困窮し、昨年からは米価・諸色も高騰して貧民が困窮しているという。修復にあたっては村側が番船の動員、見張番所の設置、昼夜番などの「夫役」や「神奈川往返用弁船」二艘の徴発を負担した。さらに、役人の旅宿近郊に会所を建設して、そこに村役人が詰めることになった。そのため、村役人が一日に三両余、約五十日間で約二〇〇斤ほどの費用がかかると申し出るなど、村々は非常に困窮しているという。こうしたことから、今後は横須賀村での修復は行わないこと、もし修復するのであれば村方の負担となるので「別段御手当金」を下付するようにと熊本藩側は村方の扶助を幕府に願い出ている。

これを受けて神奈川奉行が配下の役人に現場の状況を確認したところ、見張番所設置や湯茶などに至るまで相当の賄い料を村方に支払っており、修復作業終了に伴い御用済みとなった建物などは入札を命じて払い下げており、人足や船の動員を要請されることはたびたびあったが、これには相対取引で相当の賃銭を村方に支払っているので、村方は特に難渋していないという返答であった。[40] 神奈川奉行所側の認識では、アメリカ側から「神奈川往返用意船」などは申し付けていないと熊本藩側とは異なる主張を展開している。神奈川奉行が言うには、熊本藩が番船を動員して船手頭らを乗り組ませており、預所村々からも村役人を動員したため、費用がかかったとしている。それに対して熊本藩は、地代金などを徴収して地元村方に還元するという村方救済を提案しているが、神奈川奉行は「素より困難船修復之為め海岸之空地一時貸渡候迄之義ニ者御救助之訳ニ而、且当方取締向ニ付入費相掛り候迚、彼方より出金為致候取計者如何可有之哉」との見解を示している。西洋諸国に救助の負担を強いることの理由を挙げており、熊本藩の案には一見否定的なようにみえる。

しかし、神奈川奉行は別の形で西洋諸国に費用を請求しようと考えていた。[41] すなわち、こうした問題が起こるのは神奈川近郊に艦船の修復場所がないからだとして、近海測量をするであろう軍艦奉行とも相談して修復場所を建設し、以後海難した西洋艦船はそこで修復させるようにしたいと提案しており、海難外国人の開港場護送の問題と同様に、外国側から修復費用を請求できるシステムの構築を企図している。さらに、修復場所が確定したならば、地税などの外国側への請求、取締などの処置を行い、地元村方が「難渋」しないようにしたいとも述べている。海難艦船の修復に伴う諸負担は結局のところ村方に転嫁されていたのが実態であり、そうした負担軽減策が修復場の設置による外国側への費用請求という形で提示されたのである。

その後、横須賀村では文久二（一八六二）年九月にオランダ船の修復が行われている。同年九月付の神奈川奉行竹本正雅の上申書[42]によると、同年八月二十一日に神奈川を出帆したオランダ商船が走水《はしりみず》村の沖合で難風に逢い、翌二十二日に同村地先へ吹き寄せられて磯根へ乗り上げて船底が破損し「水入」になった。その注進を受けた神奈川奉行は役人を派遣して救助にあたらせ、積荷を残らず取り上げて神奈川へ廻した。そうしたところ、オランダ公使が走水村沖は浪当りが強く破損箇所の手入れが困難であるから、熊本藩預所の横須賀村港中へ引き入れ修復を加えたいと願い出てきた。これに対して神奈川奉行は、万延元年に横須賀でアメリカ艦船に修復を加えた先例もあるので、許可するつもりであるとしている。このとき陸揚げした船積荷はオランダ大工フライが買い取り、その後文久三(一八六三)年五月中横浜弁天通五丁目の伊勢屋忠兵衛が「売払浮方」になり、神奈川に廻送されている。

元治元(一八六四)年四月にはイギリス艦船の修復作業が行われている(四月十二〜二十四日)。同月六日付の神奈川奉行大久保忠宜の伺書[43]によると、イギリス商船ヨコハマ号の船底が破損したため、イギリス公使は万延元年のアメリカ船修復の先例を挙げ、横須賀村での修復作業を要求している。神奈川奉行も船底修復には水深が必要となるが横浜近郊には適地がないことを指摘してイギリスの要求の許可を求め、当時横須賀村を預所として支配していた佐倉藩と相談しながら対応していきたいと幕府に報告している。

オランダ・イギリス艦船の修復は万延元年のアメリカ艦船の修復作業を先例として西洋諸国が幕府に要求して実現したものであった。アメリカ艦船の横須賀村での修復はあくまで臨時の対応であったが、次第に西洋艦船修復の既成事実が積み重ねられ、定式化していったのである。海難西洋艦船の修復に関して問題となったのは、開港地横浜に西洋諸国の修復要求を満たし得る場所がないこと、修復作業が村方の負担になることであった。これらを解決するために神奈川奉行は横浜近郊に艦船修復場を設置すべきであると提案し、その後、横須賀における海難西洋艦船の修復という既成事実が積み重ねられていく。慶応元(一八六五)年九月二十七日に横須賀製鉄所の鍬入式が行われた後も、同年十月七日に横須賀ではイギリス蒸気商船の修復が開始されている[44]。

横須賀製鉄所は幕府の艦船運用を支えるための基盤として設置が検討され始めたが、幕末段階の横須賀製鉄所で製造された日本側の蒸気船は横須賀丸という横浜・横須賀間を定期的に航行する小型蒸気船のみであった[45]。

五　海保体制の諸機能

海保体制の柱は漂流民護送と艦船修復であったが、それ以外にも幕府は様々な対応を迫られている。

まずは表1―№7の事例に着目し、海防のための軍事力として導入された幕府軍艦がいかに海保体制に活用されていたのかを検討してみよう。万延元（一八六〇）年七月に軍艦奉行が作成した一連の報告書[46]によると、イギリスの馬運送船一艘が神奈川港に向けて大嶋沖を航海中、暗礁に衝突して「困難」に及んでいるのを同国の商船が発見し、イギリス領事に通報した。これを受けた領事は、軍艦一艘を幕府から借りてイギリス人乗員を救助したいと申し出た。そこで、軍艦奉行は神奈川港警衛のために碇泊していた軍艦朝陽丸を救助に差し向ける旨を神奈川奉行に通達した。七月二十日、軍艦操練所教授方頭取矢田堀景蔵らはイギリス人通弁官フレッキマン、碇泊軍艦船将レフテネシンシリン、召使いホーローとともに朝陽丸に乗り込み、神奈川港を出港した。まずは房州沖に停泊し、翌二十一日に大島辺を再三乗廻し、利嶋・神津島まで捜索したが、西洋艦船らしきものは発見できなかった。そして、乗り組みのイギリス人から大島辺まで流されていったのではないかと申し出があったので、大島に向けて二、三〇里ほど帆走したが発見できなかった。その後風向きが悪くなったので引き返し、二十二日暁下田に着船した。下田の漁師たちに難船を見掛けなかったか尋ねてくれとイギリス人から要請があったので、矢田堀らは尋問したが、結局分からなかった。「大島辺内之方」に気を付けて捜索したいというイギリス人からの再度の要請を受けて二十三日に出港したが、風雨が激しくなったため下田に停泊せざるを得なかった。二十五日から大島周辺で捜索を再開したが発見できず、イギリス人も帰帆することを申し出たので、二十六日暁に朝陽丸は神奈川港に帰着した。

幕府による蒸気船の導入は、安政二(一八五五)年の長崎海軍伝習を契機に本格的に始まるが、開港後の運用実態を見ると海防に限らず、海上保安にも活用されていた。幕府はイギリス側の求めに応じて蒸気船を活用し、行方不明となった艦船の捜索に協力したのである。

次に浦賀奉行が対応した海難事故の事例(表1―№10)について、文久元(一八六一)年四月に同奉行の坂井政輝と渡辺孝綱が神奈川奉行に宛てた上申書[47]から確認する。この上申書によると、四月五日、イギリス艦船一艘が浦賀の沖合を通航中、鴨居村沖で座礁した。尊攘派浪士取締りのため浦賀沖で哨戒にあたっていた浦賀奉行所の「沖番船[48]」の乗員が座礁事故を発見し、イギリス側に手真似を交えて事故の状況を尋ねた。これに対し、イギリス側は横浜出港後、風の影響で座礁したため碇を下ろして船体を立て直したが、碇を引き揚げることができなくなり、仕方なく鎖を切って碇を海中に捨てたという経緯を述べ、碇の引き揚げを「沖番船」の乗員に願い出た。沖番船の乗員は、浦賀奉行に事故の経緯、イギリス側の要求を報告した。報告を受けた浦賀奉行は、配下の与力・同心および人足を現場に派遣したが、夜になり、引き揚げ作業は困難であるとイギリス側が主張したため、与力・同心および人足は現場から引き返した。翌六日の未明、与力・同心が人足とともに再び現場を訪れると、海が荒れ、イギリス艦船は事故現場に碇泊していること自体が困難になっていた。イギリス側は、横浜まで避難することを決定し、日本側が碇を引き揚げ次第、横浜へ移送してほしいと与力・同心に依頼してきた。イギリス艦船は、碇の引き揚げに伴う賃金を支払う旨を与力・同心に伝え、横浜へ向け出帆していった。その後、碇を引き揚げた浦賀奉行は、浦賀に寄港した日本廻船の乗員から、イギリス艦船がすでに外洋へ向け横浜を出港したという情報を掴んだ。そこで、浦賀奉行は、神奈川奉行に対し、イギリス側への碇の引渡し方法を尋ねたのである。

一方、浦賀奉行からの報告を受けた神奈川奉行滝川具知は、引き揚げた碇を横浜居留地のイギリス商人エルムストンに渡してほしいと海難に遭遇したイギリス艦船の乗員から依頼されていた。同年四月十二日、老中安藤信睦は、神奈川奉行が浦賀奉行から引き取った碇をエルムストンに渡したとの報告を受けている(49)。エルムストンが救援に伴う費用を支払ったかどうかは確認できないが、同年六月十日、浦賀奉行所役人は、イギリス艦船の碇を引き揚げるために動員した人足と船の賃金として、西浦賀村与兵衛船の沖船頭安五郎に金二両、漁船一八艘の水主たちに計金五両二分余を下付している(50)。

この事例で注目したいのは、尊攘派浪士取締りのための「沖番船」が海上保安の機能も果たしていることである。「沖番船」は尊攘派浪士による外国人襲撃を防止する目的で強化された浦賀奉行所の治安維持対策の一種であるが、外国人の生命・財産の保護を目的とする点では海上保安の機能も有していたといえる。なお、地域住民の協力は海難外国人の救助だけではなく、西洋艦船の流失品の引揚げに関しても不可欠であり、その協力に伴う費用は浦賀奉行所が負担していた。

最後に日本船を対象とした海保体制について、表1―№20の事例を確認しておきたい。文久三(一八六三)年八月十九日、西浦賀村の千代ケ崎沖でイギリスの蒸気軍艦と尾張国の廻船とが衝突し、廻船が沈没したという事故である。老中が出したと考えられる神奈川奉行への通達(51)によると、沈没した廻船の船頭と水主らが溺死したため、その遺族が賠償金の支払いを幕府側に願ってきた。この願いに対し、老中は、もし遺族の申立てが事実であれば、イギリス側に謝罪の交渉をするべきであるが、廻船を沈没させたことに対する賠償金は取り立てないようにと神奈川奉行に通達している。この事例では、幕府は外国側に賠償金を請求せず、遺族への撫育は幕府が負担するとした。

おわりに

従来の研究では、異国船の日本沿岸通航を程度の差はあれ、「外圧」「対外的危機」の象徴として捉えることが通説的理解になっており、日本側がいかに西洋諸国との戦争回避に努め、国土防衛を図ったかという海防的見地から幕府の対応が考察されてきた。これに対し、本論では西洋諸国の接近・接触を前提に外国人の生命・財産を保護し、いかに対外平和を構築しようとしたかという海上保安の視角から幕府の政策の捉え直しを試みた。

外国人にとって日本沿岸は水路情報に乏しい海域であった。その航海の危険性については外国人の記録から読み取ることができた。また、『続通信全覧』に収録されている諸史料から海難事故の事例を確認したところ、国別ではイギリス、海域別では江戸湾が最も多かった。これは当時、最大の貿易相手国がイギリス、主要な開港場が横浜であったことを考慮すれば当然の傾向といえる。他にもアメリカ・ロシア・プロイセン・オランダの艦船が蝦夷地から九州沖に至るまで広い範囲で事故に遭遇している。日本沿岸での航海は、海難事故の危険性を高度に孕んでいたのである。

西洋諸国との条約締結によって、日本側には海難事故に対応する国際的責務が生じた。西洋諸国にとって海難事故は生命・財産に関わる重大な問題であり、その対応方法に関しては、和親条約・通商条約・貿易章程などに規定された。そして開港に伴って西洋艦船の日本沿岸での航海が活発化すると、海難事故が多発することになった。そうした中で行われた海難事故への日本側の救助の仕組みを本章では「海保体制」として把握した。海保体制の機能として特に注目したのは、①乗員・流失品の開港場護送、②海難艦船の修復である。

幕府は海難に遭遇した条約締結国の艦船に対して、不開港場への寄港を許可していた。事故現場では領主が周辺村落から人足・船などを動員して乗員の救助、流失品の引き揚げなどにあたり、救助した乗員や引き揚げた流失品を最寄の開港場に護送した。とりわけ、横浜居留地には「異人貸家」「仮止宿所」などを用意し、乗員・流失品を西洋諸国に引き渡した。西洋諸国との条約では、開港場への護送に関しては相互扶助が原則であり、費用の賠償規定はなかった。しかし、海難救助がたびたび行われる中、人足・船などを動員する領主・村方の負担は増えていったと考えられる。

また、幕府は外国からの要請に応じて艦船の修復を相模国三浦郡横須賀村で行った。航海の安全性を確保するには、艦船のメンテナンスを行う修復場が必要不可欠であった。横須賀では万延元(一八六〇)年に初めてアメリカ艦船の修復が行われたが、これを先例として、以後オランダ・イギリス艦船の修復が相次いで行われるようになった。慶応元(一八六五)年に横須賀製鉄所の建設が始まって以降も西洋艦船の修復は同所で行われている。そうしたことから、建設当初の製鉄所の主な役割は、技術教育や煉瓦製造などの産業技術の振興と西洋艦船の修復にあったと考えられる。

万延元年五月、老中はアメリカ・イギリス・フランスに対して、護送に伴う薪水・食料などの費用の支払い方法について提案した。また、同年のアメリカ船修復に際して、神奈川奉行は永続的な修復場を開港地近郊に建設して西洋諸国から修復費用を請求できるようにしたいと幕府に提案した。護送に伴う薪水・食料などの費用の請求という動向と考え合わせると、幕府は事故現場の領主や村方の負担などを軽減し、海保体制を円滑に機能させるため西洋諸国に賠償を求めるようになったと考えられる。ただし、西洋諸国から幕府側に対して護送や修復といった海保に伴う費用が支払われた事例を確認することはできなかった。結局のところ、幕府は自己負担で海保体制を機能させ、対外平和を構築していかなければならなかったと考えられる。

護送・修復以外にも、軍艦奉行管轄の幕府軍艦朝陽丸による艦船の捜索、浦賀奉行管轄の沖番船との連動による海難救助、西洋艦船と日本廻船との衝突事故への対応など、海保体制の多様な機能を確認した。江戸近海での海保体制は神奈川奉行が統轄し、代官今川要作や浦賀奉行・軍艦奉行、相模国三浦郡に預所をもつ諸藩などとも連携して広域的に機能するものであった。

「外圧」「対外的危機」への対応は、条約締結や開港を通じて複雑なものとなり、幕府には様々な局面に応じた柔軟な対応が求められるようになっていった。海防体制に止まらず、一方で対外平和構築のための海保体制の分析を進めていくことが肝要であろう。

〔註〕

（1）遠山茂樹『明治維新』（岩波全書、岩波書店、一九五一年、のち『明治維新』岩波現代文庫、岩波書店、二〇〇〇年、所収）。

（2）井上清「幕末における半植民地化の危機との闘争1・2」（『歴史評論』三一号・三二号、いずれも一九五一年、のち『井上清史論集一　明治維新』岩波現代文庫、岩波書店、二〇〇三年、所収）。

（3）遠山茂樹『明治維新と現代』（岩波新書、岩波書店、一九六九年）、同『明治維新』新版（岩波全書、岩波書店、一九七二年）。

（4）遠山茂樹「東アジアの歴史像の検討―近現代史の立場から―」（『歴史学研究』二八一号、一九六三年、のち『遠山茂樹著作集』第四巻、一九九二年、所収）。

（5）芝原拓自『明治維新の権力基盤』（御茶の水書房、一九六五年）、同『日本近代化の世界史的位置』（岩波書店、一九八一年）。

(6)論争の詳しい経緯については、石井孝『明治維新と外圧』(吉川弘文館、一九九三年)を参照のこと。
(7)杉山伸也「東アジアにおける外圧の構造」(『歴史学研究』五六〇号、一九八六年)。
(8)鵜飼政志『幕末維新期の外交と貿易』(校倉書房、二〇〇二年)、同『明治維新の国際舞台』(有志舎、二〇一四年)。
(9)保谷徹『幕末日本と対外戦争の危機』(吉川弘文館、二〇一〇年)。
(10)横山伊徳「一九世紀日本近海測量について」(黒田日出男／メアリ・エリザベス・ベリ／杉本史子編『地図と絵図の政治文化史』(東京大学出版会、二〇〇一年、所収)、二七〇ページ。ただし、横山氏が重視しているのは、西洋諸国の測量術や地理思想を日本側がどのように受容したのか、という点であることを付言しておきたい。
(11)小風秀雅『帝国主義下の日本海運』(山川出版社、一九九五年)、五ページ。
(12)藤田覚『幕藩制国家の政治史的研究』(校倉書房、一九八七年)、同『近世後期政治史と対外関係』(東京大学出版会、二〇〇五年)
(13)原剛『幕末海防史の研究』(名著出版、一九八八年)。
(14)針谷武志「「内憂外患」への領主的対応の挫折と変容」(横浜開港資料館・横浜近世史研究会編『一九世紀の世界と横浜』山川出版社、一九九三年、所収)。
(15)松田隆行「弘化・嘉永期における異国船取扱方と打払令復活問題—阿部政権期の江戸内海防衛策をめぐって—」(明治維新史学会編『明治維新と西洋国際社会』吉川弘文館、一九九九年、所収)。
(16)横山伊徳「異国船打ち払いの時代—「海防」のアウトサイド・ヒストリー—」(『九州史学』一五二号、二〇〇九年)。
(17)上白石実『幕末期対外関係の研究』(吉川弘文館、二〇一一年)。
(18)オイレンブルク著、中井晶夫訳『オイレンブルク日本遠征記』下(雄松堂書店、一九六九年)、九八・九九ページ。
(19)ロバート・フォーチュン著、三宅馨訳『幕末日本探訪記』(講談社学術文庫、講談社、一九九七年)、一五九ページ。
(20)エメェ・アンベール著、茂森唯士訳『絵で見る幕末日本』(講談社学術文庫、講談社、二〇〇四年)、七四ページ。
(21)エドゥアルド・スエンソン著、長島要一訳『江戸幕末滞在記』(講談社学術文庫、講談社、二〇〇三年)、三四ページ。
(22)万延元年九月「外国奉行等評議書」(東京大学史料編纂所編『大日本古文書・幕末外国関係文書之四十二』二号　東

京大学出版会、一九八九年)、六ページ。
(23)安政元年三月三日調印「日本国亜米利加合衆国和親条約」(『幕末外国関係文書之五』二四三号)、四五三ページ。
(24)同右、四五四ページ。
(25)安政元年八月二十三日調印「日本国大不列顛国和親条約」(『幕末外国関係文書之七』一五一号)、四三九ページ。
(26)同右。
(27)安政元年十二月二十一日調印「日本国露西亜国和親条約并附録」(『幕末外国関係文書之八』一九三号)、四一一ページ。
(28)同右、四一二ページ。
(29)安政五年六月十九日調印「日本国亜米利加合衆国修好通商条約并貿易章程」(『幕末外国関係文書之二十』一九四号)、四七四~四九三ページ。
(30)同右、四八五・四八六ページ。
(31)安政五年七月十日調印「日本国和蘭国修好通商条約并貿易章程」(『幕末外国関係文書之二十』三一四号)、七三四ページ、安政五年七月十一日調印「日本国露西亜国修好通商条約并貿易章程」(同書三二一号)、七六六ページ、安政五年七月十八日調印「日本国英吉利国修好通商条約并貿易章程」(同書三三九号)、八〇六ページ、および安政五年九月三日調印「日本国仏蘭西国修好通商条約并貿易章程」(『幕末外国関係文書之二十一』一五三号)、三一七ページ。
(32)安政五年七月一八日調印「日本国英吉利国修好通商条約并貿易章程」(『幕末外国関係文書之二十』三三九号)、七九一ページ。
(33)安政五年九月三日調印「日本国仏蘭西国修好通商条約并貿易章程」(『幕末外国関係文書之二十一』一五三号)、三一一ページ。
(34)「米国測量船横浜港ニ困難一件」(外務省［原］編纂、通信全覧編集委員会編『続通信全覧』類輯之部三〇、船艦門、難船、雄松堂出版、一九八五年)、三三七・三三八ページ。
(35)「米国船子ンプ号遠州掛塚沖ニ沈没一件」(同右)、三四一~三五〇ページ。
(36)万延元年五月十三日「老中書翰」(「難破船不開港場寄港の件」)(『幕末外国関係文書之四十』一二号)、六一・六二ページ。

(37)「横須賀湾米国船修復一件」(『続通信全覧』類輯之部三〇、船艦門、修船)、一七七〜一八六ページ。
(38)神奈川奉行所の開港地警衛に関しては、西川武臣「神奈川奉行所の軍制改革」(横浜開港資料館編『横浜英仏駐屯軍と外国人居留地』東京堂出版、一九九九年、所収)を参照のこと。
(39)「横須賀湾米国船修復一件」(『続通信全覧』類輯之部三〇、船艦門、修船)、一八〇〜一八一ページ。
(40)同右、一八四〜一八六ページ。
(41)同右。
(42)「蘭船相州走水村沖ニ困難一件」(『続通信全覧』類輯之部三〇、船艦門、難船)、四〇九ページ。
(43)「横須賀湾英国商船修復一件」(『続通信全覧』類輯之部三〇、船艦門、修船)、一九二ページ。
(44)「横須賀製鉄所一件七」(『続通信全覧』類輯之部二六、工業門・外航門・機関門、一九八六年)、五六一ページ。
(45)横須賀海軍工廠編『横須賀船廠史』(原書房、一九七三年)。
(46)「御軍艦操練所伺等之留」(国立公文書館内閣文庫所蔵)。
(47)「英国船相州鴨居沖磯根ニ衝突一件」(『続通信全覧』類輯之部三〇、船艦門、難船)、三七八・三七九ページ。
(48)尊攘派浪士の江戸・横浜への侵入を防ぐため、浦賀奉行所が富津・観音崎の間の海域に派遣した巡視船のこと。拙稿「万延・文久期における江戸湾浪士取締体制と沖番船出役」(大石学編『一九世紀の政権交代と社会変動』東京堂出版、二〇〇九年)を参照のこと。
(49)「英国船相州鴨居沖磯根ニ衝突一件」(『続通信全覧』類輯之部三〇、船艦門、難船)、三七九ページ。
(50)万延二年正月「日記」(横須賀史学研究会編『相州三浦郡東浦賀村(石井三郎兵衛家)文書』第二巻、横須賀市立図書館、一九八六年)、三〇七ページ。
(51)「相州浦賀ニ英国軍艦尾州廻船ト衝突一件」(『続通信全覧』類輯之部三〇、船艦門、難船)、四七一ページ。

第四章　地租改正は「近代的制度」として成立したのか
―福岡県の地価算出をめぐって―

矢野健太郎

はじめに

地租改正の研究は、戦前の「日本資本主義論争」に始まり、その性格をめぐって半封建的土地所有、封建地代の創出であったか、もしくは近代的土地所有、近代的租税の創出であったのかが中心に論じられてきた。(1)その後、各地の地租改正事業の研究の進展により「日本資本主義論争」における講座派的理論は克服され、「ここに、「地租改正と近代的土地所有」という問題構制がようやく成立することとなった」とされる。(2)こうした膨大な研究成果をうけて成立した地租改正の通説について、『明治時代史大辞典』の地租改正の項をみてみよう。(3)

まず、地租改正の理念としては、①政府の財源確保のために旧貢租収入の水準維持、②不公平、不統一な貢租制度を廃し地租負担の公平化を図る、③商品経済社会に照応する近代租税国家に対応した地租金納制の実現、④形骸化した土地所持の方式を改め土地所有権の公認、などにあるとしている。そして、地租改正による改革には、Ⅰ課税標準が収穫高から収益性を基礎として算出された地価に変更されたこと、Ⅱ地租負担者は高持百姓（地主・自作農民など）から地券を交付された土地所有者へと変更されたこと、Ⅲ地所が民有地と官有地に大別されたこと、などがあり、「地租改正によってもたらされた結果は、ほぼ当初の理念を達成したとみていい」と評価している。

また、通説をめぐっては「かつての地租改正理解は明治維新の性格と深く結びついており、明治政府、つまり絶対主義政権による半封建的土地所有たる地主制度創出政策と位置づけられていた。今日ではこのような見解はほぼ姿を消し、明治維新の絶対主義的性格を論じる研究者は皆無といってよく、地租改正の評価に関しても、国民国家形成期における近代的土地所有と近代的租税の制度的創出であるとの認識が定着しつつある」としている。このように従来の論争から地租改正によって近代的土地所有と近代的租税とが成立するという見解が一般化したといえよう。

一方で、各地の地租改正を対象とした諸事例においては、単純に近代的制度の成立としてはとらえきれない実態も数多く明らかにされてきた。奥田晴樹は、地租改正後も村請制や近世の土地慣行が残存し、石高制による社会編成は解体せず、その整理が明治二十二（一八八九）年の土地台帳制まで行われていたことを指摘している。[4] また、中山富広は、近世の貢租負担と改正地租の負担の実態を明らかにし、地租が高率であり重税であったとする通説の再検討が必要であるとする。[5] 近年では、松沢裕作が、壬申地券交付によって近代的土地所有が成立したという通説に対して、村請制との関係や丈量結果から、再検討を行い、それが成立しなかったことを指摘している。[6]

では、通説が成立するにあたって、これらの実態や通説に対する再検討はどのように評価されてきたのだろうか。両者の隔たりを埋めるためには、既に奥田が指摘しているように、法的理念と実態からのさらなる検討が必要であろう。[7]

本章はこのような通説と研究動向を踏まえ、福岡県（当該期は小倉・三潴《みずま》両県と合併前の旧福岡藩領となる）の地租改正における地価算出の過程を壬申地券の段階から検討し、その後に成立した地価がいかなるものであったのかを明らかにする。ここから最大の課題である地租改正の通説を捉え直したいと考えている。

一　壬申地券と地租改正における地価算出の趨勢

はじめに、壬申地券交付から地租改正に至る地価算出の趨勢について見ておこう。[8] 土地売買を許可し、地価から定率租税を徴収するという構想は、明治三（一八七〇）年六月に神田孝平が行った「田租改革建議」[9]に淵源があった。そして、翌年九月には、大蔵卿大久保利通、大蔵大輔井上馨より「地所売買放禁分一収税法施設之儀正院伺」[10]が出された。そこでは「千差万別」である税法を「均一ノ法則」に改めるために「断然従前ノ方法を廃棄シ、一般ニ地所ノ売買ヲ許シ、更ニ地代金分一ノ収税法ヲ施設スル」として、従来の貢租制度を廃止し、土地売買の解禁と地価から定率租税を徴収する構想が謳われている。

ただし、当時の地価については「従前地代金ノ高低ハ、啻ニ地味ノ肥瘦耳ニ不拘、多クハ貢租ノ多寡等ニ因レリ」とあり、地価は年貢負担の多寡に大きく左右されるものであった。また、こうした制度は、一時の変革が行い難いとの認識から逐次施行するものとし、まず土地売買の解禁を先行して実施し、全国地価の総額を点検した上で簡易の収税法を設けるとしている。つまり、この時に想定されている地価は、年貢負担の状況と作徳の関係を反映したものであり、それよって全国地価の総額を把握しようとしていた。

明治五（一八七二）年二月十五日、太政官布告第五十号によって土地売買が解禁され、七月四日には、太政官布告第八十三号により一般所有地に地券を交付することが達せられた。これが壬申地券である。壬申地券の地価については「其代価ハ田畑ノ位付ニ拘ラス、方今適当ノ代価ヲ開申セシメ」とされ、実際の売買価格を申告させるものであった。しかし、同年七月に租税頭陸奥宗光、租税権頭松方正義により出された「租税改正之大旨各地方へ達」[11]においては「旧来租税法ハ漸ニ相改メ、遂ニ全国一般沽券租税法施行可相成積ニ付」として、年貢制度を地価からの定率租税の徴収を目指す「沽券租税法」への変革が達せられていた地方では、「方今適当ノ代価」をめぐる問題が生じることとなった。

明治五年八月末と推定される、浜田県の伺い[12]では「上田といえとも公租多く作徳残米少キハ代価低ク、下田ニ而も公租少く作徳残米多きハ、却而右上田より高価ニ相成候ニ付、此地券之価ニ依而以後之公租目的と相成候時は、（中略）不公平ニも相成可申哉」とされ、年貢負担と作徳から勘案された実際の売買地価を課税基準とすることは、不公平との指摘がなされている。さらに「将来之収税法拙者共迄御知達有之候ハヽ、其含を以取計可申地価相定不申而ハ、此度取調之手数或ハ無用ニ属シ可申歟」として、将来の収税法に対応すべき地価を定めなくては、今回の調査は無用のものとなるとしている。つまり、実際の売買地価は課税基準とするには適切な地価ではないと考えられていた。これに対する政府の回答は「今般地券相渡候儀ハ（中略）先地券状相渡人民之所有ヲ固し、従而現今売買之代価ヲ記シ置候得ハ、追而地券税施行真価ヲ求ムルニ至り照合之根拠とも可相成筈」であるとして、地券発行の主眼が人民の所有を確定させることにあり、地価は地券税施行に際して、土地の真価を照合する場合の根拠だとした。

また、同年九月十五日の大蔵省建議[13]では、地価について「全国ノ概略ヲ予知スヘキ者ニシテ、固ト即今ノ地価ヲ以テ分一税ヲ確定スルニ非ス」と、この地価は課税対象ではないとしている。こうした「方今適当ノ代価」の決定方法をめぐっては、群馬、福岡、柏崎、岡山など多くの府県から伺いが出されており、各地で同様の問題が生じていた。政府は調査を命じながらも、具体的な地価決定の方法は持ち得ていなかったのである。

こうした状況をうけて、明治五年九月に「地価取調規則」[14]が定められた。全一六条からなる土地の「真価調方順序」を規定し、要点は「人民持地一歳ノ収益。貢租・作徳合併ノ金額」を総利益として、それを入札によって決定するとしている点である。また新旧の税法に拘らず「全ク無税地ト見成シ」入札するよう説諭するとされた。さらに、その入札地価が適正であるかを検査するために検査例が設けられた。それはつぎの計算式で求められる。

地価＝｛総収穫金（収穫米×米価）－種肥代金（総収穫金の二〇％）｝×一〇

つまり、総収穫額の八倍が検査例の地価とされたのである。しかし、実地検査がなく入札のみでは、所有者が土地の真価を申告しない恐れがあるため、正確な算出ができないという新たな問題が発生しつつあった[15]。こうした状況下、壬申地券の地価算出は行われていったが、全国的に完了することなく地租改正事業へと引き継がれていくこととなった[16]。

では、つぎに地租改正での地価算出法について、その概要をおさえておこう。地価は「土地一歳収穫ノ作徳ヲ見積、各地ノ慣行ニ因リ何分ノ利ヲ以テ地価何程ト見込相立、更ニ持主銘々ヨリ為申立、当否検査ノ上適当可相定事[17]」とされ、土地の純利益を見積もり、それを各地の慣行の利子率から資本還元して地価を求め、その額と所有者の申告額を査定して決定するとした。さらに「地方官心得[18]」では、地価算出に関する細則が規定された。注目すべきは以下の点である。

①調査の方法は、一つは人民からの申告を検査するとし、もう一つは実地検査とする。
②申告の場合は、検査例で算出した地価でチェックして決定する。
③検査例には第一則（自作地の場合）、第二則（小作地の場合）があり、第二則を適実のものとする。

第一則

地価＝｛総収穫金（収穫米×米価）－種肥代金（総収穫金の一五％）－地租（地価の三％）－村費（地価の一％）｝÷利子率（六％）

第二則

地価＝｛総収穫金（収穫米×小作料率六八％×米価）－種肥代金（総収穫金の一五％）－地租（地価の三％）－村費（地価の一％）｝÷利子率（四％）

このように地価は人民から申告の場合も実地検査の場合でも、府県側の検査を経て決定するとされていたのである。一方で同じ「地方官心得」において、この検査は「只道理上ニテ地価ヲ生スル所以ノモノヲ以テ説明シ之ヲ算定セルモノナレハ、所謂理窟ツメノ者ニシテ活法ニ非ス」ものであり、元来、土地の真価は「都鄙ノ便否、人民の好悪、耕鋤ノ難易、営業ノ殊異等相須テ生スルモノニシテ、強チ作益ノ多少ノミニ関セサルハ論ヲ待タス（中略）幾回モ売買シテ各人相競ヒ相羅ルニアラサレハ其実ヲ得難シトス」とされている。つまり、地価は諸条件が関係し、利益のみでは図れないもので、幾度も売買を経た上ではじめて確定するものとした。

しかし、改正過程において数回に及ぶ売買によって確定するのは非現実的なことである。加えて、地租の賦課基準として売買地価を用いることについては、「成る可く税を免かれんとすれば、相対で安く売買して別に手数料として支払をすれば何程でも遁れられる、然れば売買価格なるものは実際甚だ薄弱なもので、地租の標準とすべき価値のないものとせなければならぬ」[19]という、売買価格自体への疑義も生じていた。売買地価を用いる方針は、早期の財源確保の目的から改正を急がねばならない状況とも相まって、あえなく変更される。

その結果、主に検査例を用いた地価算出が行われていくこととなり、それは一部の地域においては「押し付け反米」のような地価決定における強権発動を生み出した。また、地租改正が実施されていく中で生じた様々な問題に対応するため、「地方官心得」の内容にも適宜変更が加えられ、最終的に明治八（一八七五）年七月八日、地租改正の実施細則として「地租改正条例細目」が出されることとなった。それらの過程も踏まえて、この地価算出がどのように展開したのかをおさえておこう。

検査例は、小作米が「地主ト小作人ト相競ルノ間ヨリ出ルモノナレハ、収穫ノ多寡ヲ推知スヘキ確證ニシテ、人民互ニ欺隠スル能ハサル者」であるとして、第二則が適実であるとされていたが、小作料も年貢負担に左右されるものであることや、小作料が収穫の六八％以下の場合には地価の低下を招くことから、第二則は小作米が収穫の三分の二以上の場合と限定され、多くの府県が第一則による地価算出を行うこととなった。

第一則による地価算出を行う場合の要素としては、①収穫高、②米価、③種肥代、④利子率の四つがある。①収穫高についてはは後述することとし、順にみていこう。

②米価は、当初、改正前の十ヶ月の平均とされたが、度会《わたらい》県より「米価ニ於テハ諸価中ニテモ最モ高低ヲ生シ候品柄ニ付、（中略）三ヶ年位ヲ以平均相定候様」[20]との提議により最終的には明治三〜七（一八七〇〜七四）年の五ヶ年平均とされた。しかし、米価は地域差が大きく「新旧税比較表」[21]をみると秋田県では二円四三銭、それに対して群馬県では五円四五銭であった。また、実際には三ヶ年平均を用いる地域も多く存在していた。

③種肥代は、「地方官心得」において収穫の一五％が定率とされた。福岡県からは肥代は確定しがたいが種代は土地の状況によって確定するため「土地ノ景況ヲ察シ相違無之ニ於テハ、其越度高ハ常率ニ超過為致可然哉[22]」との伺いも出されたが、超過することは認められなかった。

④利子率についても自作地の場合は基本を六％、限度は七％と定められており、福岡県では従来の地価算出の利子率が約七・二〜七・七％程度であるため、「人民上売買地価ト券面地価ト必差等ヲ生シ候様可相成懸念不少[23]」状況にあるとしたが、利子率についても限度を越えることは許されないとされた。ただし、状況を鑑みて限度内での上下は認められており、「極々悪い処は七朱を用ゐる事[24]」を許可された地域も存在していた。

地価算出に関する四つの要素の内、三つは定額・定率となるものが示された。このため、地価算出において重要なのは、①収穫をいかに把握するかに絞られてくる。収穫高調査の手順は「地租改正実施細則[25]」によって次のように決められている。

①「一国一郡ノ旧法公民引分ノ歩合ヲ見積リ平均一反歩ノ収穫ヲ算出シ、実際ニ渉リ小作米ノ多寡ヲ探偵シ、検見坪刈等彼是の平準ヲ参酌」して全管内の一反歩の平均収穫を求め、それを調査の目的とする。
②村の等級を、老農・顧問人に地味や収穫について諮問して概略を定め、それを区戸長らと協議して決定する。
③各村の耕地の等級を、村民の協議により土地の便否・肥瘦等によって公平至当に決定する。
④村の等級と地位の等級に応じて一反歩の収穫を確定し、村の重立たる者にその額と、他村との比較を示し、異存がなければ村へ報告し承認を得た上で収穫が確定する。

ここで注目しておきたいのは、いわゆる「押し付け反米」の算出の基礎が、「旧法公民引分ノ歩合」とされた年貢率、年貢負担に影響される「小作料」、「検見」、「坪刈」といった、近世の制度に依拠せねばならなかった点である。「押し付け反米」の基層部分には、少なからず近世の要素があったといえるし、また村位・地位の確定には、地域の老農や区戸長、そして村民の協議を必要としたのである。重要なのは府県の側と地域の側でどちらが主導権を握ったのか、もしくは両者間での合意が形成されたのかという点だろう。

壬申地券から地租改正にかけての地価算出の趨勢は、課税基準とはならない実際の売買地価を求める段階から、収穫高からの算出によって求める段階へと推移した。さらに収穫高は人民の申告や小作米などを基準とする方法から総収穫を査定して求める方法へと統一されていった。では、次節で当該期の地価が実際にどのように算出されていったのかを福岡県を事例に具体的にみていこう。

二　壬申地券の地価

前節でみたように、壬申地券の地価は「方今適当ノ代価」を申告させるものであった。明治五(一八七二)年段階での福岡県の売買地価は、田地では収穫米の半分を貢租負担、残りを作徳とし、土地の状況に応じて作徳米代の一〇~二〇倍を地価とするとした[26]。当時の利子率は五~一〇%となる。さらに、この時の地価は年貢負担と地味等との相関関係で決定されるとしている。

それでは、実際の壬申地券の地価はどのような性格のものであったのであろうか。福岡県志摩郡御床村(現福岡県糸島市)において、庄屋・大庄屋を務めた鎌田家の文書に残された「明治五年地券大帳[27]」からみてみよう。地券

15～20	20～25	25～30	30～35	35～40	40～45	45～50	50以上	筆数
0	0	0	0	1	0	0	0	1
2	0	0	0	0	0	1	1	4
0	1	0	0	0	1	0	0	4
0	0	0	0	0	0	1	1	4
0	0	1	0	0	0	0	0	1
0	0	0	0	0	0	0	0	0
0	0	0	0	0	0	1	0	3
0	0	0	0	0	0	0	0	9
0	0	0	0	0	0	0	0	0
0	0	0	0	1	0	0	0	1
1	0	0	0	0	0	0	0	2
1	0	0	0	1	0	0	0	9
0	0	0	0	0	0	0	0	0
0	0	0	0	0	0	0	0	0
1	0	1	0	0	0	0	0	2
0	1	1	1	0	0	0	0	5
0	0	0	0	0	0	0	0	0
0	0	0	0	0	0	0	1	1
0	0	0	1	0	0	0	0	1
2	2	0	0	0	0	0	0	10
0	0	0	0	0	0	0	0	10
0	0	0	0	0	0	0	0	5
0	0	0	0	0	0	0	0	14
0	0	0	0	0	0	0	0	30
0	0	0	0	0	0	0	0	1
0	0	1	0	0	0	0	0	4
1	2	0	0	0	0	0	0	12
0	0	0	0	0	0	0	0	4
0	0	0	0	0	0	0	1	1
8	6	4	2	3	1	3	4	138

表１　地券大帳地位・反別地価比較

地目	地位	反別	0～5	5～10	10～15
田	上田（1.818）	3反以上	0	0	0
		2反以上3反未満	0	0	0
		1反以上2反未満	2	0	0
		1反未満	0	1	1
	中田（1.515）	3反以上	0	0	0
		2反以上3反未満	0	0	0
		1反以上2反未満	1	1	0
		1反未満	7	2	0
	下田（1.212）	3反以上	0	0	0
		2反以上3反未満	0	0	0
		1反以上2反未満	0	1	0
		1反未満	6	1	0
	下々田(0.909）	3反以上	0	0	0
		2反以上3反未満	0	0	0
		1反以上2反未満	0	0	0
		1反未満	0	1	1
	無位田（0.1）	3反以上	0	0	0
		2反以上3反未満	0	0	0
		1反以上2反未満	0	0	0
		1反未満	0	2	4
畑	上畑（0.9）	1反未満	10	0	0
	中畑（0.7）	1反未満	3	2	0
	下畑(0.5）	1反未満	13	1	0
	下々畑（0.3）	1反未満	29	1	0
畑田成	上畑田成	1反未満	0	1	0
畑屋敷	上畑屋敷	1反未満	3	0	0
大縄	大縄田	1反未満	0	6	3
	大縄畑	1反未満	1	3	0
	大縄畑田成	1反未満	0	0	0
合計			75	23	9

※地代金の単位は両、１筆は地代金が円であったため除外した。
※田畑の地位の反別と石高は（　　）内の数値での比例関係にある。

の交付に際しては、まず、土地の所有者より所有地の①字、②地目・地位、③反別、④石高、⑤代金が記載された「地券御渡奉願候事」とされた願書が出され、それが村の組頭、副戸長、区戸長の承認を受けて県に提出、そして交付されていた。地券大帳には鎌田清五郎が御床村とその周辺村で所有していた土地ごとに、①字、②地目・地位、③反別、④石高、⑤代金(両で記載)、⑥土地取得状況、⑦地番・種米代などが記されている。記載例を次に示す。

【史料1】

三角田　　　　　　　　分家ノ際譲受

一上田弐反弐畝拾三歩

此高四石七升九合

此地代金四拾五両

鎌田清五郎所有地の内、御床村の一三八筆の、②地目・地位、③反別、⑤代金との関係性について表1にまとめた。

福岡藩の耕地は、石盛のなされた田畑と石盛がなされていない新開の大縄に大別される。田畑の地位と石高には、定数での比例関係があり、反別の大きさは石高の大きさも示している。五〇両以上の地価となる四筆はつぎのものとなる。①上田八畝二四歩、五〇両、②上田二反三畝、五〇両、③無位田二反七畝一九歩、六五両、④大縄畑田成二畝一〇歩、一〇〇両で、売買地価が土地の反別、地位、石高とは無関係なものとなっていることが明らかである。まず、①と②の上田を比較してみよう。同じ地位であるため反別の差はそのまま石高の差となるにも拘わらず、地

表2　地券大帳　反別地価上位10筆

地字	地目	反別	地代（両）	反当地価（両）
三角田	下々田	4畝4歩	30.00	73
三角田	上田	6畝10歩	45.00	79
小牟田	下田	4畝8歩	35.00	82
町	上畑屋敷	0畝11歩	3.25	89
町	上畑屋敷	0畝5歩	2.00	120
石脇	下々畑	0畝11.5歩	4.00	104
石脇	下々畑	0畝11.5歩	4.00	104
立山尻	大縄畑	0畝15歩	8.00	160
北井道	下田	0畝3歩	4.00	400
前（浜田）	大縄畑田成	2畝10歩	100.00	429

※石脇の両地はともに「田成」の注記がある。

価は同額である。その原因が生産性の向上にあるのか、実際の耕地面積の変化にあるのかは不明ではあるが、①の上田の方がはるかに大きな作徳をもたらす土地となっていることが推測される。さらに②と③を比較してみると、反当地価はそれぞれ②約二二両、③約二四両となりほぼ同額となる。つまり、②と③の土地は、ほぼ同額の収穫から年貢・諸費用を差し引いた作徳を生み出す土地となっていた。

ここで、反当地価についてもう少しみてみよう。反当地価は基本的に反別が低く、下田や下畑以下の地位や大縄地の方が比較的高くなる傾向がみられる。反当地価が高い土地は年貢負担の割に収益性の高い土地、あるいは実際には大きく反別が延びていて生産性が向上した土地であったと考えてもよいであろう。

反当地価が七〇両以上となる一〇筆の土地を表2から具体的にみてみよう。うち二筆は屋敷地で、二筆は地目・地位は下々畑であるが田成と注記され米の生産が可能となった土地である。また、三角田の田地はともに分家の際に譲り受けた優良地であった。前（字浜田と注記あり）の大縄畑田成の土地は地代金、反当地価ともに最高額となる土地であり、大縄地であるうえに畑田成ということから、年貢負担が低く、そして米の生産が可能となった収益性の非常に高い土地であったといえよう。つまり、耕地を水田化することや米の生産性が高いことが、土地の価値を高める重要な要素であったことがうかがえる。

これが福岡県で、石高制での地位と年貢の相関関係が崩れていた状況下において算出された明治五年の売買地価の実態である。その後、地券発行は、課税対象ではなく所有関係を確定させるものであるため、適正な地価を算出し、急ぎ地券を発行することを促した政府からの再三の指令により、当時の売買地価を記した壬申地券の交付が行われていった。しかし、これら壬申地券は地租改正の実施にともなって、「先般来相達置候地券焼亡[28]」と評されたように、意味を持たないものとなった。

三　地価算出の実相

では、年貢負担と土地の収益性の相関関係などから算出された壬申地券の地価は、地租改正の過程でどのように整理されていったのであろうか。

福岡県の地租改正は、基本方針として地主側の申告による下調査を県側が検査をするという形で進められていった。この方針は土地丈量においても地価算出の根幹となる収穫高調査においても維持された。明治七（一八七四）年十二月に出された「地租改正ニ付布達[29]」から関連の条文をみてみよう。

【史料2】

第一條

今般地租改正被仰出候ニ付、現在反別収穫米等持主限リ有体為申出、正副戸長共篤ト調査ノ上、不都合無之ニ

於テハ、別紙雛形之通帳面相仕立て、一筆限持主名前下ヱ調印セシメ、正副戸長、立会人共奥書連印之上可差出事

第二條

雛形ニ記セル収穫米及麦・大豆ハ、是迄年々其地ヨリ生セル本作一毛取揚之全数ニシテ、種肥其他ノ諸費等一切引去ラス有ノマ、書出スヘシ、尤年ノ豊凶ニヨリ一定ナラスト雖トモ、平年ノ作柄ヲ以テ正実ニ書出可申事

とあるように、「現在反別収穫米等」は「持主」が申告し、それを「正副戸長」が検査をした上で問題がなければ「地所取調帳」を作成するのである。「地所取調帳」には①地番、②字、③地目、④反別、⑤枚数、⑥所有者、⑦収穫米、⑧反当収穫、⑨境界についてまとめるようになっており、収穫については「種肥其他ノ諸費等一切」を引き去らない全収穫を記載するとされている。この段階では地位等級の規定はなく、純粋に一筆ごとに所有者の報告に対する検査を行う方針であった。しかし、この方法は時間がかかったようで、作業に遅れの出てくる村々があらわれていた[30]。最終的にこれらの調査は、明治八年三月中に終了させることが決定されたが[31]、三月十九日には、丈量調査を終え収穫高調査に入った段階で、地租の算出方法について「疑念」が生じ、作業が停滞したため、地租改正について県令の告諭書が出されるという状況にあった[32]。

このような状況をうけて、明治八年に「区戸長以下収穫米下検査心得方概略[33]」が達せられ、収穫米の促進が図られたと考えられる。その概要は次のとおりである。

①区戸長・副戸長・保長が自己の収穫高を申告し実地検査を行い、問題がなければ副戸長・保長らが話し合い

村々の収穫高の基準に設定し、下検査に入る。

②村での調査は事前に収穫高の申請を命じていた者に銘々収穫を申請させ、収穫の一番多い者を一等として、以下の高をとりまとめ、不公平とならないように熟議の上で決定する。

③二〇ヶ村ほどの下検査が済んだら県庁へ検査を申請する。

これは、区戸長・副戸長・保長が決定した収穫高を村の収穫基準として実地調査に入り、村では事前に幾人かを抽出して、その収穫高から地位等級を設けることによって確定を押し進めようとしたものであろう。また、村位については「村々ノ位、入札ヲ以上中下至当可申出事」[34]とあり、大区ごとに入札等で決定された。最終的な福岡県の地価は、町村民よりの申告を、県庁において検査し確定したものであったが、地租改正事務局出張官の検査で増額されて決定されることとなった[35]。実際に明治八年十月三十日に、「当区収穫大蔵省ヨリ見分之条、県令殿ヨリ御談之次第有之候条」との布達が出され、翌日より大蔵省の検査結果による収穫増についての協議が開始されている[36]。

このように福岡県においては、第一段階の実地調査を「下検査」という形で区戸長をはじめ土地所有者までが関わって行い（土地所有者の関わる度合いは徐々に薄れていくものではあったが）、その申告を県・国が相互に検査し、結果として大蔵省より収穫高増加の命令を受けることとなった。さらに各大区で区長、副戸長、保長らの会議を経て、国、県、区、村の間での調整が図られることによって地価が確定していったのである。

続いて、実際の地価がいかなるものとなったのかを志摩郡御床村を事例にみていこう。御床村は『福岡県地理全志』[37]によると村位は「中」とされる村である。明治七年の年貢高と地租改正の結果を表3にまとめる。地価は、検

表３　御床村年貢・地租比較

項目	反別（反）	年貢高（石）	年貢金換算（円）	改正反別（反）	収穫高（石）	地価（円）	地租（円）	増減（円）
田	598.597	433.665	1,821.393	693.677	1,097.005	39,163.079	1,174.892	-646.501
畑	199.562	36.581	176.686	227.927	73.534	3,018.938	90.568	-86.118
宅地ほか	0	0	0.551	457.253	—	1,754.429	52.633	52.082
合計	798.159	470.246	1,998.630	1,378.857	—	43,936.446	1,318.093	-680.537

※「地租ニ関スル雑書類」（鎌田家文書四六）より作成
※年貢高は田は米、畑は大豆である
※金換算には地租改正の米１石＝4.2円、大豆１石＝4.83円を用いた

査例の第一則により、米一石＝四円二〇銭、大豆一石＝四円八三銭、利子率六％から算出された。反別は田畑以外の部分で大きく延びており、無税地だった土地の有税地化が非常に目立つが、地租は田畑での減税分が多く御床村では六八〇円余の減税となっている。また、減税額の約九五％が田方からの減税であり、この地租を米換算すると二八〇石で、年貢高の六五％にしかならない。この点からすると地租改正において旧貢租額の維持を図ったという方針は、福岡県では貫徹しえなかったといえよう[38]。その理由を地租改正事務局員は「地の瘠薄」、「反別ノ余歩」、「旧税ノ苛虐」にあったとする。

ここで、もう少し年貢負担の状況について詳しくみておこう。御床村の状況を表4に示す。先にみたように田畑ともに石盛のなされた「定免」と石盛のなされていない「大縄」に区分され、このほかに田方には「新田」があるが、基本的には田畑ともに「定免」とされる耕地が反別比で八四％となる。年貢高は田方で米四三三石六斗六升五合、畑方で三六石五斗八升一合、反別では、田方が平均で七斗五升五合、畑方が二斗五合となる。特に田方は定免の耕地の負担は非常に高く、大縄は緩やかであったが、耕地と年貢負担との関係性は、壬申地券の地価に象徴されるように実態と大きく乖離していた。

では、この時期の御床村における米・大豆の収穫高を『福岡県地理全志』から確認しておこう。米は八一二石五斗、大豆は一七石五斗で、この額が年貢負担分を含

表４　御床村明治七年年貢高

			石高（石）	年貢高（石）	反別（反）	反当年貢高（石）
田	定免	定免	747.0100	384.732	500.200	0.7691
		畑田成		0.058	0.113	0.5119
	新田		42.7280	31.191	42.727	0.7300
	大縄	定納	0	17.092	29.520	0.5789
				0.457	1.287	0.3551
		畑田成	0	0.135	0.233	0.5786
	控除地		0	0	24.517	0
	合計・平均		789.7380	433.665	598.597	0.7554
畑	定免	定免	96.4803	34.781	167.820	0.2072
	大縄	定納	0	1.379	7.798	0.1768
				0.129	0.857	0.1505
				0.292	2.410	0.1211
	控除地		0	0	20.677	0
	合計・平均		96.4803	36.581	199.562	0.2045

※「地租ニ関スル雑書類」（鎌田家文書四六）より作成
※石高は「福岡県地理全志」の数値を使用した。
※年貢高は田は米、畑は大豆である

んだ収穫高であるか、あるいは純粋な作徳部分であるかは不明であるが、前者の場合では、米は三七八石余の作徳、大豆は一九石余の不足を生じることとなる。後者ならば、収穫高は米一二四六石余、大豆五三石余となる。大豆の収穫高について、検討の余地が残るが、地租改正での収穫高と比較すると前者の場合では、米は一・三五倍、大豆は四・二倍の割増しの収穫高となる。仮に地租改正の収穫高が実際よりも割増しに設定されていたとしても、福岡県での旧貢租額の維持はかなわなかったのである。

　このような年貢負担の状況が地租改正によってどのように変化したのかを表5にまとめている。これは御床村における地位等級別の反別、収穫高、地価、地租である。また、反当地租高の項目は、地租を米と大豆に換算した額を示している。一見して明らかなように近世においてほぼ「定免」として設定されていた耕地が、田方では八等、畑方では五等に分類され、生産、運輸などの諸条件に応じた把握がなされている。また、反当地租高に注目すると平均が米四斗三合、大豆八升二合となり、表4にみた年貢負担と比べる

表５　御床村地租改正地位等級

	等級	反別（反）	収穫高（石）	地価（円）	地租（円）	反当収穫（石）	反当地価（円）	反当地租高（石）
田	1	54.85	117.653	4200.194	126.006	2.145	76.576	0.5470
	2	92.897	181.148	6467.025	194.011	1.950	69.615	0.4973
	3	94.463	165.311	5901.576	177.047	1.750	62.475	0.4463
	4	85.143	139.635	4984.952	149.549	1.640	58.548	0.4182
	5	115.603	178.029	6355.622	190.669	1.540	54.978	0.3927
	6	195.077	265.304	9471.379	284.141	1.360	48.552	0.3468
	7	38.117	36.096	1288.621	38.659	0.947	33.807	0.2415
	8	17.527	13.829	493.683	14.810	0.789	28.167	0.2012
	合計・平均	693.677	1097.005	39163.051	1174.892	1.581	56.457	0.4033
畑	1	25.770	15.462	634.792	19.044	0.600	24.633	0.1530
	2	17.807	8.903	365.524	10.966	0.500	20.527	0.1275
	3	59.313	23.725	974.038	29.221	0.400	16.422	0.1020
	4	66.893	16.723	685.854	20.576	0.250	10.253	0.0637
	5	58.143	8.721	358.045	10.741	0.150	6.158	0.0382
	合計・平均	227.926	73.534	3018.253	90.548	0.323	12.805	0.0823

※「地租ニ関スル雑書類」（鎌田家文書四六）より作成
※地価、地租、反当地租米は計算により求めた。

と大きく引き下げられ、負担状況も平均化されているといえよう。まさしく耕地における負担のアンバランスを是正し「従来ノ偏重ヲ更革シ公正画一ニ帰セシムル」ものとなったのである。

この点について鎌田家の「所有地取調帳[39]」から少し具体的に見てみよう。この帳簿は地租改正の結果、鎌田家の所有地となった土地の基本情報として、①地番、②字、③地位等級、④地目、⑤反別、⑥枚数、⑦収穫、⑧貢租、が記載されたもので、田地六四筆、畑地四〇筆、宅地・畑林など三〇筆、合計一三四筆の情報が記されている。このうち田地六四筆について表6、前節で見た地券大帳の田地の内で、関連性がうかがえるものを表7にまとめた。また、表6の地価については、各耕地の地価と自小作関係をまとめた一覧が合綴されており、この数値を記載している。次に、耕地の把握の推移がうかがえる事例をいくつか紹介しよう。

まず、表6の53の古牟田六等の田地には「旧字石脇」「旧下々畑二筆、税大豆壱升壱合」との注記がある。これは表7の62、63の田成とされていた土地と合致し、その関係性

id	地字	等級	反別（反）	収穫米（石）	貢米（石）	地価（円）
33	新高	2	5.967	11.445	3.790	408.404
34	新高	2	0.520	1.501	0.515	36.2
35	新高	2	1.430	2.788	0.948	99.55
36	新高	2	1.450	2.827	0.951	100.942
37	新高	3	0.787	1.377	0.468	49.147
38	徳房師	6	1.310	1.78	0.605	63.603
39	徳房師	6	1.800	1.469	0.500	52.436
40	徳房師	6	0.480	0.653	0.222	23.305
41	徳房師	6	1.440	1.96	0.666	69.915
42	浜田	7	2.730	2.586	0.880	92.296
43	美無	1	2.867	6.153	2.092	219.516
44	美無	1	1.330	2.853	0.970	101.847
45	美無	4	1.310	2.148	0.730	76.698
46	美無	4	1.720	2.82	0.959	100.7
47	古牟田	1	5.947	12.756	4.337	455.355
48	古牟田	2	1.817	3.608	1.227	128.788
49	古牟田	3	5.537	9.688	3.294	345.904
50	古牟田	3	0.820	1.435	0.488	51.23
51	古牟田	3	0.227	0.397	0.135	14.161
52	古牟田	5	1.720	2.649	0.901	94.562
53	古牟田	6	0.647	0.879	0.299	31.397
54	古牟田	6	0.150	0.204	0.070	7.283
55	古牟田	6	0.320	0.435	0.148	15.537
56	古牟田	6	0.277	0.376	0.128	13.433
57	古牟田	6	0.220	0.3	0.102	10.681
58	古牟田	7	0.780	0.739	0.251	26.37
59	堀	4	1.520	2.493	0.848	88.993
60	堀	5	1.410	2.171	0.738	77.519
61	水町	3	1.307	2.39	0.813	81.634
62	水町	8	0.057	0.047	0.016	1.598
63	迎新開	3	1.000	1.75	0.595	62.475
64	迎新開	4	0.707	1.16	0.400	41.373

が明確である。壬申地券の段階で①下々畑(田成との注記があり実際には水田化していた)、②反別二三歩、③石高二升四合、④代金八両であった耕地が、地租改正を経て①田(六等)、②反別六畝一四歩、③収穫八斗七升九合、④地価三一円三九銭七厘の耕地として把握し直されることとなった。また、負担は次のように変化したと推測される。注記にあるように近世では年貢大豆一升一合であったものが、地租九四銭二厘、地租改正の相場で換算すると米は二斗二升四合、大豆

表６　所有地取調帳　所有田地一覧

id	地字	等級	反別（反）	収穫米（石）	貢米（石）	地価（円）
1	上新開	5	4.970	7.654	2.603	273.241
2	上新開	5	1.407	2.17	0.737	77.336
3	上ノ浦	6	1.387	1.886	0.641	67.325
4	上ノ浦	8	0.487	0.385	0.130	13.708
5	上ノ浦	8	0.147	0.116	0.040	4.131
6	沖	5	1.210	1.863	0.634	66.524
7	沖	6	0.737	0.968	0.330	35.766
8	沖	6	0.920	1.246	0.434	44.668
9	沖	7	1.040	0.985	0.335	35.16
10	沖	7	0.460	0.436	0.148	15.552
11	沖	8	0.280	0.219	0.075	7.887
12	三角田	1	6.590	14.135	4.806	504.637
13	下	5	0.350	0.539	0.183	19.242
14	下新開	4	5.933	9.774	3.324	348.945
15	下新開	5	0.737	1.135	0.386	40.5
16	下新開	5	1.880	2.895	0.985	103.359
17	下新開	5	0.837	1.289	0.438	45.998
18	新開	3	0.467	0.816	0.278	29.151
19	新開	3	0.380	0.665	0.226	23.741
20	新開	3	0.377	0.658	0.224	23.532
21	新開	3	0.430	0.75	0.255	26.865
22	新開	3	1.800	1.89	0.643	67.473
23	新開	3	0.540	0.945	0.321	33.737
24	新開	3	0.460	0.805	0.264	28.739
25	新開	3	0.850	1.426	0.485	53.104
26	新開	3	0.407	0.712	0.243	25.406
27	新開	3	0.700	1.225	0.417	43.733
28	新開	3	0.560	0.98	0.334	34.986
29	新高	2	0.547	1.066	0.363	38.056
30	新高	2	0.730	1.423	0.484	50.819
31	新高	2	0.790	1.54	0.524	54.996
32	新高	2	1.010	1.97	0.670	70.311

の場合では一斗九升五合となり、近世期に比して負担が非常に重くなった。ただし、これは地租改正によって耕地面積の伸びと収穫額・負担額との適正化が図られた結果であるともいえよう。

ここで表６の収穫米と貢米に注目してみよう。この貢米の数値は近世の年貢額ではないことは明らかで、すべての耕地において収穫米と貢米の数値には明確な関係性がみられる。貢米は収穫米の三四％として設定されている。つまり、これは地租を支払うに当たりど

表7　地券大帳　所有田地一覧（抜粋）

id	地字	地目	反別(反)	石高(石)	地代(両)
1	上新開	上田	3.447	6.266	35.00
2	上新開	上田	1.193	2.170	2.75
3	上ノ浦	中田	0.173	0.263	0.50
4	上ノ浦	中田	0.130	0.197	0.50
5	上ノ浦	中田	0.293	0.445	1.00
6	上ノ浦	中田	0.293	0.445	1.00
7	上ノ浦	中田	0.683	1.036	1.50
8	沖	上田	0.287	0.522	14.00
9	三角田	上田	1.017	1.849	40.00
10	三角田	上田	2.243	4.079	45.00
11	三角田	上田	0.633	1.152	45.00
12	三角田	下々田	0.413	0.375	30.00
13	下	上畑田成	0.113	0.103	7.00
14	下新開	中田	0.247	0.374	2.00
15	下新開	中田	3.805	5.765	25.00
16	下新開	下田	2.597	3.148	35.00
17	下新開	下々田	1.000	0.909	25.00
18	下新開	下々田	0.467	0.425	28.00
19	新開	大縄田	0.233	−	5.00
20	新開	大縄田	0.290	−	7.00
21	新開	大縄田	0.307	−	8.00
22	新開	大縄田	0.317	−	8.00
23	新開	大縄田	0.280	−	8.00
24	新開	大縄田	0.300	−	8.50
25	新開	大縄田	0.460	−	12.00
26	新開	大縄田	0.290	−	12.00
27	新開	大縄田	0.447	−	14.00
28	新開	大縄田	0.370	−	16.00
29	新開	大縄田	0.600	−	20.00
30	新開	大縄田	0.693	−	22.00
31	新高	無位田	0.393	0.344	8.00
32	新高	無位田	0.493	0.494	8.00
33	新高	無位田	0.520	0.521	10.50
34	新高	無位田	0.543	0.544	12.00
35	新高	無位田	0.343	0.344	13.00
36	新高	無位田	0.470	0.470	14.00
37	新高	無位田	0.513	0.513	18.00
38	新高	無位田	0.447	0.447	20.00
39	新高	無位田	0.700	0.700	22.50
40	新高	無位田	0.513	0.514	17.50
41	新高	無位田	1.480	1.480	30.00
42	新高	無位田	2.763	2.764	65.00
43	徳房師	下田	1.356	1.645	8.50
44	徳房師	下々田	0.800	0.728	10.00
45	徳房師	下々田	1.280	1.164	15.50
46	前(浜田)	大縄畑田成	0.233	−	100.00
47	美無	上田	2.300	4.182	50.00
48	美無	上田	1.000	1.818	20.00
49	古牟田	上田	0.567	1.031	9.00
50	古牟田	上田	2.867	5.212	15.00
51	古牟田	上田	2.736	4.976	15.00
52	古牟田	上田	0.880	1.600	50.00
53	古牟田	上田	1.187	2.158	2.00
54	古牟田	中田	0.480	0.728	2.25
55	古牟田	中田	0.300	0.455	5.00
56	古牟田	中田	1.300	1.970	7.00
57	古牟田	下田	0.700	0.849	1.50
58	古牟田	下田	0.427	0.518	35.00
59	古牟田	中田	1.817	2.753	48.00
60	水町	中田	1.503	2.278	1.50
61	水町	下田	0.477	0.578	16.00
62	石脇	下々畑	0.038	0.012	4.00
63	石脇	下々畑	0.038	0.012	4.00
64	石脇	下畑	0.165	0.083	1.00

れだけの「貢米」が必要となるかを示したものであるといえよう。表6の53の貢米二斗九升九合は金換算すると一円二六銭となり、地租を支払うに十分な額である。また、米価が石別三円二〇銭まで低下したとしても支払いが可能であり、米価変動への対応も見据えて設定された額となっている。この「貢米」が鎌田家で独自のものか、県側で設定されたのかは不明であるが、地租は「貢米」によって支払うとの認識が、地租改正後にも残存している状況の現れではないだろう

か。地租改正の法的な理念は、近世の年貢制度を改め近代的な税制度の確立を目指してはいたが、そこで実施されたのは、耕地の実態と負担状況の最適化を図ることであった。そのため改正直後に地域での地租負担に対する認識は、近世の年貢負担と懸隔したものではなかったのではないだろうか。

次の事例をみてみよう。表6の12三角田および表7の9～12三角田の田地は同一であると考えられる。地券大帳の注記によると、この四筆は「字三角田九十一番ノ内」にあるとされており、地租改正において一筆として扱われた可能性が高い。両者を比較すると表7で①上田三筆、下々田一筆、②反別六反一畝二歩、③石高七石四斗四升六合、④代金一六〇両が、表6では①田(一等)、②六反五畝二七歩、③収穫一四石一斗三升五合、④地価五〇四円六三銭七厘の田地へと変更されている。ここは地位、反別が地租改正以前との差はそれほど大きくなく、壬申地券の段階と地租改正の調査結果が近い状況にあったといえよう。代金も高額であることから非常に生産性が高く、十分な面積を有していた耕地であったと考えられる。また、負担状況の変化を検討してみると、表4より定免の田地の年貢率は石高に対しておよそ五二％で、年貢米三石八斗七升二合となる。これを地租改正の米相場で金換算すると一六円二六銭、一方の地租は一五円一四銭で若干の減税となるが、表6の「貢米」は四石八斗六合で、一石近い負担増であった。あわせて表6の18～37の新開、新高の二〇筆と、表7の19～42の新開、新高の二四筆をみてみよう。筆数に若干の差があり個別の対応関係は判別し難いが、概ね同じ耕地であると考えてよいであろう。これらの地位に注目してみると、近世では無位田や大縄とされていた田地が、二等もしくは三等の田地へと組み替えられている。これは低い石盛や特別な年貢地であった田地が、生産性が伸びていくとともに田地としての実態を持ち、地租改正において上位の田地として把握されるに至った状況を示している。これらの田地についても、負担増となったことは間違いないであろう。

さいごに表6、7の1、2の上新開の二筆をみておこう。両地ともに反別は増加を示している。先の事例と同様に比較をしてみると、近世の年貢は1が三石二斗五升八合、2が一石九升六合となる。表6の「貢米」は1が二石六斗三合、2が七斗三升七合となり、ともに負担は減少している。

これらの事例から考えると、御床村での六八〇円余りの減税は、耕地の実態と負担関係の「偏重ヲ更革シ公正画一ニ帰セシムル」過程において、達成されたものであったといえよう。また、単純に金換算した場合には減税となったとしても、地租を適切な額の米によって賄おうとした場合には、逆に負担増を招く場合もあった。福岡県の地租改正は、近世の石高制のもとで実態と大きく懸け離れた耕地の実態や生産関係と年貢負担のあり方を、丈量調査と収穫高調査を軸に再整理し、最適化していく作業であったと考えられる。このため、地租を負担する地主にとっては、地租は収穫米の三四％の「貢米」によって支払うものであり、地租改正で設定された地価は、土地の価格ではなく石高に代わる新たな課税負担の基準高として映ったのではないだろうか。

おわりに

このように設定された地価がいかなる状況をもたらしたのかを確認しておこう。明治十一～十六（一八七八～八三）年にかけての地価変動を『東京経済雑誌』からみてみよう。地域的な偏りもあり、各府県の郡レベルでの調査データであるため、注意が必要ではあるが、当該期の大まかな地価の推移を知る上では問題ないだろう。それを表8に示す。

これは各府県の田地一反当たりの推移を示しており、地券の項目は地券記載の地価である。一般的な推移として

表８　地価変動表

府県	地券	明治 11 年	明治 12 年	明治 13 年	明治 14 年	明治 15 年	明治 16 年
東京府	48	90	100	110	125	110	100
大阪府	3	90	130	200	410	380	220
神奈川県	57	110	247	200	270	220	116
兵庫県	40	60	80	100	200	250	120
静岡県	60	75	120	150	240	195	100
山梨県	60	100	150	240	400	240	160
長野県	63	100	100	175	200	250	175
福島県	68	120	140	180	200	170	100
島根県	50	80	80	90	100	100	85
鳥取県	75	95	120	200	180	140	80
徳島県	70	130	200	180	130	80	65
千葉県	71	70	100	180	180	150	70
愛知県	60	50	70	120	180	90	45
岐阜県	50	60	75	120	180	100	65
宮城県	25	30	40	60	110	70	40
広島県	85	85	85	90	130	150	70
高知県	100	80	100	350	350	130	70
愛媛県	121	92	115	205	308	236	103
長崎県	80	56	53	60	63	58	40
茨城県	66	30	40	60	80	50	20
栃木県	100	40	75	120	120	75	60
三重県	97	55	67	112	112	95	49
青森県	41	16	18	35	70	40	25

※『東京経済雑誌』232 号より作成、単位は円、地券の項目の円以下は四捨五入して表記した。

は、米価の騰貴した明治十三、十四、十五年に地価も高騰している。そして、松方デフレによって米価が下落するとともに、高騰していた地価も急落するのである。つまり、当時の地価変動は、紙幣増発のインフレによる米価変動と直接的な関係のもとに起こったものであった。これは課税対象であった地租改正の地価が、収穫高と生産条件等から求められたものであったため、当然の結果であったといえよう。地租は紙幣価値が下落しても変わらないため、インフレ期においては地租納入のために売却する米も大きく減少した。それは「地租減少の恩典」ととらえられ(40)、地租を納税した上でも大きな利益を生み出す土地への投資を引き起こしたのであろう。

再び表8をみてみよう。地価変動は大きく分けて三つのグループに分けることができる。一つ目は、十一年の段階で地券地価よりも高額な売買地価となりバブル期を迎えるグループ、二つ目は十一、二年段階では地券地価とほぼ同額でバブル期を迎えるグループ、三つ目は十一年段階で地券地価よりもはるかに低い売買地価となりバブル期においても地券地価を大きく越える売買地価とならないグループである。

これは先の状況とあわせて考えると、地租改正時の地価(収穫高)の査定と無関係ではあるまい。収穫高調査が比較的緩やかであった地域は、早くから地券地価よりも売買地価が高くなり、逆に厳しかった地域は、地券地価を大きく下回る価格でしか売買が成立しなかったのである。三つ目のグループの茨城県、三重県では「地租改正反対運動」が勃発し、そして茨城や青森は「新旧税比較表」によると増租となった県であることは、その証左ではないだろうか。

最後に、明治十六年に至り、当該期の経済状況を物語る記事をみてみよう。(41)

明治十三、四年の頃は、惣躰何品と雖とも買へハ利あり売れハ損失すと、人々挙て心情に感し斯く最高の価を発したり、現今ハ其反動にして何品とも買へハ損失と言う人気なれは、今日の低落亦怪しむに足らす、殊に明治十四年最高の時に当りては、土地を買ふに利益何程と概算をなさすして買入るの姿ありき、然るに現今の売買ハ土地の利益を計算し而して価格を定む(中略)乍去現今の価ひ或ハ真の価ならん、要するに明治十四年頃の土地売買の価格ハ空相場と云ふも可なり

インフレによる米価の上昇は、空前の地価高騰をもたらした。土地であればとにかく購入、投資の主要対象となっ

ており、まさにバブル経済の土地神話のような状況を生み出していたのである。

以上、福岡県地租改正における地価算出の過程から、近世の貢租負担と改正地租の負担の実態を明らかにし、近世史研究からの地租改正研究の歴史的意義を考え、地租改正の通説を捉え直すことを試みた。地租改正が近代的土地所有と近代的租税制度の確立を法的理念として有していたことは間違いないであろう。しかし、それは実施の過程において様々な問題に直面するに当たり、変更が加えられていくこととなった。

地価算出に関していえば、当初は売買地価による把握が試みられたが、近世の年貢負担と生産状況から算出される売買地価は改正地価にはなりえず、売買地価の申告制にも疑義が生じたため、課税基準となる地価を定めなくてはならなくなった。課税基準となった地価にしても、土地の収益性を結局は収穫高に求めざるを得ず、それは形骸化した石高と耕地の生産状況を再整理して把握し直す過程であった。そうやって算出された地価および地租は、地租負担者にとって石高制を大きく変革したものとは認識されなかった。結果として、地租改正はその法的理念を貫徹させることができず、石高制の影響をその根底部分に残していくこととなった。

また、地価算出は府県の官吏だけで行いうるものではなく、区戸長や老農をはじめ土地所有者に至るまで、年貢収納を行ってきた人びととの間で、合意形成をとりながら確定していく作業であった。そのため、両者間で合意形成ができなかった地域では、府県側からの一方的な「押し付け反米」による地価決定や、「地租改正反対運動」が勃発することとなったのである。これらの通説についても今後、捉え直すことが必要であろう。

〔註〕

（1）「日本資本主義論争」の研究史整理については、田村貞雄『地租改正と資本主義論争』（吉川弘文館、一九八一年）、佐々木寛司『日本資本主義と明治維新』（文献出版、一九八八年）を参照いただきたい。地租改正研究については、代表的なものだけでも、福島正夫『地租改正の研究（増訂版）』（有斐閣、一九六二年、増訂版一九七〇年）、丹羽邦夫『明治維新の土地変革―領主的土地所有の解体をめぐって―』（御茶の水書房、一九六二年）、関順也『明治維新と地租改正』（ミネルヴァ書房、一九六七年）、有元正雄『地租改正と農民闘争』（新生社、一九六八年）、佐々木前掲書、奥田晴樹『地租改正と地方制度』（山川出版社、一九九三年）など枚挙に暇がない。

（2）奥田晴樹『地租改正と割地慣行』（岩田書院、二〇一二年）、四五ページ。

（3）『明治時代史大辞典』第二巻（吉川弘文館、二〇一二年）、六四四～六四五ページ。

（4）奥田晴樹『地租改正と地方制度』（山川出版社、一九九三年）、「近代的土地所有の成立」（渡辺尚志・五味文彦編『土地所有史』山川出版社、二〇〇二年）、『明治国家と近代的土地所有』（同成社、二〇〇七年）など。

（5）中山富広「地租改正における地価決定と収穫高―広島県恵蘇郡奥門田村を事例として―」（『地方史研究』三三六、二〇〇八年）。また、近世史研究からの地租改正研究という新たな地租改正研究の視点を提示した非常に示唆に富む論考である。

（6）松沢裕作「壬申地券と村請制」（『社会経済史学』、第78巻4号、二〇一三年）。このほか「地租改正と制度的主体」（日本史研究、五九五、二〇一二年）では、土地所有の成立の過程において、それを実施する主体が従来の枠組みと異なる「制度的主体」として設定され、その制度的主体に着目して新たな視点から地租改正を論じている。ともに地租改正の通説を検討する上でも重要な論考である。

（7）奥田は『地租改正と割地慣行』（岩田書院、二〇一二年）において、「わが国の近代的土地所有を歴史的に理解していく場合、法制と実態、あるいは所有と用益の複眼的なアプローチが必要である、と総括できよう。」（五九ページ）と指摘しており、地租改正の歴史的意義を検討していく上で、欠くことのできない重要な視点である。

（8）地租改正における地価算出法の形成過程とその性格については、関順也「地租改正における地価算定法の形成過程」（『経済論叢』第九十九巻第一号、一九六七年一月）、福島前掲書、佐々木前掲書も併せて参照いただきたい。

（9）『明治前期財政経済史料集成』第七巻、三〇一～三〇三ページ。以下、同書からの引用の場合は『史料集成』と略記する。
(10)『史料集成』第七巻、三〇七~三〇八ページ。
(11)『史料集成』第七巻、三一一ページ。
(12)『明治初年地租改正基礎資料』上巻、一四ページ。以下、同書からの引用の場合は『基礎資料』と略記する。
(13)「地券法ヲ発行セルニ由リ地価査定方規ヲ府県ニ密示スヘキコトヲ建議ス」、『史料集成』第七巻、三一四ページ。
(14)『史料集成』第七巻、三一四~三一八ページ。
(15)前掲関論文、一一一ページ。
(16)地租改正に従事した大蔵官僚の有尾敬重は「段々之を実行しつゝ、ある所へ前の如き改正法が発布されたので、其結果現地租を踏襲した反別で地券を渡してみた所が所謂手数損で何の利益もないと云ふことになり」としている。『本邦地租の沿革』(御茶の水書房、一九七七年)、六八ページ。
(17)「地租改正規則」、『史料集成』第七巻、三三六~三三七ページ。
(18)『史料集成』第七巻、三三七~三三五ページ
(19)『本邦地租の沿革』(御茶の水書房、一九七七年)、五二ページ。
(20)『基礎資料』上巻、四五三~四五六ページ。
(21)『基礎資料』上中下巻。
(22)『基礎資料』上巻、四七五~四八三ページ。
(23)『基礎資料』上巻、四七五~四八三ページ
(24)『本邦地租の沿革』(御茶の水書房、一九七七年)、一〇四ページ。
(25)『基礎資料』上巻、五五八~五六二ページ。
(26)『基礎資料』上巻、三四ページ。
(27)鎌田家文書四四(原文書:個人蔵、写真版:伊都国歴史博物館蔵)。
(28)「現反歩調査心得大意」(川上家文書一二五、原文書:個人蔵、写真版:伊都国歴史博物館蔵)。

(29)「地租改正上梓御布告」(斎藤家文書A四―一六、太宰府市公文書館寄託)。

(30)「御布告写」(斎藤家文書A四―二二、太宰府市公文書館寄託)。「其区内地租改正ニ付、地所取調帳及地引絵図等取調子方最早相済村方有之候ハ、速ニ差出可申、然当一月中之取調方難相済向も有之候ハ、、厚ク説諭し速ニ取調候様可致」との達しがあり、遅れの生じていた村々の存在が確認できる。

(31)「明治八年御布達留」(川上家文書七七八、原文書：個人蔵、写真版：伊都国歴史博物館蔵)。「昨十三日於県庁各大区評議之上、本年三月中ニ現反歩小畝別、収穫米取出ニ至迄一切成就進達之筈ニ決議相成候」との達しがある。

(32)「御布告写」(斎藤家文書A四―二二、太宰府市公文書館寄託)。「当時村々ニ於て現反歩取調方追々出来候処、独リ収穫米ニ至リ此後之地租何様之御法ニ可相成哉ニ疑念ヲ起シ候より不運ニ相成候分も有之哉ニ被相察候ニ付、別紙告諭書相渡候条」との達しがある。

(33)「明治八年御布達留」(川上家文書七七八、原文書：個人蔵、写真版：伊都国歴史博物館蔵)。

(34)「明治八年御布達留」(川上家文書七七八、原文書：個人蔵、写真版：伊都国歴史博物館蔵)。

(35)「地租ニ関スル雑書類」(鎌田家文書四六、原文書：個人蔵、写真版：伊都国歴史博物館蔵)。

(36)「御布達写」(宮原家文書一四、太宰府市市史資料室所蔵)。その後、収穫増加をめぐっては、十一月四日、九日と大区調所において、区長、各小区の副戸長、各村の保長らによる会議がもたれた。

(37)福岡県内の各村の地勢、租税、物産などの統計をまとめた地誌で、明治五～十三年にかけて編纂された。

(38)「福岡県出張復命書」(『基礎資料』中巻、七五一～七五二ページ)によると福岡県全体では三三万八二一七円余の減税となった。

(39)鎌田家文書四二(糸島市教育委員会所蔵)。

(40)『東京経済雑誌』一九〇号、全国地価変動の状況(第一回)、長野県の報告。「此地租たる紙幣低落するも毫しも其の額を増さゞるが故に曩に米壱石売りて以て納租に供せしも、僅に四斗を売りて以て之に充るに足る、是れ地租減少の恩典を蒙りたると同一の結果を生ぜる者なり」とある。

(41)『東京経済雑誌』一九三号、全国地価変動の状況(第四回)、岐阜県の報告。

第二部　社会・経済・生活

第五章　神職支配から見えてくる幕藩関係―対馬藩を事例に―

藤井　祐介

はじめに

本稿では、神道本所による神職支配が、幕藩関係を考察する際の新たな研究視角たりうる、ということを対馬藩における事例を検討することで提示したい。

《神職支配》であるとか《神道本所吉田家》といった用語からすると、高埜利彦による近世国家権力の宗教者身分編成に関する研究[1]が想起されるかもしれない。たしかに、ある高等学校の教科書では、島原の乱後の宗教統制の文脈において、幕府が容認する仏教以外の宗教として神道に触れ、「神社・神職に対しても諸社禰宜神主法度を制定し、公家の吉田家を本所として統制させた[2]」と記される。まさに教科書にも反映される《通説》である。また、高埜は近世における「国家史」すなわち「幕藩制国家」について通史叙述するなかで、家綱政権期の幕藩諸制度の確立において、「家綱政権期の一六六五(寛文五)年は、江戸時代の宗教政策の基本が確立した画期的な年であった。

幕府は『諸宗寺院法度』と『諸社禰宜神主法度』をこの年七月に発布した[3]」と述べ、幕藩制国家における宗教政策として位置付けた。さらに、幕府が採った神職の統制を公家家職に求める方式については、「公家をとおした神職統制の方式を幕府が考えたのは、それまでの神社神職と朝廷や公家との歴史的なつながりを尊重したものであろうが、統制策としてはゆるいものであった。江戸時代の神社については、国家や社会にとって不可欠な信仰の場として認めながらも、仏教寺院が信仰の統制のために制度的役割を担わされたのに比べて、軽い位置づけがなされていたのであろう[4]」と述べている。「諸社禰宜神主法度」が発布され、宗教政策の画期として位置付けられるも、統制策は「ゆるい」や「軽い位置づけ」という評価に留まっている。今後の研究により突き詰めていく必要性を示唆しているともいえよう。

論考を進めていく上で、最初に触れておくべき寛文五(一六六五)年以降の神職支配の流れについて述べておく。吉田家は「神祇管領長上」を自称し、神職支配の正当性を唱えつつ、寛文五年に制定された「諸社禰宜神主法度」を梃子に、本所として諸国の神職を積極的に配下に組み入れていった。吉田家の他に、「神祇伯」である白川家も神職支配を担い、吉田家と拮抗しながら配下を増やしていくなか、宝暦期を画期として伸張をみせはじめる。こうした状況で、吉田家は幕府に働きかけて、天明二(一七八二)年における諸社禰宜神主法度の再触を実現させる。これを機に法度の遵守を口実として、上京により吉田家から裁許状を受けるよう、諸国の神職に触れ回るようになる。

こうした幕府の神職支配、とりわけ吉田・白川両家の諸国神職に対する動向や、各藩における神職組織の形成・展開などが先行研究では主に検討されてきた。しかし本稿では、神道本所による神職支配を身分編成論や宗教史といった枠で捉えるのではなく、視点を変えて幕藩関係のなかで捉え直してみようとするものである。

また、対馬藩を素材とすることにも意義を持たせている。対馬藩といえば、「宗氏は朝鮮外交上の特権的な地位を認められた」ということや「幕府は四つの窓口（長崎・対馬・薩摩・松前）を通して異国・異民族との交流をもった」という記述が教科書になされるごとく[5]、近世日朝関係に主眼を置いた先行研究が多く蓄積されている[6]。そうしたなかで、日朝関係史や対外交流史とは、全く問題の所在を異にする神職支配を切り口に、対馬藩の藩政史を、ひいては幕府との関係を検討しようとするのは、新たな研究視点の提示ともなろう。

そこで、前述した本稿の目的を達するために、吉田家による神職支配が対馬にも及ぼうとするなかで、享和三（一八〇三）年に対馬藩家老から吉田家へ提出された「宗対馬守家老共口上」を主に検討する。その作成過程が明らかとなる一件史料から、対馬藩の家老が対馬の神職のことや吉田家の神職支配を如何に考えていたか、ということが明らかとなる。そして次の段階として、家老の思考性を検討するとき、その淵源にある対馬という国柄や、そこからくる幕府への眼差しというものが、浮かび上がってくるのである。

一　「対馬国大小神社帳」と対馬の神職

そもそもの発端となる対馬の神職については、鈴木棠三の研究や井上智勝による神職編成についての指摘がある[7]。それぞれの研究関心も異なるので、改めて基礎的なところを理解すべく、宝暦十（一七六〇）年十二月に作成された「対馬国大小神社帳」[8]（以下「神社帳」と略）を手がかりとするところから論を進めたい。

この神社帳は、藤内蔵助と一宮藤馬という両名によって作成されているが、それぞれの人物について、巻末で次のように説明されている。

【史料一】

右者、対馬国大小之神社社領地之事并年中恒例之祭祀等之儀、宮司・社家・社僧・命婦・神楽師・社役人之支配を相勤メ、役号を対馬国総宮司職と申候

藤内蔵助

右者、対馬国木坂八幡本宮・府内八幡新宮・鶏知住吉大明神之年中恒例之祭祀之事并右三社江相附シ候社領地、宮司・社家・命婦・神楽師・社役人之支配を相勤メ、役号を神事奉行職と申候[9]

一宮藤馬

すなわち、藤内蔵助は対馬島内全ての神社の社領・祭祀・神職を統括する「対馬国総宮司職」(以下「総宮司職」と略)を、一宮藤馬は有力三社の社領・祭祀・神職を統括する「神事奉行職」という役職を勤めていたことが確認できる。

藤氏は総宮司職を、一宮氏は神事奉行職を代々世襲したと、鈴木は指摘する。[10]そして藤氏は代々「内蔵助」を名乗っていたようだ。神社帳が作成されたころ、時を同じくして藤左衛門から出願された「先祖之名ニ付、内蔵介与名替仕度旨」が、十二月十三日に許可されている。[11]神社帳作成に合わせたかのような改名である。藤氏にとっては総宮司職として「先祖之名」にて神社帳に記載されることが何よりも重要であった。

この二つの役職の上位には、家老・寺社方が位置していたようで、「寺社方記録」文政十二(一八二九)年十二月二十九日条からは、対馬藩における神職支配の系統が抽出される。

【史料二】

一、十二月廿九日

木坂社人
嶋井貞之進

右者、木坂伊豆宮司職被　仰付候、此旨一宮藤馬・藤内蔵助を以可被申渡候、以上

十二月廿九日　　　年寄中

寺社方兼帯

樋口亘理殿

右之通被仰出候付、一宮藤馬江被相通夫々可被申渡旨、以手紙藤内蔵助江申渡ス[12]

木坂八幡の社人である嶋井貞之進を宮司職に任命する旨を、一宮藤馬・藤内蔵助の両名から本人へ申し渡すよう、家老から寺社方兼帯の樋口亘理に下達される。その後樋口は、総宮司職の藤内蔵助に対して、木坂八幡を統括する一宮藤馬へ嶋井貞之進の宮司職補任の件を申し渡すように下達している。すなわちこの事例から、対馬藩の神職支配は、家老━寺社方━総宮司職━神事奉行職━神職、という系統で行われていたことが確認できる。

こうした対馬の神職支配系統における、総宮司職や神事奉行職という役職の存在を記した神社帳であったが、なぜ作成されたのか。そしていかなる性格を帯びたものだったのか。鈴木は、対馬の神社における「摂社・末社関係を明らかにしたもの」で「行政的意図」の窺われるもの、といった評価をしている。[13] こうした評価がなされるのは、実は当然のことである。「寺社方記録」宝暦十年正月五日条には、次のように記される。

【史料三】

一、今般江戸表ニおいて、諸国大小之神社、京都御用ニ付、当時所在之分不洩様書付可差出之旨、左之通被
仰出候写相渡候間、府内并田舎共夫々ニ申渡、不滞様書付可被差出候、尤田代御領分神社之儀、是又田代役
方申越、書付差出候様可被致候

大目付江

諸国大小之神社於京都御用候付而、当時所在之分不洩様ニ取調可被指出候
一、氏子守役候社抔ニ而も都而社人有之候社、古来より有来候社、小分之社ニ而も書記可申候、尤社人等茂無
之程之小社ハ書記ニ不及候事
一、惣而社々之由来・由緒等ハ書記候ニ不及候事
一、国々郡付ハ書記候ニ不及候、国分斗ニハ何々国と書出、其国ニ有之社号斗書記可申候事
一、社号旧号之替り候分ハ、当時称候号書付、旧号何之社と書加へ可申候事
右之通致吟味、其所々奉行所、御料之御代官、私領ハ領主・地頭ニ而取調、書付鳥居伊賀守方へ可被差出候
但、組支配有之面々ハ其頭々より書付可被差出候事

卯八月

右之通可被相触候(14)

宝暦九(一七五九)年八月に、幕府から「諸国大小之神社於京都御用候付而、当時所在之分不洩様ニ取調可被指出候」

よう命じられ、対馬では翌十年正月に至り国内に申し渡されている。つまり幕府の命により神社帳が作成されたのであり、鈴木の言う「行政的意図」が見え隠れしてもおかしくはないだろう。

この触が出された際に、幕府寺社奉行の鳥居伊賀守（忠孝）から、神社帳作成にあたっての注意点六ヶ条が併せて示されていたことが、次の史料から読み取れる。

【史料四】

鳥井伊賀守様ニ而溝口出雲守様御留守居承合候趣

一、社人持　社人別当両持

一、別当斗之持共ニ可書出

一、社人別当共ニ一人ニ而社何ヶ所兼持候も社号別々ニ可書出候

一、社人別当共ニ性名寺院号可書出候

但、社人ハ吉田家・白川家之分ヶ可書出、別当宗旨派可書出候

一、社人別当茂無之氏子ハ有之、百姓少々持候社ハ不及書出

一、領地隔り他国ニ領地有之候而ハ、書出候程之社有之候者右同断、是ハ一帳不書加別紙ニ可書出候(15)

内容を確認すると、一・二ヶ条目で「社人持」「社人別当両持」「別当斗持」の三種類について書き出すべき旨、三ヶ条目で兼帯の場合は社号を別々に書き出すべき旨、四ヶ条目で社人の姓名、別当の寺院号を書き出すべき旨、五ヶ条目で「百姓持」の神社については書出不要の旨、六ヶ条目で他国に領地がある飛び地の神社は別帳に仕立てるべ

き旨が述べられる。なかでも、四ヶ条目の但書である「社人ハ吉田家・白川家之分ヶ可書出、別当宗旨派可書出候」という部分に着目したい。社人の場合は吉田家・白川家のどちらに附属しているのか（別当の場合はその宗派を）注記せよ、とわざわざ付け加えているのである。「京都御用」と関わってくるのか、幕府が社人の吉田家・白川家への附属を把握しようとしているのである。

こうした幕府の動向と無関係ではないと思われる出来事が、宝暦七（一七五七）年に起きた、白川家が畿内近国に家来を派遣して、神職を附属に取り込もうとした一件である。白川家の動向に反発した吉田家は、幕府と朝廷に訴え出て争論へと発展する。[16] 幕府としては、この一件も契機となり、吉田家・白川家による神職支配の実態を把握し直すべく、諸藩に対して神社帳を提出させるに至ったものと考えられる。

幕府の命によって、宝暦十年十二月付けで藤内蔵助・一宮藤馬の両名がまとめた神社帳であるが、先の注意書きにあった「社人ハ吉田家・白川家之分ヶ可書出」を念頭に置いて中身を見てみると、「吉田家祠官」と肩書のある神職が四人しか確認できない。他の神職については、ただ「宮司」「祠官」や「別当」などとあるだけである。この神社帳には、最後まで読み進めていくと、凡例のような意味合いを持つ五ヶ条からなる奥書が記されている。

【史料五】

一、対馬国社家之儀者、往昔雷大臣対馬之縣主ニ被相任候より以来、雷大臣之伝来を得而祭祀・祷請を仕来り、則対馬神道と申候、依之両八幡宮以下諸社之宮司・祀官、白河家・吉田家之分り無御座、皆対馬流之神務を仕候、尤井田治部右衛門・吉野右門、右弐人者先祖ハ致上京、装束之裁許・神務之式等得伝授、是迄代々吉田家之神務を執行仕候間、吉田家与書載仕置候、且又和田左近・竹末修理、是等者先年致上京、従吉田家装

束等之得裁許申候

一、府中・木坂両八幡宮大掾職与申神官在之候者、往昔対馬大掾ニ畔蒜《ヒイノ》別当之子孫を被相補、国政を掌居、両八幡宮并鶏知住吉大明神之祭礼神事ニ奉幣使之勤を兼而相勤来候故、古来より大掾職政務ニ不相預時分より此名計者相残居、奉幣役之事を大掾職与申来候

一、諸社宮司・祠官何れも無位ニ而御座候、其子細昔者位階仕り居候者茂在之候所、九州兵乱以来筑前太宰府之執奏之事相止ミ、夫より及断絶、是迄無位ニ而其子孫其職を相勤来申候

一、社僧と申候者、是茂社家同様ニ而御座候、応仁之比兵乱打続、其時分国々ニ講師・読師与申僧官を被設置候時、対馬者辺塞之地ニ候得者、右之両僧官任満チ而帰京難成対馬江居留り候、講師・読師之子孫多くハ諸社之祠官又者別当と相成、夫より代々剃髪ニ而神職相勤来、勤職之筋道者則雷命之伝来之神務ニ而御座候、依之何宗・何流と申事無御座候

一、神楽師と申候者、諸社毎ニ祭祀・祷請之時、神楽を執行仕申候、是又往古より取行来り候神楽ニ而、社家同断ニ吉田家・白河家江罷出候而得裁許申候儀是迄無之、右之職分諸社共ニ男女ニ而相勤来申候

右者、大小之神社当時社有之宮司・祠官・神楽師持之分、如此御座候、此外百姓持之小社者書記不申候、

以上

宝暦拾庚辰年

十二月日　一宮藤馬

藤内蔵助

寺社御奉行所(17)

奥書では、神社帳本文に記載される対馬ならではの神職の説明や、諸社の宮司や祠官が「無位」であることの歴史的背景が記される。なかでも、冒頭の一ヶ条目では、対馬国の社家は「雷大臣」（イカツオミ）の伝来を得て祭祀等を行ってきており、「対馬神道」と言うのである、と対馬独特の神道体系が表明されている。この故に対馬の神職は、吉田家・白川家のいずれかに附属するというのではなく、「対馬流之神務」を執行する存在なのだと断言している。ただ、一部の神職あるいはその先祖については吉田家から裁許状を得ていたことも留意され、結果的に神社帳の記載の有様となったことの説明になっている。対馬神道というものについて、鈴木は「対馬神道なる語は、宝暦十年の対馬州大小神社帳にすでに見え、つとに彼の国においては、古来対馬に行われ来った神道を以て、特殊なる伝来を有するものなることを自ら認めていた」とし、「近世に至るまで対馬に保持せられ来たった古神道的性格」のものであり、神功皇后神話と深い関わりのある「雷大臣」以来の亀卜の法を以って神務を行うものと推測している。[18]総宮司職を中心とする対馬の神職は、「対馬神道」を奉じる一派独立した存在であると意識していた。

「対馬国大小神社帳」から、対馬における神職支配系統や独特の神道体系の存在が明らかとなった。「対馬神道」を奉じた一派独立した神職として、吉田・白川両家には属さないことを標榜していた対馬の神職であったが、「はじめに」でも述べたように、吉田家は幕府に働きかけて、天明二年における「諸社禰宜神主法度」の再触を実現させる。これを機に法度の遵守を口実として、上京により吉田家から裁許状を受けるよう、諸国の神職に触れ回るようになる。対馬においても吉田家の手は伸び、寛政六（一七九四）年と同十（一七九八）年に対馬藩へ「掛合」がなされている。しかし、いずれにおいても明確な返答をしていなかったようだ。吉田家は、対馬藩から何も言ってこない現状のなかで、業を煮やしたのか、享和三年、ついに国元年寄中へ直接書状を出すに至る。対馬藩としても、さすがに返答しないわけにはいかなくなり、吉田家へ「宗対馬守家老共口上」を以って伝えることになる。

二　吉田家による附属催促と対馬藩国元家老の認識

吉田家からの附属催促を再三にわたり延引してきた対馬藩であったが、ついに神職上京を促す家老宛の書状が届く。しかも、この書状は「田代社人上京帰郷之便ニ相附[19]」されて届けられたものだった。

【史料六】

一筆致啓達候、然者従当家被申立候儀ニ付、天明二年従　関東諸国社職共江、神社御条目之御趣意急度相守致忘却間敷旨、御触有之候、右御文言之儀者、御存知之通御座候、尤右ニ付而者、諸国神職前々より等閑心得違之者共、追々当家江罷出、□々身分相当之免許相伝等を得、神祇道規定之通、職分全相勤候事ニ有之候処、其御領分之内、肥前国ニ罷在候神職共者、従前々不絶為継目致上京候得共、対州表ニ罷在候者共者、継目等相怠、天明二年後迚茂不罷出、甚以等閑之次第存候、依之寛政十年四月中京都其御用達上田理兵衛處、其後何等之御返答も無之候故、御用達所迄御返答御尋申入候得共、未否之儀不相知旨ニ付、尚又大坂御蔵屋敷江御頼旁為使者鈴鹿蔵主被差下候得共、其後一向何等之御返答茂無之候、依之不得止事各様江従拙者共得御意候間、此段御承知被下、不弁之者共

公武之御趣意急度相守、早々当家江罷出、夫々身分相応之免許相伝等を得候之様被仰付可被下候、右御頼為可得御意不顧御繁務如此御座候、恐惶謹言

鈴鹿兵部
　通益（花押）
鈴鹿越前守
　隆（花押）
鈴鹿筑後守
　□熙（花押）

八月十一日

古川図書様
小野六郎左衛門様
田嶋監物様
樋口美濃様
大森繁右衛門様
幾度格左衛門様[20]

吉田家の主張は、①諸国神職は「神社御条目」（諸社禰宜神主法度）を守り、吉田家から免許等を受けるべきだが、「対州表」の神職は上京してこない、②寛政十年に京都御用達を通じて掛け合い、大坂蔵屋敷へも使者を遣わしたが、「其後一向何等之御返答茂無之」状況であったため、やむを得ず、家老中へ神職の上京を命じてくれるよう直接願い出るに至った、というものである。

この当時、宛所の古川図書と大森繁右衛門は在江戸であった。国元の家老は、今回の書状を受け、過去の事例の調査や「総宮司職」である藤氏への諮問などを行い、見解を固めた。その上で吉田家への返答である「宗対馬守家老共口上」を作成する。十月十六日付けで、国元家老の樋口美濃から、吉田家と遣り取りを行う立場である「大坂役」の高崎三左衛門へ書状が遣わされ、①過去二度の吉田家からの掛合についての照会、②対馬の神職について、③口上書案文の披露、④吉田家との交渉についての指示、⑤「対馬国大小神社帳」についての懸念、が伝えられた。論旨の骨格となる史料なので、煩雑を厭わず引用する。

【史料七】

一筆申達候、京都吉田家ニ而鈴鹿筑後守・鈴鹿越前守・鈴鹿兵部と申人より此元各中江八月十一日之書状、田代社人上京帰郷之便ニ相附、頃日此方江相達候処、天明二壬寅年十月諸国社家吉田家江装束等請方之儀ニ付、公義被　仰出之御旨も有之、寛政六甲寅年・寛政十戊午年追々吉田家より此方江掛合之品も在之候処、今以返答も無之、田代之社人ハ継目等上京いたし候得共、対州之社人統而不致上京候付、当節直キ〳〵被及掛合候事と相成、来状并添書状末之通ニ候、甲寅年之節ハ江戸表午田又左衛門在勤中ニ掛合有之、其段申来候付早速及返答置候品も在之、其後如何応対相済候哉、此元ニ而吟味難届、戊午年之節ハ大坂松原清蔵在勤中ニ掛合有之、清蔵より此元寺社奉行江申越、其砌彼是往復も有之たると相聞、寺社方及吟味候得共、押詰之品留書不分明候、此元ニおゐてハ藤内蔵助家筋古来相続諸般委キ書物等有之儀ニ而、藤兵内存生之内追々右之儀ニ付寺社方江申出候書面明細ニ相見、往古より御国之神職者一派立候次第有之、吉田家或者白川家江附属之訳無之、仍而御国中之社人共代々吉田家江継目等ニ罷登候儀無之、其内白木神主井田某・恵比須神主吉野某・立亀住吉神主柳田某・火之神神主阿比留某・鶏知住吉神主阿比留某之先祖吉田家ニ而許状を請候儀有之、豊崎郷豊村社人竹末某・

泉村社人和田某之先祖右同断吉田家許状を請、此両家者継目ニも罷登候由、右之内柳田某・火之神神主阿比留某之家者、今程退転いたし候由、扨又藤勘之允延宝年ニ位階を請候ハ、吉田家之差配ニ而者無之、伝奏を以之儀ニ候由、彼是委細ニ申立候次第茂在之候、抑天明二年
公義被　仰出之御旨者、

定

一、諸社之禰宜・神主等専学神祇道、所崇敬之神躰弥可存知神事・祭礼可勤之、向後於令怠慢者、可取放神職事
一、社家位階従前々以伝奏遂昇進輩者、弥可為其通事
一、無位之社人可着白張、其外之装束ハ以吉田家之許状可着之事
一、神領一切不可売買事
　附、不可入于質事
一、神社小破之時、其相応常々可加修理事
　但、神社無懈怠掃除可申付事
右之通、寛文五年被　仰出候處、近年於諸国古来之神例を乱し、御条目之御趣意不相弁輩有之、吉田家之許容を不受社例なと丶称し呼名・装束等着、其上神職ニ無之村持之社或ハ村長宮座なと丶称し神事・祭礼営候族茂有之由ニ候、向後御条目之趣急度相守、忘却不致様可相心得候

寅十月

右之趣可相触候

右之通之被　仰出ニ而候、御条々之趣御国神職中ニ取少も違輩之儀無之事ニ而、尚又社人中江も厳重ニ被　仰

渡置たる事ニ候得者、吉田家ニおゐても更ニ掛念有之間敷儀ニ候、然処甲寅年・戊午年・当節とても頻りニ社人上京方を被及掛合候者、右被　仰出之御条々とハ喰違たる様ニ相見、畢竟神道連々彼方江引付ケ可申とて之仕方哉ニ相見、其筋たに相立候て於此方如何様ニ茂被　仰付方可有之候得共、遠国辺鄙之儀、殊ニ時躰柄ニ付而者、社人中上京官位等之儀不及力、剰兵内申立候趣ニ而ハ吉田家に属候儀心外之様ニ相見候、右躰之儀幾年茂申しらけ之様ニ延々ニ打過候而者、後害茂可有之事故、当節全躰を相しらへ、吉田家江明白之掛合ニ茂可及哉ニ候得共、往古之儀其証不委、殊ニ諸国共ニ社家支配白川家・吉田家等ニ附し候筋々も可有之中、御国のミヶ様之際立候掛合方ハ至而不容易品ニ有之、彼是斟酌之上、左之通ニ候

宗対馬守

家老共口上

八月十一日之御状を以対州神職之者共江申付方之儀、委細被御申越候趣致承知、右ニ付寺社奉行江御状之趣申達候処、段々其事情茂有之、畢竟遠国之儀往返茂不速、殊更神職之もの共前々より聢与上京之都合相極候家筋等茂不分明、以前ニ五人致上京候もの之内今程退転之家も在之、或者幼少又者貧賤ニ及候茂在之、候等之儀ニ而不得致上京儀と相聞候へハ、兎角此節急度其御方へ上京可申付者手掛も薄く致迷惑候得共、時節見合無油断可申付候ハ勿論、天明二年公義被　仰出之御条々ハ往昔寛文五年之御条目御再達之御事ニ有之、領国中之神職共江も堅く申付、古来之神例弥無怠相勤罷在候、遠国辺鄙之事故神職共位階之儀者。○当時右之事情ニ而心底ニも難任、装束等も麁薄之侭漸々神事相勤候のミニ而、勿論東土御条目之御趣意不相弁、神例を乱し候儀等無之事ニ候由、寺社奉行吟味之上申出、猶又其段堅申達置候間、御心安被思召被下度候

一、右口上書清書一通今度其元江差越候間、京都御用達江申含、吉田家ニ而鈴鹿氏江掛合、対州家老共へ先頃御

状を以被　仰越候次第有之候處、是迄得貴意候儀も無之、すかと一ト通り之返書差進候段も如何ニ在之、別紙之通口上を以御返答ニ及、何分宜御扱分被下度旨申伸候様ニ申達越候趣取繕及掛合、当節之儀無事ニ聞通有之候様可被取計候、濫觴より委細之儀申掛り候時者、却而入組共可相成先々当節をさらりと相済置候様有之度候

一、諸国大小神社之書付京都御用ニ付差出候様ニ宝暦九年

公義被　仰出在之、其節御国・田代之分吟味之上、翌宝暦十年江戸表江被差越候、其節神職共之名前頭書ニ白川家・吉田家等之儀も書載有之様ニと有之、田代之分者都而吉田家と書載有之、御国之分ハ前条ニ在之井田某・吉野某・竹末某・和田某此四人のミ吉田家与頭書在之、其余御国中之社人多人数之分いつれも頭書無之候、右之神社帳者

公義江被差上置候与相見候、其節右神社帳之奥書ニ御国之神祇道ハ往昔雷大臣之伝来ニ候由記在之候訳茂候得共、是等之古事今更委細ニ引立候掛合ハ不御入事ニ候故、態と委細ハ不申越候、其方心得迄ニ申越置候

右条々之内、寛政六甲寅年江戸表江申越置候儀押詰如何相成候哉、且宝暦十庚辰年神社帳

公義江上り候一段之處与右之両事此元ニ而吟味難届、若不都合ニ茂有之候而者難相済、其外江戸表ニ而尚吟味之上心付等も可有之哉、彼是ニ付当節其方江申達候書状を写し候而、古川図書・大森繁右衛門方江申談越候、依之一応江戸表より其方江直キ〳〵通達可有之候間、京都掛合方之儀者江戸より一左右被承候上、夫々可被取計候、右之段為可申達如此候、恐々謹言

十月十六日　　　　　　　　　　樋口美濃

高崎三左衛門殿

御帳末省略仕

右之尊書頭書を以御請申上候、以上

十二月三日　　　　　　　高崎三左衛門（黒印）

樋口美濃様(21)

まずは①過去の吉田家からの掛合について、寛政六甲寅年に際しては、「江戸表午田又左衛門在勤中」であり、吉田家からの掛合に「早速及返答置候品も在之」はずだが、その後どうなったかは国元では判明しない。さらに寛政十戊午年の際は、「大坂松原清蔵在勤中」であり、「清蔵より此元寺社奉行江申越、其砌彼是往復も有之たると相聞」えているが、国元寺社方においては「留書不分明」であり、どうなったかやはり判然としない。ただし、②対馬の神職については、「藤内蔵助家筋」に「古来相続」された「諸般委キ書物等」があり、過去に「藤兵内」が寺社方へ提出した「書面明細」も存在する。それには、「往古より御国之神職者一派立候次第有之、吉田家或者白川家江附属之訳無之、仍而御国中之社人共代々吉田家江継目等ニ罷登候儀無之」と記される旨を明らかにしている。このことからは、対馬の神職が「対馬神道」を奉じて吉田家・白川家のいずれにも属さない一派独立した存在である、という認識を家老も容認していたことが窺える。

また、過去に吉田家から許状を受けた神職の例についても整理し、さらに藤氏の祖先が延宝年間（一六七三〜一六八一）に位階を受けた事例（吉田家ではなく「伝奏」＝武家伝奏に執奏してもらっている）を挙げることで、「御条々」＝諸社禰宜神主法度の趣旨に背いていない大義が主張される。それ故に、諸社禰宜神主法度の遵守を口実に神職の上京を求めてくる吉田家に対しては、「御条々之趣、御国神職中ニ取少も違輩之儀無之事ニ而、尚又社人中江も厳重ニ被　仰渡置たる事ニ候得者、吉田家ニおゐても更ニ掛念有之間敷儀ニ候、然処甲寅年・戊午年・当節（享和三年——筆者註）とても頻りニ社人上京方を被及掛合候者、右被　仰出之御条々とハ喰違たる様ニ相見」える、という家老の印象であった。対馬の神職は諸社禰宜神主法度を遵守しており、藩としても厳命しているので、吉田家からの三度にわたる上京催促は大義がないとする。その上で、この神職の上京については、「於此方如何様ニ茂被　仰付方可有之候得共、遠国辺鄙之儀、殊ニ時躰柄ニ付而者、社人中上京官位等之儀不及力」と、上京するよう神職に命じることはいくらでも可能であるが、対馬が「遠国辺鄙」に位置していることや、社人が上京して官位を受けるだけの財力がない現状が、そうさせないとする。さらに、「剰（藤——筆者註）兵内申立候趣ニ而ハ、吉田家に属候儀、心外之様ニ相見候」と、吉田家に附属することを「心外」とする藤氏の意向も、家老が考慮していたことが窺われるのである。

そして「幾年茂申しらけ之様ニ延々ニ打過候而者、後害茂可有之事故、当節全躰を相しらへ、吉田家江明白之掛合ニ茂可及哉」と、あまり返答を延引しすぎれば、後々不利益を被るかもしれないため、今回を機に調査して明白な返答をすべきだと考えた。しかし、「往古之儀其証不委」ということや、「殊ニ諸国共ニ社家支配白川家・吉田家等ニ附し候筋々も可有之中、御国のミヶ様之際立候掛合方ハ至而不容易品ニ有之」、ということが懸念された。つまり、諸国の神職が吉田家・白川家のいずれかに附属している状況の中で、対馬のみが「際立候掛合方」、すなわち「対馬神道」を掲げて両家のどちらにも附属しないという主張をするのは不容易だ、と家老は考えたわけである。それ故に、「彼是斟酌」した上で作成されたのが③「宗対馬守家老共口上」の原案であった。

口上の趣旨は、八月十一日の書状にある対馬の神職への申達については承知しているとし、寺社奉行へ照会した上での実情を述べたもので、次の五点にまとめられる。

ⅰ．諸事情もあり、かつ「遠国」ゆえに速やかなる対応ができなかった。

ⅱ．神職については上京が通例となっている家筋が不分明になっている。

ⅲ．以前に三～五名上京してはいるものの、今は退転に及んだり、当主が幼少であったり、困窮している家もあるため、上京を申し付ける適当な家がなく困っているが、時節を見極めて申し付けるつもりである。

ⅳ．天明二年の「御条々」は寛文五年の再触であり、領国中の神職には厳命しており、「古来之神例」を怠りなく勤めている。

ⅴ．「遠国辺鄙」の地であるがゆえに、位階を受けるための上京もままならず、装束（諸社禰宜神主法度第三条に規定あり）についても「麁薄」なまま神事を執行することもしばしばあるが、「御条目之御趣意」を弁え、神例を守って神事を勤めている。


寺社奉行の見解を家老が共有し、現今における神職の上京は叶わないが、「御条々」（諸社禰宜神主法度）は遵守している、という主張に落ち着いたものとなっている。

この「口上」を以って高崎は吉田家と掛け合うわけだが、④その際に留意すべき点も細かく伝えられている。


ⅰ．今まで返答を延ばしていたのは、「すかと一ト通り之返書差進候段も如何」かと思われたからだと「取繕」うこと。

ⅱ．詳しいことを聞かれても「却而入組共可相成、先々当節をさらりと相済置」きたいこと。

ⅲ．宝暦十年に幕府へ提出した神社帳の奥書に記した「御国之神祇道ハ往昔雷大臣之伝来ニ候由」については、「是等之古事今更委細ニ引立候掛合ハ不御入事」であるので「態と委細ハ不申越候」ように。

特に三点目からは、家老が「対馬神道」に関わる藤氏の主張を容認・考慮しつつも、吉田家との掛合をややこしくしないために、「対馬神道」色の強い主張は避けるべきだと判断していたことが分かる。とにかく無難に「さらり」と済ませたい家老の志向性が看取される。この点は、⑤神社帳の記載内容と関わってきている。神社帳の作成にあたって、幕府寺社奉行鳥居伊賀守からの指示で「神職共之名前頭書ニ白川家・吉田家等之儀も書載有之様ニ」とあった。田代領における神職の頭書には全員「吉田家」と記載があるものの、対馬本島の神職については四人だけ「吉田家」とあり、他の大多数の頭書が無かった。その理由が神社帳の奥書に記されるわけだが、このように仕立てられた神社帳に関する「公義」の反応を気にしている。しかし、寛政六年段階での吉田家との掛合で神社帳のことが問題にならなかったのか、そもそも宝暦十年に神社帳は幕府へ提出されたのか、ということが国元では分からなくなってしまっており、「若不都合ニ茂有之候而者難相済」く、「江戸表」で吟味する必要性を述べている。このように、国元家老から高崎への伝達には、国元では判然とせず江戸表で確認する必要がある事項、そして江戸家老にも諮るべき事項が含まれていた。それ故、「江戸表ニ而尚吟味之上心付等も可有之哉、彼是ニ付当節其方江申達候書状を写し候而、古川図書・大森繁右衛門方江申談越候」というように、江戸家老の古川図書と大森繁右衛門へ「宗対馬守家老共口上」を含む高崎宛て書状の写しが送られることになった。

三　享和三年というその時、対馬藩江戸家老の判断

吉田家との掛合に際しては、結果として「江戸表より其方江直キ〳〵通達可有之候」、或は「江戸より一左右被承候上、夫々可被取計候」という指示が高崎へ出されるに至る。国元の家老が江戸の古川・大森両家老に宛てた書状は、次のとおりである。

【史料八】

以別紙令啓上候、今般京都吉田家掛合之品有之、大坂役高崎三左衛門方江申達越候書状之末之通ニ候、其内宝暦十庚辰年御国・田代神社帳夫々取調、其許江差越候控者有之候処、其許ニ進せ候事
公義江差上被置候哉吟味難相届候、且亦寛政六甲寅年、午田又左衛門勤番之節、此許へ被申越候儀有之、同年七月廿日之書状を以申進置候処、於其許吉田家江御通達方之儀如何相成居候哉、是亦吟味難候由、右両段之処於其許御吟味有之、別而差合候事品茂無之候ハヽ、則状末三左衛門江此節申達越候通相計候様ニいたし度候、尤一応江戸表より之差図承候上、夫々京都江掛合候様ニと三左衛門方へ申達越候事故、其御心得を以可然様ニ三左衛門方へ其許より御達有之度候
一、天明二壬寅年
公義被仰出之御条々并当節吉田家掛合之次第共、委曲社人中相心得、此後吉田家江可罷登候筈之もの共両三人茂有之、此分ハ時節を以罷登候様ニ者当節於此許寺社奉行江夫々ニ申渡置候、全躰多年之間追々掛合も有之候

上、此度者各中江直キ〳〵書通と相成候を、右様ニいたし置候而者後害も可有之事故、委相調候而夫々掛合ニ
及候様取計たる事ニ御座候、猶亦其許御吟味之上御心付も候ハ、被申越度、尚可及衆議候
右之段為可申述、如斯御座候、恐惶謹言
十月十七日
小河左軍
幾度格左衛門
樋口美濃
田嶋監物
小野六郎右衛門
古川図書殿
大森繁右衛門殿
〃御状末令省略候
右御状、去ル四日相達、頭書を以及御報候、以上
十一月十三日
大森繁右衛門（黒印）
古川図書（黒印）
小野六郎右衛門殿
田嶋監物殿
樋口美濃殿
幾度格左衛門殿

小河左軍殿(22)

内容としては高崎宛書状を補完するものであるが、国元で明らかにならなかった二点、すなわち、

i．宝暦十年の神社帳が「公義江差上被置候哉」ということ。

ii．寛政六年の吉田家からの掛合に際して、江戸における最終的な「吉田家江御通達方之儀如何相成居候哉」ということ。

これらを江戸で確認してもらい、不都合がなければ、国元から高崎へ指示した基本策で吉田家と交渉するため、江戸からも高崎へ差図してほしい、と述べられる。そして、対馬の神職の上京については、吉田家から「全躰多年之間追々掛合も有之」状況の中で、今回は家老へ「直キ〱書通と相成」までに至っている。そのまま捨て置くには「後害」も懸念されるので、対馬本島において「此後吉田家江可罷登候筈之もの共両三人」については、「時節を以罷登候様ニ者当節於此許寺社奉行江夫々ニ申渡置候」と、時節を見極めて上京を申し付ける可能性を示唆した。

国元家老からの書状に対する江戸家老の返答(十一月十三日付け、「頭書を以及御報候」における「頭書」の写し)と思われるのが、次の史料である。

【史料九】

御紙面且御状末致披見候、今度吉田家掛合之趣ニ付、委細被申越候条々令承知候、於爰許も宝暦十年取調之神

社帳

公義江被差出候年月考当不申、扨又去甲寅年吉田家より申来候報ニ付、其許与往復之書状等ハ、則爰許江も有之候処、吉田家江返答之有無者是又相知不申候、就夫御国神職之内ニ者一派を立候次第、藤兵内兼而申出居候由ニ候得共、当節吉田家之書面ニ候ハ内蔵助家ニ候時、吉田家之執成を以

勅許を請候儀と相聞、依之為念他方様へ白川家・吉田家を外し一派を立候神職も有之哉と御並様之内為問合候処、何方様ニ而も小社之神職たり共両家を外シ派を立候儀者一切為致不申由、然ハ丁度被及御評議候通、御国而已際立候掛合者不入事ニ而、今更往古之儀等を懸合候迚夫ニ而可相納様無之、若彼方より

公辺江申立有之、向後吉田家之差配を請候様ニ御達書候時者、可被申付外無之事候得者、今度可被及御返答之御書立如何様可然相見、猶又於彼方聊ニ而も取柄ニ可相成之文言ハ全く相除、此節ハすらりと御返答有之候ハヽ、弥御手入ニ不相成して当時者相納可申哉と相考候ニ依、御書立之内如何なから少々左之朱書之趣ニいたし、尤於其許段々御斟酌之上之御書立ニ付、右之趣一応申進候様ニ可致共存候得共、大意を改候ニ而ハ無之、殊御返答つよく遅り候も如何、旁を考無其儀直に爰許より吉田家江返答申達候様、大坂役江夫々及差図候間、左様御心得可有之候(23)

国元で判然としなかった二点については、i．「宝暦十年取調之神社帳　公義江被差出候年月考当不申」、ii．「吉田家江返答之有無者是又相知不申候」と、江戸でも詳細は不明である旨が伝えられた。そして興味深いのは、江戸家老が「為念他方様へ白川家・吉田家を外し一派を立候神職も有之哉と御並様之内為問合」というように、念のために対馬の神職のような存在形態がありうるかどうか、「御並様」＝対馬藩と同格の大名家へ照会を行っているこ

とである。すると、「何方様ニ而も小社之神職たり共両家を外シ派を立候儀者一切為致不申由」の回答があった。同格大名家の領国においては、どんなに小規模な神社であっても吉田・白川両家いずれかの附属を外れて、独自の一派をたてるようなことは一切ない、というのである。ならばとて「御国而已際立候掛合者不入事」であり、「今更往古之儀等を懸合候迚、夫ニ而可相納様無之」と「対馬神道」の論理を持ち出したところで何の解決にもならない、と江戸家老の古川と大森は判断した。そして、「若彼方より　公辺江申立有之、向後吉田家之差配を請候様ニ御達書候時者、可被申付外無之事」と、もしも吉田家の働きかけにより幕府から附属を命じられたならば、そうするより他はなくなってしまう。そこで、「今度可被及御返答之御書立如何様可然相見、猶又於彼方聊ニ而も取柄ニ可相成之文言ハ全く相除、此節ハすらりと御返答有之候ハヽ、弥御手入ニ不相成して当時者相納可申哉」と。つまり、口上書の文面は、どのようにでも解釈できるような表現や吉田家の取り柄になるような文言は避け、その上で「すらり」と当たり障りなく返答することが、事態収拾の最善の策と判断したわけである。これらを踏まえて口上書に「朱」が加えられたのだが、修正点については、次のようにまとめられる。

ⅰ．「前々より聢与上京之都合相極り候家筋等も不分明」や「此節急度其御方へ上京可申付者手掛茂薄く致迷惑候得共」という対馬側の不首尾が表れる文言を削除している。また、過去に上京したであろう神職の人数も不確定要素として削っている。

ⅱ．「勿論」という言うまでもなく自明な様子を表す強い表現の用語に気を遣っている。

ⅲ．「不得致上京儀と相聞候得ハ」という文言を追加し、神職が上京できない状況を明記している。

江戸家老により修正された口上は、国元の家老が原案を作成していることから、本来ならばもう一度確認してもらうべきところだが、「大意を改候ニ而ハ無之」ことと、「御返答つよく遅り候も如何」ということで、江戸から直に大坂役へ指示を出し、吉田家へ返答することが伝えられた。

高崎三左衛門へは、国元からも伝えられていたとおり、江戸の古川図書と大森繁右衛門から直接の指示が出された。高崎から国元への返書（十二月三日付け、「頭書を以御請申上候」における「頭書」の写し）には、「吉田家江御返答之趣、江戸表御同列中様御差図被仰下候ハ、他方様よりハ小社之神職たりとも吉田家・白川家を外レ候儀ハ一切無之事之由ニ候へハ、当節御返答之趣聊ニ而も是と取柄ニ相成可申之文意ハ相除キ候方可然との義ニ而、其御地ニ而御書調御座候御口上書之内、朱書之通江戸表ニおゐて御添削[24]」とあり、先に述べた江戸家老から国元家老への返信の内容と合致する。

江戸家老により添削された「宗対馬守家老共口上」は、高崎三左衛門から「京都御用達」を通じて吉田家に持参された。その際の一部始終は、「諸大夫中詰合無之候付、御用人鈴鹿主水江対面仕、御差図之趣申述、御口上書差出候処、直ニ可申入哉、又ハ可被差置哉と被申聞候付、右申述候通之趣ニ御座候間、いか様とも思召次第御取計被下度段、相答候処、左候ハ、今日者諸大夫中も詰合不申、御答之儀ニ付御預り申置候而後、則申入候様可致候、尚又御掛合ニ及候次第も御座候ハヽ、追而其元へ向可申入段被申聞、右御口上書被為請取候段、御用達より申越候[25]」というものであった。

おわりに

「宗対馬守家老共口上」の作成過程から、対馬の神職の論理と家老の思惑が見えてきた。対馬の神職は、総宮司職である藤氏のもとに集約され、「対馬神道」を奉じて吉田家・白川家にも附属しない一派を形成していた。正確に言えば、そのように藤氏が主張していた。そして、吉田家に附属することは「心外」であった。吉田家という本所の権威を求めなかったし、そこに収斂されなかった。しかし、こうした対馬の神職の論理は、他から見れば「際立」った論理であり、対馬藩の家老からすれば「今更往古之儀等を懸合候迚」というもので、主張するのは「不容易」なことであった。吉田家との掛合を「すらり」と済ませるために、その論理は封じ込められたが、否定されたわけではなかった。国元家老から大坂役へ示された「態と委細ハ不申越候」という交渉術や、吉田家の「取柄」になるような文言を避けるという江戸家老の「御添削」が、そのことを示している。

江戸で同格大名家から得た情報からすれば、吉田家・白川家いずれにも属さずに「対馬流」の一派を立てたごとき現状を改めることもできたはずである。ではなぜ、国元の家老も江戸の家老も、「対馬神道」の論理を退けなかったのか。そこには、対馬に独自の神道体系が存在し、それがうまく機能していることを既に幕府へ示しているという家老の認識があったからではなかろうか。藩として、領国の神職支配が貫徹していれば、特に幕府から何か責められることはない。幕府に対しては、宝暦十年の「対馬国大小神社帳」を提出した段階で、対馬の神道体系について表明しており、「総宮司職」や「神事奉行職」といった藩としての寺社行政の体系化を標榜しているのである。故に今更それを崩す理由はなかった。その点が、家老があえて「対馬神道」の論理を否定しなかった理由であると考える。

さらに特筆すべきは、国元家老も江戸家老も、今回の吉田家との掛合を「さらり」「すらり」と無難に終わらせたい、その一心であることが、史料の端々から看取される点である。国元家老は「彼是斟酌」した上で作成した「口上」の原案を大坂役へ渡すと同時に、詳細な交渉のシナリオを伝えている。そして江戸家老の、すぐに同格大名家へ聞き込みを行うという機敏な行動。その結果からくる対馬の神職の「際立」った主張の隠蔽と口上の「御添削」。何が家老をそうさせたのか。そこには、朝鮮外交を担う対馬藩の《国柄》というものが関係していた。

対馬藩は、寛政期において、いわゆる《易地聘礼問題》に取り組んでいた(26)。朝鮮との外交という藩の大事からすれば、神職支配にかかる吉田家との掛合など、取り組むべき優先順位が低いもの、いわば後回しの対象であったのではなかろうか。「其後如何応対相済候哉」という程度の認識が、そのことを物語っている。易地聘礼問題を抱える対馬藩にとって、享和三年というその時においては、吉田家との掛合を「さらり」と済まさなければならなかった。万が一、事がこじれて幕府の「御手入」にもなろうものなら、藩として本筋である朝鮮外交にも差し支えるかもしれない。この懸念こそ、家老が危惧する「後害」そのものであった。

つまり、対馬藩の家老は、吉田家との掛合において、いわゆる《神道本所としての吉田家》自体は、ほぼ眼中になかった。吉田家の背後に見え隠れする幕府を意識し、御家の大事である朝鮮外交に悪影響が及ぶことを恐れていたのである。これがまさに、吉田家の神職支配を通してみえてくる幕府と対馬藩との幕藩関係であり、視点の転換により宗教史や神職編成論としてではなく、幕藩関係史として見えてくる瞬間であった。

［註］

（1）高埜利彦『近世日本の国家権力と宗教』東京大学出版会、一九八九年。
（2）笹山晴生他『詳説日本史B』山川出版社、二〇一三年、一七七ページ。
（3）高埜利彦「Ⅲ 近世の国家　2章 幕藩制国家安定期」（宮地正人・佐藤信・五味文彦・高埜利彦編『新体系日本史Ⅰ国家史』山川出版社、二〇〇六年）三一四ページ。
（4）高埜「Ⅲ 近世の国家　2章 幕藩制国家安定期」、三一六ページ。
（5）『詳説日本史B』、一八一・一八三ページ。
（6）泉澄一、田代和生、鶴田啓、永留久恵などによる先行研究を念頭に置いている。なお、藩政史の基礎的なところについては『長崎県史』藩政編 対馬藩（吉川弘文館、一九七三年）。
（7）鈴木棠三『対馬の神道』（三一書房、一九七二年）、井上智勝「近世の神職組織―触頭を擁する組織を対象に―」（『国立歴史民俗博物館研究報告』一四八、二〇〇八年）。
（8）長崎県立対馬歴史民俗資料館所蔵宗家文庫　記録類／寺社方／C2。以下、本稿で引用する宗家文庫は、長崎県立対馬歴史民俗資料館所蔵分。
（9）宗家文庫「対馬国大小神社帳」四十二丁表・裏。
（10）鈴木『対馬の神道』、一三五～一三六ページ。
（11）宗家文庫　宝暦十年「寺社方記録」（記録類／寺社方／G寺社方記録）十二月十三日条。
（12）宗家文庫　文政十二年「寺社方記録」十二月二十九日条。
（13）鈴木『対馬の神道』、一〇三ページ。
（14）宗家文庫　宝暦十年「寺社方記録」正月五日条。
（15）註（14）に同じ。
（16）高埜利彦「後期幕藩制と天皇」（『講座　前近代の天皇2　天皇権力の構造と展開その2』青木書店、一九九三年）一八九～九〇ページ。

(17)宗家文庫「対馬国大小神社帳」四十三丁~四十五丁表。
(18)鈴木『対馬の神道』、一〇一・一二九ページ。
(19)宗家文庫「神社書物」(記録類／表書札方／G①―13)三丁表。
(20)宗家文庫「神社書物」綴込文書(八月十一日付)。
(21)宗家文庫「神社書物」三丁表~十三丁裏。なお、「宗対馬守家老共口上」の見せ消や追記は朱筆でなされている。後述する江戸家老による添削が反映されたものである。この「神社書物」という史料自体は、江戸あるいは大坂で保管されていたものと考えられる。江戸家老の古川図書と大森繁右衛門、そして大坂役の高崎三左衛門に黒印が捺されていることが直接的理由だが、国元からの書状に対する返書の在り方が、高崎の場合は「右之尊書頭書を以御請申上候」と、江戸家老の場合は「頭書を以及御報候」とあり、その「頭書」が書き留められているからである。
(22)宗家文庫「神社書物」十四丁表~十七丁裏。
(23)宗家文庫「神社書物」十八丁表~二十丁表。
(24)宗家文庫「神社書物」三丁表。
(25)宗家文庫「神社書物」三丁。なお、今回で一旦終息したかのようにみえた吉田家による掛合であったが、享和三年から四十年近く後の天保十一(一八四〇)年、「対馬国総宮司職」たる藤内蔵助自身に上京の催促が及ぶことになる。その顛末については、拙稿「吉田家の神職支配をめぐる対馬藩の動向―天保期「藤内蔵助上京之儀」を事例に―」(『九州史学』第一六三号、二〇一二年)を参照されたい。
(26)『長崎県史』藩政編 対馬藩(吉川弘文館、一九七三年)一〇五七~六一ページ。幕府は翌文化元(一八〇四)年に易地聘礼を内定。江戸家老であった古川・大森両氏は「朝鮮来聘御用掛」に任命される。

第六章　日本列島市場論の提起と近世の特質

荒武賢一朗

はじめに

本章は、通説で述べられてきた流通史の枠組みを再検討し、近世商業の特質を明らかにしていくことを課題とする。

この主題を設定するにあたり、筆者が抱く問題の出発点は、日本近世史研究で長らく中心的存在となっている「幕藩制」、そして「幕藩制市場」なる概念への疑問である。江戸幕府と全国各地の大名・領主による統治を説明する用語として、「幕藩制」は大変使い勝手の良い言葉といえよう。現在の日本史研究では、何の躊躇もなく、あるいは何らの説明もなく、「日本近世＝江戸時代＝幕藩制（国家・市場・社会）」と理解し、記述してしまう傾向にある。そのなかで本論においては「幕藩制市場」なる概念を捨て去り、前近代における日本列島の市場を長期的時間軸において論じ、そのなかで近世市場の特徴を述べていきたい。つまり、古代・中世・近世をつなげる形でその共通性や継続性を考慮し、近世における市場や物流、その本質である商業について詳しく検討する試みである。

具体的な課題としては、以下の三点を中心に論じていきたい。まず第一に、優れた先行研究に依拠しながら、日本列島の市場構造そのものをしっかり把握する作業を進め、前近代の「日本列島市場論」なるものを提起する足場を固めたい。第二には、これまでの日本近世史の通説を振り返り、そもそも「幕藩制」を念頭に置いた議論を組み立てる意義は何か、また一九九〇年代以降に目を見張る進展があった近世流通市場史の成果と課題、そして今後の展望について整理をおこないたい。とくに地域史料を駆使した新しい実証の成果をもとに、次の段階へと押し上げる方向性を見出すことに力点を置く。第三は、これまでの海運業者重視の近世流通史から、多角的な担い手の存在を強調し、商業のあり方について検討を深めてみたい。そのなかで意識的に近江商人や伊勢商人の「商法」を取り上げ、彼らの築いてきた手法が近世商業の本質であったとの仮説をもとに、従来の言葉を借りれば「中央と地方」をつなぐ人々の様相をとらえていく。その際、素材とするのは近江商人・川島宗兵衛家の旅商いに関する記録のうち、得意場のひとつであった日向国の事例である。また、それと関わって川島家の取引相手が居を構えた日向国一帯の湊町などを概観する。

以上のような考察をもとに、日本史における市場論の意義、そして近世商業の特質を深めていく。このことは、日本経済史における視角や事例の豊富化のみならず、歴史学全体にも必要な試みであり、本論を起点にさまざまな論点が浮かび上がることを意識して論述を進めてみよう。

一　日本史における市場構造

1　長期的時間軸のなかの日本列島市場の枠組み

日本列島の交通や物流の歴史を繙いた時、古代からの交通網や物流の足跡が広範にわたっていることに気がつく。もちろん、船舶の大型化、航海技術の向上、道路の拡充など時代を追うごとに交通機関の進展をみることはいうまでもない。ただし、交通機関が発達していない、あるいは簡素だからといって人々の往来や物資の交換ができなかったわけではない。

最初の事例を紹介しておこう。考古学によって、旧石器時代および縄文時代に当時の必需品であった黒曜石が産地から遠く離れた各地へと流通していたことがわかっている(1)。また、新潟県糸魚川市姫川・小滝川周辺でしか採取できない翡翠《ひすい》が列島各地へと伝わっている事実がある。黒曜石の事例では、信州系・高原山(栃木県)・箱根系・神津島(東京都・伊豆諸島)で産出されたものが、広範囲に流通していたことが示唆される。とくに、神津島産は伊豆諸島をはじめ関東から東海地方にわたって分布が確認されており、「海上輸送」があったと断定できるのである。ここで強調したいのは、海運の定期航路が整備されたり、船舶の技術が発達したり、という史実が確認されなくても列島各地の人々の手によって、モノは運ばれていくという理解である。この段階でいけば、仮に売買が確認できなくてもよいと思う。そこで生産されることのないモノが他地域から入っていることが重要なのである。

これから縷々述べていく日本列島市場論について、以下の指針を提示しておきたい。

A．これまでの市場論がこだわってきた求心的・遠心的、あるいは領主的・農民的など、日本列島の経済的諸関係を二項対立ではとらえない。

B．近世においては巨大人口を抱える三都（江戸、京都、大坂）を中核としながらも、多方向の流通構造を明らかにしていく。とくに地域間流通の事例を豊富化し、さまざまな流通のあり方を論じる。

C．近世を中心に検討を深めるが、その前史として重要な古代・中世を含む長期的視座による分析を試み、前後の時期、あるいは市場規模（範囲）に関わる共通意識の形成に努める。

もちろん長期的な視座を持ちながら、各時代の特質を考慮し、日本列島市場の実像をとらえることを基本とする。

2　日本列島市場論―古代―

古代の列島市場で最初に取り上げるのは、琉球である。琉球は、海域アジアの中心ともいえ、また日本列島および中国大陸、そして東南アジアなどを結ぶ、海上交易に長けた拠点であることは説明を要しない。そして、日本産および中国産の出土品や双方の古記録にも興味深い記述が登場することから、最初に紹介しておきたい。

池田榮史は、琉球列島中部圏以南において、律令期の交流を想定させる考古学的資料には中国銭の開元通宝（六二一年初鋳）や日本本土産の土師器などがあるとしている。(2) また、「開元通宝や土師器は南島にとって明らかに搬入品であり、当時の交流の一端を示しているものと考えられるが、余りにも資料が少なく、これを出土する遺跡の性格や特徴などの分析は何とも行い難い。このため、これらの存在を現時点で、大和王権あるいは中国唐朝の海外交易との関係で捉えるのは早急であり、かなりの無理がある」と述べる[3]。たしかに稀少な資料から早計な判断はできないので、考古学の発掘成果による進展を期待するほかない。しかしながら、古代の海域アジアにおいて、とくに右の事例は南島地域に流入する日本・中国の物資が存在していたことを証明する。

中国の正史『隋書』のうち、「陳稜伝」の記述をもとに古代琉球の様子をみた場合、次の学説が成り立つという[4]。山里純一によれば、六一〇年に陳稜が率いる隋の軍勢が琉球に着いた時、「流求人、初めて船艦を見て以て商旅と為す。往往にして軍中に詣りて貿易す」と記された。ここでの注目点は、流求人が軍船とは知らずに商船だと思い貿易をおこなったところである。軍船を見たのは初めてだが、外国船を見た、あるいは外国人との接触はむしろ経験豊富であることを裏付ける。少なくとも、六一〇年より以前に琉球では外国船の往来があったことを示しているだろう。

続いて八世紀における畿内の流通経済を見ておきたい。栄原永遠男は、奈良時代の全国的な流通体系を、中央交易圏（畿内主要部）と国府交易圏（各国レヴェルの国府市を中心とする）に区分する[5]。これについては、松原弘宣の批判もあるが、栄原の取り上げる事例で興味深いのは難波の流通に関する分析であろう[6]。この難波を構成するのは、難波津・難波市という二つの中枢であり、「津」は瀬戸内海や西日本諸国の物資集散地としての機能、そして「市」は難波宮に付随する官市だった。その難波を利用する物資の輸送経路はおおむね以下の通りである。

①山陽・南海道諸国の庸米　陸路搬送→八世紀前半：海運利用　難波津→京
②大宰貢綿　西海道諸国の調　大宰府収納→八世紀前半：→京
③交易用物資　大宰府の貢綿船に紛れ込ませた綿以外の物資

これに加えて、大宰府関連だけでなく瀬戸内海の商業者の交通は活発であったとされる。栄原の成果に倣えば、西日本からの物資は海陸双方の交通手段を用い、また貢納品以外の商品も合わせて畿内へと送り込まれたといえよう。栄原が関心を持って研究を進めているのは、権力の動向である。そのため、政治権力の中枢であった畿内に物資が流入していく過程を追っている。「中央」と「国府」という交易圏の配置もその目的の一環といえよう。ただし、本論で留意したいのは、①遠隔地間交易で難波が物流の拠点になっている、②遠距離輸送には海運の利用が認められるほか、陸運との連携がある、③物量は限られているかもしれないが、貢納だけではない「民間（交易用物資）」の流通行為が認められた、との三点である。この事実関係によって、奈良時代の西日本において活発な交通経路が構築されていたと明確に主張できる。

古代の道、陸運も物流を考えるうえで極めて重要な素材である。交通体系においては、駅制・伝馬制、古代国家成立と中央集権的な道路網整備について詳しい検討がなされている[7]。この整備は権力による国家的大事業であると同時に、陸運への活用が推進された意味も含んだ。

最初の話に戻るが、琉球を中心としてみた場合、日本・中国との物質的交流が存在することを改めて頭に入れておく必要があるだろう。さらに、商旅ないし貿易が琉球では人々に認識されており、島外との交流が日常的にあったことが理解できた。その後の貿易に関する実証とその経過については、山内晋次の研究が参考になる[8]。それによれば、十二世紀ごろまでを射程として、新しい日宋貿易史の具体的な動きが明らかになっている。

一方、日本列島の中心的位置を担ったとされる畿内主要部においても、貢納を主軸とした物流のありようが示されている。津と市の機能を有する難波は、畿内の窓口的存在であり、西日本各地からの物資を引き受けていた。また、この難波を含めた輸送手段としては、海運はもちろんのこと、陸運も絡めた経路の形成に注目できよう。また、公的な物資の輸送だけでなく、商業者が介在する一般的な流通の仕組みがあったことも重要な点である。

正倉院文書を分析した山中章の成果からは、古代の借金証文の存在や、下級官人たちが給料の前借りをしている事例が明らかにされている。(9) この時期には、通貨の流通とともに手形の登場も紹介されていて、社会のなかで金融貸借が浸透していく時期にもあたる。また、平城京や平安京の現場で使われる文字は実に多様で、財政・取引・交易・帳簿・生産・販売・値段といった、日常的な経済行為のなかで「生活のなかの文字」が存在したといわれる。栄原の学説に倣えば、都を中心とする地域は「中央交易圏」のなかの核心であるが、その内部において活発な商行為があったと推論できよう。栄原の示す「交易圏」の存在は、政治権力の拠点とも関係し、物流のひとつの大きな流れを見る上で重要な構造である。ただし、ここからは推測の域を出ないが、交易圏における単線的な物流だけに止まらない、縦横無尽な物資の流れも意識されるべきであろう。

考古学および古代史の研究者は、稀少な分析素材から有益な論点を提供している。今回はその一部を紹介したに過ぎないが、古代における物流・金融・交通といった分野において、官民の隔てなく、近世にみる市場構造の要素と合致するものと判断できる。近世にみる市場構造の要素を問うなかで、発展段階論の範疇において「貨幣経済の進展」や「商業的生産（農業）の発達」が近世中期以降の特質と縷々説明されてきたが、その状況はすでに古代史のなかで表出している。当然ながら最初にも述べた技術・大量輸送の手段などは新しい時代に太刀打ちできないかもしれない。しかしながら、人口の推移に沿った形での遠隔地流通は存在し、海外を含めた地域間の流通も盛んに展開されていたと結論づけておきたい。

3　日本列島市場論―中世―

中世の市場論、流通に関しても基本的には貢納を基軸とした「中央」と「地方」の関係が中心となって議論が進められてきた。ただし、貨幣流通、手形、そして訴訟を契機とする金融貸借の存在について現在大きく議論が動き出している。[10] 古代史に比べて史料の情報量が多いことに加えて、「地方」についての研究が著しく進展していることが挙げられる。現在の研究的潮流におけるキーワードを借用すれば、日本列島の「周縁」を詳しく読み取る動きが象徴的である。

そのなかで柳原敏昭は、十二世紀の平泉・奥州藤原氏、薩摩半島阿多郡の阿多氏について詳しく分析し、両氏の共通点とその特徴を考察する。[11] ここで提示された論点は以下の通りである。

①それぞれの本拠地が国家周縁部の陸奥国・薩摩国で、国衙とは別個のもう一つの中心だった。平泉は、陸奥国を縦貫する奥大道と太平洋海運に連結する北上川の結節点に立地している。また阿多郡では、薩摩半島第一の河川、万之瀬《まのせ》川の下流域にあたる遺跡調査で博多と同様に「唐坊（宋商人集住地区）」が発見されており、北九州・畿内・東海との関係を示す遺物の出土も確認されている。

②両地を支配する領主は、日本中世国家の境界地域をまたいで展開した交易を統括する立場にあったと考えられる。平安時代の京都には、東北地方から金・馬、蝦夷地およびその以北から鷲羽・水豹皮などが入ってきた。これには奥州藤原氏の関与、そして輸送手段としては京都へ北上川舟運・太平洋海運の利用もあった。[12]一方、南からは薩摩・大隅の領主・国司を通じて中国からの輸入品（茶碗・唐硯）、南西諸島産（檳榔・夜光貝・

赤木など）の品物が都へと運ばれた。中国大陸南部―南西諸島―万之瀬川河口部という航路が存在し、鎌倉時代以前の坊津は一時的停泊地だった。

これらの流通の担い手は、九州の事例では南西諸島をエリアとする商人集団、九州以北の日本国をエリアとする商人集団と肥前系商人集団および薩摩平氏の関与、博多商人主体などの説もあり、畿内商人の直接来航の可能性も指摘されている。[13]柳原および中世史研究者が注目するのは、その中核となる地域の「立地条件」である。海外との接点、そして国内海運と地域物流の結節点に複合的な物流拠点になり得る湊が大きな位置を占める。

このように中世の「周縁」分析では、「周縁」とされる地域を「中核」に位置づけることでみえてくる新しい視角が提示された。政治権力は中核である、という視角とは異なる経済活動のなかでの発見ともいえるだろう。

鎌倉時代に入ってからの交易活動では、津軽・安藤氏の本拠地十三湊の本格始動が特徴的である。鎌倉時代末期には、越中国放生津（現富山県射水市）の住人が「関東御免津軽船二十艘の内、随一」といわれた船を保有していた。ここで紹介されている事例は、北陸地方と津軽の航路がすでに存在し、十三湊は奥州藤原氏時代とは異なる日本海交通の拠点になっていたということであろう。[14]中世は「交通の時代」といわれる向きもあるが鎌倉幕府の交通政策においては、文治元（一一八五）年十一月二十九日、源頼朝は東海道の駅路を制定している。[15]また中世交通の拠点として、津・泊・湊・渡・宿、そして市が「都市的な場」として注目を集める。とくに海運に関わっては津・泊が重要であろう。『廻船式目』に列挙される中世の主要港湾として、「三津（安濃津・博多津・堺津）、七湊（越前三国湊・加賀本吉湊・能登輪島湊・越中岩瀬湊・越後今町湊・出羽秋田湊・津軽十三湊）」とそれに準ずる町の形成が認められる。[16]このように交通の要衝を意識的にみていくと、京都など政治権力の中枢でなくても交易拠点は全国各地に存在するのである。

一方で、中世の物流を語るとき、「求心的経済構造論」がこれまで大きな意味を持っていた。京都を中心に、衛星都市の奈良・淀・大山崎などを含めた畿内を一円とする市場圏の形成であるとともに、京都は全国的な遠隔地流通の核であるという主張である。しかし、近年の考古学的成果によって、こうした求心的経済構造論は修正を余儀なくされた。中心であるはずの畿内を経由しない物流が確かに存在し、京都とは関わりのない地域流通圏が確認できたのである。[17]物流の担い手としては、京都および淀川沿岸における問丸が登場する。これは近世へと移行するなかで消滅するが、「初期豪商」から「近世御用商人」へと結びつく論理を持ち合わせている。これら物流を支えているのは貨幣流通であるが、中世は「渡来銭の時代」で、東アジアにおける貨幣流通と地域の特質についても多くの研究蓄積がある。[18]

中世という長い時代において、学説もたくさん存在するが、ここで主張しておきたいのは政治権力中心の「市場圏」、そうではない「地域経済圏」はともに列島市場の構成要素であり、ともに日本経済の基礎であったという事実である。また、古代に続き中世においても陸運・海運は両輪の関係にあり、物資の供給とともに担い手としての商人たちの活動も重要であろうと思われる。

二　列島市場史における近世市場

1　「幕藩制」は必要か

日本列島市場における古代・中世に続いて近世を論じていきたい。その前に確認しておかなければいけない論点として「幕藩制」がある。

この全体的な問題（幕藩制・幕藩体制の見直し論）については、藤田貞一郎の整理（幕藩体制史観懐疑論）によって、「幕藩体制史観」の見直しが提唱されている。[19]藤田の紹介によれば、新保博は「多重国家体制」、渡辺浩は「徳川政治体制」、三谷博は「徳川公儀」との表現を用いる。朝尾直弘は、公儀概念の検討に取り組み、幕府は公儀または大公儀、藩は公儀であるという指摘をした。いずれも「幕藩制」「幕藩体制」に関する見直しをおこなったのである。

しかし、このような疑惑に、かなり以前から独自の論理を主張する研究者がいた。それは、宮本又次と林屋辰三郎である。まず、宮本は、幕藩体制論を述べる古島敏雄、伊東多三郎の研究を次のようにまとめている。[20]

古島敏雄などが述べる幕藩体制は、生産物年貢を直接耕作者である本百姓が、ほぼ藩一体の賦課方法のもとに負担することの上に成立した幕府諸藩の政治体制とする。そして伊東多三郎は、江戸時代においては武士階級が全国の土地を領有し、庶民を支配する統治機構として幕府と藩とが組織されていたから、これを研究上、幕藩体制というう。宮本は、「藩」という言葉について以下のように述べている。

御家中という家臣団と御領内というものとはあったが、藩という言葉はあまりなかったのである。（中略）これは明治以後の史学が使った、いわば学術語なのである。（中略）藩という用語が外様にまでおよぼされて用いられたのは幕末近くになってからで、明治以後廃藩置県とか知藩事という呼称ができはするが、江戸時代に藩という語はあまり一般化していなかったと考えねばならぬ。(21)

一方、林屋辰三郎も次のように「幕藩体制」に対する持論を語る。

この近世という時期は、ふつう政治的には「幕藩体制」とよばれて、確固とした封建体制の時代とみられているが、わたくしはそこに疑問をおこした。（中略）わたくしはもはやこの「幕藩体制」という用語にしがみついた体制史観はすてさってもよいと思う。(22)

宮本は学術用語の問題としてとらえ、林屋はそもそも封建体制という評価にも踏み込み、「幕藩体制」からの脱却を述べている。宮本は一九五〇年代後半、林屋はそれより一五年ほど経過したときに記しているのだが、少なくとも一九七〇年代にはこのような理解を発する研究者がいたことに注目しておきたい。

続いて最近の研究についても触れておくべきだろう。青山忠正は、幕末維新期の分析において、次のように述べる。「「幕府」や「藩」は、王政復古以降の明治期に「王政復古」イデオロギーを踏まえた歴史認識に依拠して、そう呼ばれるようになったものという側面が強い」として、仮説として「藩」の呼称は、天保から弘化年間（一八三〇～四八）ごろから広まったとする。(23) 実際、青山の指摘するように、学者たちが著す書物などは措くとして、実用的な文書で「藩」という用語を使う場合があるだろうか。たとえば、かつて筆者が分析に携わった信濃国松代真田家の文書群においても維新期以前に「藩」と呼称するものはない(24)。また、マーク・ラビナも幕藩体制史についての再考を促す研究を進めている(25)。ラビナは、「大公儀」および「公儀」という概念を提示し、「藩」についても「大名領知、明治維新後はじめて一般化した用語」だと説明する(26)。

このような流れをみると、用語の問題についてはおおよそ通説を塗り替える作業が進んでいるといえよう。むしろ、藤田が警鐘を鳴らすように、この「新しい通説(公儀論)」を理解せずに、無自覚のまま「近世＝幕藩制」とする研究者が多数存在することが問題なのである。

二〇〇〇年代に入っても、近世の市場構造を語るときに「幕藩制的な流通構造」を躊躇なく使用する研究者が多数いることに違和感はないだろうか。個別の論考ならまだしも、最新の研究動向をとらえ、広くそして「正しい」歴史研究の発展を促すはずのいわゆる「講座」「通史」のシリーズでも、一言の説明もないまま「幕藩制国家」の章題をしっかり近世の代名詞として活用する(27)。また、筆者と同じく「幕藩制的市場とは何か」という問いかけをする高槻泰郎の新しい仕事がある。高槻は、中井信彦たちの仕事を批判的に継承し、近世日本の市場的変化や量的拡大をみるという。本論とは明らかに視角が異なる「幕藩制的市場」の見直しだが、こういった作業が少しずつ動き出している事例といえる(28)。

これまでの研究においても、個別の具体的事例が述べられ、論理展開もなされているにもかかわらず、相対としての枠組みが変わらない。この認識に変化をもたらすためには今一度、近世市場・流通について歴史像をとらえ直す必要がある。歴史的事実をできうる限り、ありのままに復元することが我々に課せられている。その意味では、用語が正しいか、史料用語であるのか、といった論点もさることながら、ここでは「幕藩制的市場」論の打破を目標に、議論を展開していくことにしたい。そのための具体的な作業を以下に述べておく。

【「幕藩制市場構造」の通説的理解】

豊臣政権以降、徳川政権前期にかけて、大坂が全国市場の経済的中心となり、幕府経済および財政運営を支えていく。論者によって諸説に分かれるものの、米穀流通の分析視角から元禄期には大坂を中心とした「幕藩制的市場構造」が確立する。大坂および三都を主軸とする中央市場に対し、諸藩では城下町（およびその担い手は城下町商人＝「特権商人」）が年貢米の換金を主要な取引としながら、領内市場を形成する。この中央市場と領内市場の構造が成立をみたことにより、幕藩制的市場が江戸時代の経済構造となっていくわけである。

この論理的中核を担うのは、領主米取引である。一方で、中後期になると、納屋米市場が大きな存在感をみせる。納屋米取引が市場のなかで重要なポイントになり、領主米商いにウエイトを置いていた特権的三都商人とともに、納屋米取引および地方市場を拠点とした新興勢力が台頭していくことになる。

近世後期になると、全国的に米穀生産は大きな伸びを期待できず、また度重なる凶作・飢饉によって、幕府の税収は停滞・減少していくことになる。また、特権的商人たちも大きな影響を受け、代わって三都以外の地域市場を舞台に、新興の商人たちが活躍していくことになる。中央市場の代名詞ともいえる大坂市場は天保年間以降、市場的価値を低下させていき、幕藩制的市場構造は崩壊に向かっていく。

このような通説的理解を維持していく必要はあるだろうか。そもそも実態の明らかでない「幕藩制的市場」は存在するのか。日本列島の市場形成は、三都だけで成立しているのではない。大坂を中心とする三都への物資供給を支えているのは全国各地である。また前節で述べたように、中世以来の「中央と地方」が含まれてこそ、近世における日本列島の市場は生まれる。地域市場は、突如として近世後期に台頭してくるのではなく、すでに中世から存在しており、このような意識で市場論に向き合うべきだと考えている。(29)

右のような概念のとらえ直しに大きな示唆を与えるものが、平川新の視点である。(30)平川は、近世の交通と地域経済をテーマとした著書の「序説」において、新しい展開を予想させる論点を提供している。この示唆に加えて報告者なりの論点を含めて、以下のような課題を出しておきたい。

①領主的需要とそれ以外（民間）の需要
②市場原理による新しい業者の登場
③各地には無数の街道や交通形態が存在する
④消費者は都市だけに存在するのではない＝人口増大（近世初：約一三〇〇万人→享保年間：三一〇〇万人）と商品の行方
⑤流通の単方向から多方向への展開
⑥幕府×藩権力×民衆の対抗関係で十八～十九世紀の変容は読み解けない

ここで述べられているそれぞれが重要かつ取り組むべき課題であるが、とくに①や③・④を意識し、⑤のように流通を単線で扱うことなく、複雑な取引関係があるという前提で以下の詳述をおこないたい。

2　近世流通史の新しい方向性

幕藩制そのものを打破することが本稿の課題であることはすでに述べた。そのなかでもはっきりと市場論について、通説的理解を克服することが先決であるように考えている。現状の研究水準では、当然のごとく理解されている幕藩制市場や中央市場といった実態と懸隔する「構造論」を乗り越える作業を試みていきたい。

第一に、これも「新体系日本史」のなかにある、本城正徳論文の記述を紹介しておこう。[31] ここでは、「石高制、米納年貢制が浸透することで、近世領主経済を基本とした商品市場が整備され、そのことを「幕藩制的市場」と呼ぶ」とする。さらにここで定義された「幕藩制的市場」は、「一七世紀前半、おそくとも寛永年間（一六二四〜四四）に成立した」ようである。その根拠は、脇田修や宮本又郎が分析した大坂における米穀流通の実態である。[32] とりわけ、宮本の主張する兵糧米から市場流通米への転換過程は重要な成果ではあるものの、それがすなわち幕藩制的市場の成立と呼ぶべきかどうかは甚だ疑問である。加えて、本城による米穀流通史研究の特質は、近世の米穀を領主米と納屋米に区分し、それぞれ領主的商品流通と農民的商品流通を象徴するものとして、二元構造が強調されているところにある。その基底にあるのは、かつて脇田が主張し、そして鈴木敦子によって完成をみた、中世京都を基点とした求心的流通構造にある。[33] つまり、年貢・貢納を重視して、全国各地から領主の居住する京都へと物資が流入することを示す。これは一旦、戦国大名の所領定住化によって、京都への供給は滞り、貢納品各種が全国に拡散した（遠心的流通構造）とされ、その後に豊臣秀吉の大坂拠点化、さらには徳川政権による大坂の経済中心化で再び求心的流通を取り戻すことになっている。

現代の東京、あるいは県庁所在地などを念頭に置いた場合、右に述べた権力のあるところ求心力あり、の印象は容易に想像がつくだろう。米穀を基軸に動く社会であった近世ではなおのこと、領主権力やその保護下にある大坂市場が重要だったのである。

これまでの幕藩制市場論は、「中央」と「周縁」を大きな概念として提示してきた。三都を中心とした幕藩制市場の形成、とくに近世後期には江戸・大坂二元市場論が意識され、巨大消費市場の分析が全国的市場との位置付けになっていた。この大坂中心市場論、および江戸・大坂二元市場論はよくできた説明であるが、そこからこぼれ落ちる論点もいくつか見受けられる。

第一に、消費市場と権力の集中する大都市圏をめぐる議論を中心に据え、江戸―大坂、江戸―上方のみに焦点を絞り、議論がなされてきた。しかし、近年の海運史研究においてその方向に克服の術ができ、地方廻船の活動に光があてられるようになった。

第二は、都市部に向かう商品の流れは明確だった（「村」→「町」）。これは近世の基幹商品である米や各地からの特産物が供給され、その物流は公文書でも私文書でも詳しく述べられてきたからである。その一方で、都市圏から地方への物資の供給についてはそれほど大きく論じられてこなかった。たとえば、古手の流通などはその最適な事例であり、三都を中心とした都市圏から東北地方などに移出されている事例は知られているものの、流通史全体のなかではほとんど影響がないと扱われてきた[34]。

一九九〇年代以降、近世流通史は新しい局面を迎えた。その契機となったのは、斎藤善之による尾州廻船や日本海海運を中心とした海運史の見直しである[35]。実態として内海船などの尾州廻船や諸地域における地方海運勢力が「新興勢力」として台頭する事実をとらえたことは大きな成果であろう。ただし、この「新興勢力」が特権商人や特権的廻船の秩序、そして彼らが担う幕藩制市場を崩壊させた、という結論は過大評価であるとの指摘が以前からある。[36]ここで新しい実証研究が深められたにもかかわらず、「もったいない」状況に陥ったのは、貴重な成果を「幕藩制市場」の議論に乗せてしまったからなのである。この議論と関係を作るため、新興流通勢力の台頭、あるいは伝統的流通勢力の動揺および衰退を述べなければならなかった。むしろ勢力交代論にこだわらず、この時期の特徴を前面に押し出すべきだったのではないだろうか。

斎藤の考察した事実関係の「旨味」は極めて重要な内容を持っている。そのうちのひとつ、岡山藩領や越後国出雲崎における廻船勢力の動向を詳しく検討したところは特筆すべきだろう。[37]岡山の事例では、「江戸行」と「江戸不行《いかず》」の廻船について考察し、十八世紀中期以降に前者は船の大型化と船数の減少、後者は小型化と船数増加がみられた。それまで双方は同一の船が江戸行き、不行きに重なることもあったが、これ以降は二極分化していくことも確認されている。それを出雲崎の状況とも当てはめ、当該期の日本列島で同様の現象があったとする成果は大変興味深いし、揺るぎない学説だといえる。

3　海運のとらえ方

海運勢力の状況について、ほかの地域に目を転じて事例を集積すると、さまざまなことがわかってくる。斎藤が指摘したように、天明年間（一七八一～八九）を画期として近世後期に「諸国廻船」が激増するのである。[38]出羽国飛島（現山形県酒田市）に入津した廻船の事例をたどってみても、近世後期になると百石積から二百石積の小廻船がたくさん往来していることがわかる。[39]また、大坂や江戸などと接点を持たず、地域間流通が活性化する事例も多くみられる。そのなかで特徴的な事例をひとつ紹介しておきたい。

石見国安濃郡波根西村久手《くで》浦（現島根県大田市）の竹下家を分析した仲野義文の論考に興味深い事例が出てくる。[40]

竹下家は屋号を「竹屋」とし、波根西村の村役人を務め、石見国東部では有力な地主であったほか、同国邑智郡酒《さけ》谷《だに》村の保関鈩など、「たたら製鉄」の経営もおこなっていた。この製鉄業に関連して少なくとも弘化五（嘉永元・一八四八）年から明治十八（一八八五）年にかけて廻船業にも参入している。最盛期には四艘の手船（所有船）を持ち、幕末期の同家にとって海運は大きな経営の柱だった。

安政四（一八五七）年、同家の手船だった住吉丸の「勘定帳」を繙くと、当年の航海（買積商い）は四回実施された。それは、①秋田上下　②北国（本庄酒田）上下　③新潟上下　④九州上下、となっており、この四回で合計金一八〇両余の利益を得ている(41)。

①秋田上下では、まず秋田下り（久手→秋田）のための積荷として砂糖・鉄・紙を仕入れている。砂糖は尾道（現広島県尾道市）・石見屋から白砂糖五五挺、近隣の竹野屋や江津から仕入れた鉄一五九束、同じく石州長浜や三隅から買い入れた半紙一一二丸余りだった。これらの仕入代金は約三九二両となっている。これら三品目を住吉丸に積み込み、久手から敦賀（現福井県敦賀市）・輪島（現石川県輪島市）・加茂（現山形県鶴岡市）・秋田へと寄港を続けた。白砂糖は輪島・宮野屋与惣兵衛、加茂・秋野権右衛門、秋田・船木助左衛門へ、鉄は敦賀・堺屋久太夫と加茂・秋野に、半紙は輪島・宮野屋、加茂・秋野、秋田・船木へと売却している。販売代金は約四一九両で差し引きすると二七両ほどの利益が出ているが、最も利益率が高かったのは鉄だった。秋田からの上り荷物（秋田→久手）は米で秋田・船木と米屋丹十郎から購入し、自家購入分以外は地元・久手浦、長門国室積・今津屋五郎左衛門へ売却している。米売買の収益は約九五両で、さきの下りと合わせると、一二三両余、ここから諸雑費を引いた最終の利益は金四二両余りとなった。当時、石見国東部では米の需要拡大が顕著であり、その理由としてはたたら製鉄のように労働者が多数居住していたことなどが挙げられる。また、石見は現在まで続く和紙の産地でもあり、当地（久手およ

び石見）が誇る名産品の和紙や鉄、そして取引先が欲する砂糖を販売し、その帰りに米を持ち帰るというのはお互いの需要に合致し、また効率の良い商売だったと評価できよう。

このような方法で、②北国上下も同様の三品目、久手への帰り荷は米となり、③新潟上下では繰綿・敷石を下り荷とし、新潟からは米・大豆を持ち帰っている。④の九州上下は、①〜③と内容が異なってくるが、新潟で入手した大豆、鉄、干鰯を携えて、下関・長崎・肥後八代などで売却した。久手への上り荷は、やはり米のほかに小麦、砂糖であった。この九州上下では下関が売買の要所になっていて、下り荷で大豆を売却し、上り荷は米・小麦をすべて売っている。どちらも相手は石見屋嘉左衛門という商人で、竹下家の九州・瀬戸内方面の取引では重要な得意先となっていた。また瀬戸内海では尾道との関係も非常に密接である。主として石見からは干鰯が出荷され、その反対に尾道からは砂糖や綿類が入ってくるのが常例だった。

前後の時期を重ねてみても、住吉丸の航行範囲は、北から現在の青森県より山口県にかけて、そして瀬戸内海や九州北部および西海岸だったことがわかる。近世の日本海海運では、西廻り航路の象徴として大坂―瀬戸内―蝦夷地の流通が注目を集めてきたが、大坂にも蝦夷地にも寄港しないことも特徴であろう。一方で、買積廻船は「海の総合商社」とも別称され、いかに利潤を生み出すかが船頭たちの手腕にかかるような印象を持ってきたが、実は竹下家の事例でも理解できるように、各湊には得意先である問屋・商人たちがおり、基本的にはこの「常連」との取引をもって買積商売をしていた。相場価格は安定というわけではないが、顧客・販売先の選定はある程度固定化されていたのである。

三　近世の物流をつなぐ―近江商人・川島宗兵衛家の事例から―

1　近江商人や伊勢商人の展開

伊藤忠商事や丸紅、三井物産は現代においても日本の経済界を牽引する総合商社であり、それらは遡れば近江や伊勢出身の商家だったことはよく知られている。日本経済史のなかで、この近江商人や伊勢商人の研究に古くから取り組まれており、現在の研究にも大きな示唆を与えるいくつかの大著が生み出されている。(42) 三井高利を起点とする三井家の歴史を概観した場合、「伊勢商人」と呼ぶべきかどうか、その可否も微妙であるかもしれない。一般に、近世における近江商人や伊勢商人を認識する際に、近江や伊勢出身が第一義であるものの、それだけではなく「三都商売」や「他国商い」が性格のなかに入ってくるだろう。京都、大坂、江戸の三都に店舗を構え、全国的な商業展開をおこなう、または関東や東北地方にみられるような「のこぎり型商い」から定着型の地域産業資本へと転化する経営手法を含めて、近江商人や伊勢商人という言葉が社会的に認知されていったと考えられる。

このなかで近江商人の概観だけを紹介してみると、東日本や蝦夷地を対象とした「東国商い」および「地域への定着」について、多くの研究蓄積がある。最近では、近江日野商人の御殿場への土着化を論じた共同研究の成果などが挙げられる。(43) しかしながら、このような経営手法は歴史教科書や講座・通史のなかで紹介されてきたであろうか。かつて日本史研究において大きな意味を持っていた『体系日本史叢書一三　流通史Ⅰ』（山川出版社、一九六九年）では、見事なまでに近江・伊勢商人の記述がない。一方、その後継企画である『新体系日本史一二　流通経済史』（同、二〇〇二年）では、「第三章　近世・近代の商人」において詳しく論じられたが、一般的にはまだ定着した理解とはいえないだろう。

近江商人の経営手法は他国稼ぎを基本として、旅商いを出発点としている場合が多い。その後、土着または出店を配し、本国（近江）および三都を含めた広域的商業網が確立していく。旅商いの当初は呉服・太物・古手・木綿、あるいは蚊帳などの近江特産を振り出しに、規模の拡大にともない商品も多様化し、そして土着化のあとは酒造・醸造などの製造業にも力点を置いている。

2　川島宗兵衛家の西国商い

時代区分を意識して時間軸を「ぶつ切り」にするのではなく、通史的にみることで地域の特質を把握することも可能になるだろう。もちろん古代から近世にかけての長期では、交通体系に大きな変化が生じる。しかし、地形そのものに劇的な差異はなく、大なり小なり一貫して陸運・海運が商業・流通にとって重要不可欠であることは言うまでもない。

近年の近世流通史においては、地域海運勢力や地域市場の評価がなされ、江戸・上方間の基幹物流以外の新しい視点が共有されるようになった。そこでは、近世後期に尾州廻船や北前船に代表される新興の海運勢力が台頭し、全国市場のなかで重要な位置を占めることが強調される。尾州や日本海、または瀬戸内海などで実証されてきた「新興勢力」の登場は史実として魅力的で、また説得力の高い学説である。しかしながら、江戸時代の商業を巨視的な視座から論じた場合、この海運業を営む人々、またそこに従事する者たちだけで事足りるのだろうか。現代における経済がそうであるように、当時の経済的仕組みも複雑であったに違いないのである。

近世を通じて全国的商業網を駆使していたのは、海運業者だけではなく、いわゆる伊勢商人や近江商人も同様であった。というよりも、伊勢や近江の商法が全国的に広まり、これが近世商業の基本型になった、とのとらえ方をすべきだろう。また地域市場を動かす事例の豊富化も重要な作業である。これらの課題を読み解くために、近江商人・川島宗兵衛家の西国商いを事例として、以下で詳述していきたい。

地域間をつなぐ重要な媒介となった商人たちの活動を川島宗兵衛家から読み取っていくことにしよう[44]。川島家の経営に関する概要は先行研究によって明らかにされているが、近江国神崎郡川並村（現滋賀県東近江市五個荘）を本拠とし、「川島家の祖家は正徳年間（一七一一～一六年）より発し、三代宗帰は広島より九州一円に麻布、呉服を持下り、奮闘努力終に巨万の富を致した豪商である」と紹介されている[45]。これによれば近世中期には商家として成立し、三代目が西国方面で商売をおこない、「豪商」になっていたことが理解できよう。享和三（一八〇三）年、川並村の領主である彦根・井伊家に対して他国稼ぎの許可願いを提出し、文化六（一八〇九）年には広島・浅野家領内における商いが確認されている[46]。これに加えて、文政十（一八二七）年以降は、「紀州様御屋敷」の「御館入」として紀州徳川家の名目金出資者としても活動していた。屋号は、川島、川島屋、松屋（宗兵衛・惣兵衛）で、とくに中国・九州地方では松屋を使用し、同族には近江屋（川島）宗三郎、川島佐兵衛がいた。

ここの内容をまとめておくと、少なくとも近世後期から広島以西の地域に布類や呉服の販売をおこない成長を遂げた商人であり、それらの元手金をもって金融業にも参入した形跡が残されていた。商業圏内における領主との関係、および西国商いを展開するうえでの金融関係についても興味深い。川島家に限らず、近江商人の商業活動には領主との関係が極めて重要なことは先行研究の多くが認めている。つまり、勝手気ままに手当たり次第に旅に出掛け、おもむくままに商売をしているわけではないのである。たとえば、鳥羽・伏見の戦い直後の慶応四（一八六八）

年二月二十五日、川島家は京都の商人たちと三名で合わせて金五〇〇両を長州藩に献金した。この背景には「昨年来、長州で呉服・糸物・そのほか売り捌きの許可を得た」ためとしている。(47) ただひとつ考慮したいのは、従来述べられてきた「支配」に大きな強制力はないという点である。まず注目すべきは幕末期から明治十年代にかけて、中国・四国・九州の各地方を販路の中心にしていたことであろう。

川島家の得意場(取引範囲)を考察したところ、やはり中国地方が圧倒的に目立っている。(48) 広島のほか、長門国萩や舟木、周防国では山口・岩国・柳井・徳山、備後国は尾道・福山・笠岡など、四国では伊予国今治が挙げられる。これら中国・四国地方で川島家から商品を購入した者は一八八名、そのうち広島四七名、尾道四一名が大きな割合を占めた。

嘉永四(一八五一)年三月、川島家の大坂店が扱っていた商品は、大和納戸絣、結城縞、河内縞(ふとん)、鳴海縞(有松縞)、防州絹、博多縮、越後縮、越後絣、ほか播磨・京の品物だったことがわかる。(49) これらの仕入銀高は五三貫五九五匁余りとなり、金換算(仮に金一両＝銀六〇匁見当)では九〇〇両ほどに及ぶ。地名を冠する商品は容易に生産地を類推することができるが、大坂周辺の畿内・近国、そして東は越後・尾張、西は周防や博多であった。大坂店に集まった商品は、川島家が有するさまざまな経路で各地にて取引がおこなわれたと考えられるが、周防や博多産のものはともかく、それ以外の商品はおおむね日向国へ流通していた。ちなみに嘉永七(一八五四)年の麻布など布類の仕入れに関して記録が残っている。(50) 仕入れ先は川並村に近い近江国神崎郡・蒲生郡・犬上郡の村々で、ほかには「越中・竹村屋利兵衛」、「能州金丸・橋本屋町右衛門」、「越前福井・米屋安右衛門」の名前がみえる。商品を布類に限ると、おおよそ近江国内と北陸地方であったと特定することができよう。

翌嘉永五年、川島家は日向国(現宮崎県)各地で「商い」を展開している。(51) ちなみに同家は明治十年代にも以下で説明するような商業活動をおこなっており、加えて飫肥《おび》などの内陸部へも範囲を広げていた[52]。日向国内で川島家が取引をしていたのは、ここでは①延岡、②穂北、③都野（都農）、④富高新町、⑤美々津、⑥高鍋、の六ヶ所を取り上げたい[53]。いずれも城下町、湊町など各地域の経済的拠点だったところだった。

①延岡は天正十五（一五八七）年に高橋元種が入封して以来、有馬・三浦・牧野氏が治め、延享四（一七四七）年から明治維新まで内藤氏が領して、その城下町を形成したところである。嘉永五年の「日薩差引帳」にみえる当地の取引相手は六一人であった。六一人には延岡本町などに住む商人のほか、「大坂・政七」や「旅人方・森武兵衛」と明記される、おそらく当地で出会った商人を含んでおり、販売の主要商品には大坂店で仕入れをしていた絣・木綿・太物があった。ここでは多くの取引相手のうち、炭屋久兵衛・浜屋権平・藤屋伊兵衛・岩崎屋利兵衛とのやりとりについて紹介したい。まず、炭屋久兵衛は延岡本町に居を構える商人で、川島家は呉服・太物・紡糸・茶入箱を炭屋に販売した。当然、炭屋はその商品代を川島家に支払うのだが、この決済は二回に分けておこなわれている。これを代銀A／Bとしておこう。商品が納品されてから、代銀Aとしてその一部を「大坂にて市兵衛受取」としてあり、大坂で川島家の市兵衛なる人物が受領したことを書いている。ただし、現金銀なのか、手形であったのかは判然としない。市兵衛が受け取った分は、「京へ参り現仕入之口へ相廻る」とあるので、京都で新たな商品の仕入資金に充当させたことが示唆される。次いで代銀Bは、残りの商品代金となるが、これは「大坂・和泉勘定渡り手形にて受取」とある。和泉は「和泉屋」という商人だと仮定できるがこの和泉屋が振り出した（発行した）手形で受け取ったことを述べている。また、同じ説明のなかには、「大坂堀江・堺清」および「伊勢宗」の渡り手形も付記されているので、これら大坂商人の認めた「振り手形」を決済手段で利用していたことが理解できるのである。

続いての浜屋権平は、川島家から呉服を購入している。代銀は二通りになっていて、代銀Aは「大坂手形受取入」、代銀Bは手形を「大坂にて受取」、そして代銀Cでは「大坂紀国伊(紀伊国屋か)渡り手形入」となっていた。つまり、浜屋からの支払いはすべて大坂手形だったのである。また、藤屋伊兵衛の場合は呉服・太物・越後縮を川島家から入手したが、その代金は炭屋久兵衛を介して支払っていた。藤屋も代銀払いを二回に分けているが、代銀Aは「炭久(延岡本町・炭屋久兵衛)殿へ為替にて大坂にて茂七入」とし、代銀Bも「炭久殿手形仕かへ(替え)両替」によって決済した。岩崎屋利兵衛は、呉服・太物を買い入れていたが、数回にわたる取引のうち、金二二両一歩および金二両一歩の二口について手形不渡りとなったため、大坂にて金二〇両を支払ったとされる。

延岡の取引先でこのような代銀決済の内容に触れているのはおよそ半数程度だが、いずれも「渡り手形」や「大坂にて」という説明が付けられている。残る半分の代銀のやりとりにとくに注記をつけていない売買は、現金銀でおこなわれていたのではないだろうか。

②穂北では、「高市」と呼ばれる人物、および「御庄屋周平」と「御庄屋徳三郎」の三名に呉服・太物を販売している。御庄屋とあることから、当地および周辺村落の庄屋を相手にした取引だったと考えられる。

③都野(都農)には一三名の商人が名を連ねる。ここの取引で注目できるのは「宿」の存在である。都野の宿は室屋重吉(室十)が務め、重吉自身は呉服夏物・綿博多・太物を取引し、その他の都野商人に関する代銀決済をおこなっていた。それは赤木殿(赤木庄蔵、呉服・太物)、新島屋(平吉、太物・夏物)、佐土原屋(善助、太物・夏物)、河野屋(おます、呉服・太物)、桝屋(喜三郎、木綿)などであり、いずれも都野で商売をしている者たちだった。この「宿」は持ち下り宿だと思われ、川島家の人々が当地に商いで訪れた際に宿泊すること、また川島家と取引をおこなう商人たちが宿に来て商談をおこなっていたものと考えられよう。加えて、室屋重吉は地元商人たちが川島家に払うべき代金のとりまとめをして、為替送金を担っていた。たとえば、赤木は少なく見積もっても金二〇両以上の呉服・太

物を購入したが、その代金は「室十（室屋重吉）殿より為替」で支払ったと書かれている。ほかの取引でも「室十殿よりすみ」や「室十殿へ入為替」との記載も確認できた。そして渡り手形として、「大坂橋弥」「大坂福清」などの名前もみえる。いずれにしても都野の商人たちとの売買では、宿である室屋重吉の役割が大きく、当地における川島家の商売はこの室屋を拠点にしていたことが理解できよう。

④富高新町における相手は一七名で、「庄屋」と記されている一名を除いて、おおよそ商人であろうと思われる。ここで宿を務めるのは平野屋甚作で、ほかの取引相手の代金をまとめる役割を果たしていた。商品は呉服・太物・絹・綿博多・大和絣・大島・油紙などであった。

⑤美々津でも宿を松本屋五兵衛が引き受けており、七名の取引相手を抽出することができた。代金の支払いは「大坂伊勢宗手形」でおこなわれていた。商品は呉服・太物・夏物・綿博多であったが、相手の一人には近江屋幸右衛門（近江屋も取引相手の一人）の「御家客人」も含まれている。

最後の⑥高鍋は取引相手が一〇名で、呉服・太物などを主として売買したのだが、このうち新屋岡右衛門は川島家に日向炭を売ったようで、代金の相殺をおこなっている。また、代銀決済の方法がわかる商人では住野屋新介の場合「太物・呉服入高、大坂堀江付かへ、大坂にて取替」となっていた。

以上のように日向における旅商いの具体例を概観してきたが、取引形態の特徴として共通するのは「宿」を拠点にした旅商い、代銀決済は現金もしくは大坂振り手形だった。宿についてはすべての地域で確証はとれなかったが、ここに挙げた以外の飫肥・柏田などでも宿の存在があったので、川島家は基本的にこのような宿を中心に商いを展開していたと考えられる。広域的な取引成立のための手段に用いられた貨幣代価は現金か、大坂振り手形だった。川島家の事例で示す旅商いの起点となるのは、近江国産の麻布や晒、また京都・大坂で仕入れる呉服である。販路となる西国各地への参入方法としては株の取得、出店設置であり、これらの公的加入はその地の領主から認可を受ける必要があった。また、商品移出の方法では、①商品送付、②集金と新たな注文の引き受け、そして返品処理という段取りであったことがわかる。これだけの地元商人たちと取引を重ねているにもかかわらず、なぜ出店を設置しなかったのだろうか。ひとつには当地の領主に認めてもらえないとの理由も思いつくが、拠点を置くほど大きな利潤が見込めなかったのかもしれない。また恒常的な取引を絶えず続けていく姿勢がみられなかったこともあり、商業規模をみた結果で出店を設けなかったのだろう。

川島家の取り扱った商品は得意とする呉服関係が中心であった。この日向各地の取引については現地の窓口となる商人たちが取引の対象だが、広く物流の観点でみた場合、これは大坂や京都などで買い集めた商品が専門商人を介して地方各地へ流通していく重要な海路を確認したことになる。これらの商品の行く末を「消費者」の一歩手前の段階まで追うことができたわけで、江戸時代の流通を解き明かす一つの手がかりになるだろう。

3　日向国の流通史

川島家が得意場のひとつとした日向国一帯の流通について述べていきたい。これは本論が主張している日本列島市場論の事例としても重要で、前項でも紹介した諸地域とも重ねてその物流の特色を概観する。

日向国の市場流通は、以下に述べるように古代から注目できる特徴がいくつも存在し、多角的な構造を確認することができる。近世の政治的特質としては、小大名の乱立、非領国地帯だったことが挙げられる。幕府領のほか、延岡、高鍋、飫肥、佐土原、薩摩の所領が配置されていた。また、日向灘に面した細島、美々津、油津などは船舶の出入りに適した良港として有名である。この居並ぶ港湾と内陸部の特産品出荷も地域市場を考えるうえで重視すべき点であろう。この日向国を通史的な全国流通網のなかに位置付けて評価を見直すとどうなるだろうか。三都への生産物供給とともに、対外関係も含めた物流の活発化が認められるのではないか。そのような期待から、この一帯の特徴を紹介していこう。

細島湊（現日向市）は、天然の良港として知られ、神話時代には「神武天皇お船出の地」であったとも伝えられる[54]。室町期には、当地出身の日朝・日要が安房国（千葉県）妙本寺の学頭職に任じられた。妙本寺は日朝・日要を通して日向一帯で法華宗を流布したとされ、二人は細島と妙本寺を頻繁に往復したという。これが事実ならば当時すでに海上交通路が成立していたことになる。また、応永八（一四〇一）年を契機に開始されていく日明貿易に関連して、「九州東廻り航路」が頻繁に利用された。これは、薩摩国坊津（現鹿児島県南さつま市）から、細島・土佐国浦戸（現高知市）・摂津国兵庫を経て、堺へとつながるものである。

豊臣政権期から細島は高橋氏の所領となり、その後元禄五（一六九二）年に幕府領となった。近世全般を通じて細島と大坂の海運が盛んであったと伝えられる。その契機となったのは、参勤交代に際しての利用だった[55]。日向・大隅・薩摩の大名家は細島から御座船に乗り、海路大坂を目指したのである。細島には領主の宿泊する「飫肥屋」、「薩摩屋」、「高鍋屋」など、御用に使う地名を冠した本陣があり、廻船関係の商人たちもたくさん集住した。佐藤信淵は『日向経緯略記』の一文で、天然の良港であること、日向および隣国の参勤交代に活用され、「飫肥の伊東侯などは自国にも湊は数ヶ処あれども、此処まで四日路来たりて船に乗ること常例なり」と述べている。また、細島は「諸国の海船輻輳し、日州第一の都会なり」と結んだ。飫肥・伊東家の家臣・平部嶠南は日記で天保六（一八三五）年の参勤交代の様子を描いているが、細島の本陣「飫肥屋」から御座船に乗って、上下合わせて三艘で大坂に向かった。この海路はおよそ七日を費やし、大坂から江戸に向けてはおおよそ陸路を用いて一二日間だったと書いている。

なぜ細島湊が良好だと評されるのかは、「湊のうち東西十町余り、南北平均三町余り、海深さ五尋・六尋」で内部が広く、水深も十分満たしていることが理由である。(56) これにより、廻船五〇〇艘までは繋留でき、細島は家数四四八軒、人別約二一一〇人、百姓はほとんどおらず、船持商人・漁師がたくさん居住していたとも伝えている。さらに、産物の諸品積み出し、近国や瀬戸内、大坂への運送に便利が良く、船稼ぎ売買が多いと記す。ここでいう諸品とは近隣地域の産物となるが、紙・椎茸・炭・材木・鰹節・茶であった。

細島で廻船問屋を経営していた苫屋（関本家）の「船主帳」（安政三・一八五六〜元治元・一八六四年）について分析をおこなった松下志朗によれば、苫屋に出入りをした客船の特徴が浮かんでくる。(57) ここに往来していた船舶はそれほど大きなものはなく、むしろ漁船が混用されるなど小型廻船中心だったことが指摘されている。頻繁に使用されていたのは一二枚帆（一八〇石積）で乗組員（水主）も四人程度で、おおよそ五〇〇石積以下の廻船が瀬戸内海方面と商用で行き来したのだという。船籍の地域別にみると、細島に近い日向国各港のほか、豊後・周防・伊予などの瀬戸内海沿岸、土佐や大坂などが掲出される。また、なかには伊勢・佐渡など大坂向け航路からは離れたところからも入津していた。船の規模が小さいため、積荷についても酒や反物、塩などの日用品が主軸になっている。

細島の南に位置する美々津は、耳川の河口部に位置する湊町である。古代から耳川上流域の林産物を出荷する拠点であったといわれ、瀬戸内海や畿内との経済・文化交流の窓口だったと考えられる。(58) 近世に入ると、慶長九（一六〇四）年から明治維新まで一貫して高鍋・秋月家の所領であり、重要な経済拠点として機能した。

江戸時代の美々津は高鍋藩領となり、藩主秋月氏の参勤交替に際しては乗船場として利用され、同時に藩経済の一端を担う重要な港の一つでもありました。特に、耳川流域の入郷地方で生産された木炭、椎茸、材木などは藩の財政を支える貴重な特産物でした。また、石並川の清流を利用した和紙の生産を藩が奨励し、美々津和紙として藩の特産物の一つでもありました。そして、美々津には、これらの産物を神戸や大阪方面に出荷し、衣類、肥料、金物、酒などを持ち帰っては販売する廻船問屋が軒を並べていました。美々津の代表的な廻船問屋としては、河内屋、近江屋、大阪屋、播磨屋等をあげることができます。これらの屋号は、取り引き先の地名にちなんで付けられたものと言われています。それぞれの廻船問屋は「千石船」と呼ばれる木造の帆船を所有していました。記録によると、美々津の千石船には、八幡丸（河内屋）、第一宝生丸（備後屋）、福壽丸（小倉屋）等の船名が付けられて、まさに廻船問屋のシンボルとして活躍していました。当時の大阪方面に至る航路としては、土佐沖沿岸を巡るコースと豊後水道から瀬戸内海を経て通じるコースがあったようです。(59)

右の説明に付け加えると、近世後期には耳川流域で高瀬船が就航し、内陸部と美々津の間で物資輸送が拡大し、また美々津を介して四国・上方との関係が一層深まったといわれる。上方へは土佐沖、瀬戸内の二つの航路を利用していたが、おおむね片道二十日間程度だった。美々津は日向木炭の積み出しで大きな役割を示したが、この炭は、関東の秩父や八王子、紀州熊野、肥前と並ぶ全国でも有数のブランドであった。

細島と美々津は古来より日向灘沿岸はもとより、瀬戸内海・四国・上方との往来が盛んにおこなわれていた。ちなみに民俗芸能では、両地とも盆踊りは江州音頭系である。物資の往来は、時代を問わず、諸廻船を用いて継続していたのである。

油津は、飫肥・伊東家の主要港として繁栄し、堀川運河の開削で内陸にあった城下町・飫肥と油津の舟運が可能になった。(60)当地は古くから天然の良港として知られ、「油之津」、「油浦」との表記で遣唐使の時代には、日本と中国をつなぐ中継地として、中世には倭寇の拠点、そして戦国時代には南蛮貿易の寄港地と海外との交易で港は非常に活況し、その名は中国やポルトガルなど海外に広く知られていた。近世前期以降、海外交易はなくなったが、飫肥杉の積み出しで活況を呈している。飫肥地方の山林は松や楠などの大材が多く、造船材の産地として有名であった。近世における廻船の建造需要の高まりで、浮力があって曲げにも強く、樹脂の油分も多い飫肥杉は造船材（弁甲材）として、注目されるようになる。飫肥の領主だった伊東家では財政を補うために植林が積極的に推進されたが、後期には領民の協力も得ながら大規模な植林を実施し、旺盛な需要に対応した。この植林政策と関連して、天和三（一六八三）年からおよそ二年半にわたって飫肥と油津を結ぶ「堀川運河」の掘削をおこなった。開削前から造船材として杉弁甲材や楠材などを、堺や瀬戸内海沿岸に搬出していたが、これ以後は一層、造船材としての飫肥杉の信頼性は高く、当地の林業振興に大きく寄与した。

以上の細島・美々津・油津は日向灘に面する湊町だったが、内陸部においても舟運を活用した広域的な商業に挑戦する者がいた。高城（現都城市高城）の後藤五市家はその成功例として着目できる。五市は、農業のかたわらで近江国との商業取引を開始した。五市は、当地で生産される農作物を小船に積み、大淀川を利用して河口部の赤江湊（現宮崎市）まで運んだ。この湊から海路大坂へ商品を運び、最終的には近江まで持って行ったとされる。近江では木材を入手し、帰り荷としてこれを売り払い大きな財を成した。(61) 地元で「ゴットン」と呼ばれた五市は文化三（一八〇六）年に高城で生まれ、薩摩・島津家の日州御用船主を命じられていた松浦伝右衛門の娘と結婚した。(62) 内陸部で生活をしていた五市が海運業に入るきっかけはこの義父伝右衛門との関係にある。松浦家の経営が思わしくなかったことから、安政二（一八五五）年六月に五市は義父より稲荷丸（一六反帆）と稲福丸（一五反帆）の二艘を約一二〇〇両の借金とともに引き継いだのである。右に記した赤江からの海運はこの二艘を利用したものだが、島津家の御用は米を江戸、大坂へ運ぶことだった。つまり、五市の引き継いだ仕事は領主から委託を受けた領主米輸送である。その輸送をおこなっているだけで巨万の富を築いたのだが、それには仕掛けがあった。赤江からの江戸・大坂向けの領主米を積む廻船には米のほかに「下荷《したに》」と呼ばれる同送する下積みの荷物が必要で、五市はそこに木炭や材木、樟脳・椎茸・寒天など日向国の特産物を載せた。もちろんこの下荷は江戸や大坂の相場を意識して大きな儲けを得られそうな商品を積み込むことで五市の商才を発揮したのである。

おわりに

本章では、日本列島市場論を構築するために近世市場や商業の特質を中心に考察を深めてきた。「構築」までの道のりにはまず第一歩を踏み出したという程度だが、通説からの脱却、新しい研究の展開に少しでも貢献できたと考えている。

第一に、古代・中世・近世といったように時期区分に照らして、歴史の流れを「ぶつ切り」にせず、長期間にわたって物流や交通、商業のあり方を概観したことは大きいだろう。これまで近世史を考える際に、古代まで遡って課題を設定することはなかったが、日本列島市場のつながりという部分では良い試みであった。ただし、古代や中世の研究動向を具体的に検証できたとはいえず、今後も最新の成果を意識的に取り込む努力は必要だと考えている。

第二は、幕藩制および幕藩制市場構造という用語の理解と、その克服に取り組んだことにあろう。研究者それぞれが言葉の吟味を重ねて使用するなら結構なことだが、無自覚のままに学術用語を踏襲するのは良くない。また、実証研究が格段に進んでいるなかで、重要な成果を「幕藩制」にすり合わせる意味もないだろう。むしろ、その事例の豊富化を高めて、その論点の基礎となる概念を作ることが先決である。この興味深い事例を蓄積する作業として、本論では石見国の事例、あるいは川島宗兵衛家と日向国を取り上げた。いずれもかつての「中央と周縁」論では、周縁に置かれていた地域かもしれないが、この地域を議論の中心に据えることで新しい歴史の視点が浮かび上がった。このような作業を繰り返すなかで事実に沿った歴史概念を作り上げていきたい。

第三には、近世商業の特質とは何かを考えてみた。江戸の大店や大坂の豪商、あるいは各地の商人たちもそうだが、江戸時代の標準的な商業のあり方とは何か、という素朴な疑問からいくつかの事例を提示した。近江商人や伊勢商人については先行研究もたくさんあり、一般的にも広く知られた存在だが、その一方で「商い」の具体的特質に踏み込んで成果を挙げていく必要も感じられる。今回は、近江商人の研究でも新しい分野となる「西国商い」の一側面を紹介し、彼らの得意場であった日向国の湊町や商人の状況も合わせて論証した。物流は「モノを運ぶ担い手」があって成立するが、商売とはそれをつなぐ商人が重要なのである。その点を意識しながら今後も日本列島市場論の構築に向けて研究を進めていきたい。

〔註〕

(1)大工原豊「黒曜石流通の多様性と研究視点」ほか「特集黒曜石の流通」(『月刊考古学ジャーナル』五二五、二〇〇五年)。

(2)池田榮史「南島と古代の日本」(新川登亀男編『古代王権と交流八　西海と南島の生活・文化』名著出版、一九九五年、二八三ページ)。

(3)前掲池田論文、二八四ページ。

(4)山里純一『古代の琉球弧と東アジア』吉川弘文館、二〇一二年、二三～二四ページ。

(5)栄原永遠男『奈良時代流通経済史の研究』塙書房、一九九二年。

(6)松原弘宣『古代国家と瀬戸内海交通』吉川弘文館、二〇〇四年。
(7)市大樹「律令交通制度と文字」(平川南ほか編『文字と古代日本三　流通と文字』吉川弘文館、二〇〇五年)。
(8)山内晋次「日宋貿易の展開」(加藤友康編『日本の時代史六　摂関政治と王朝文化』吉川弘文館、二〇〇二年)。
(9)山中章「市と文字」(平川南ほか編『文字と古代日本三　流通と文字』吉川弘文館、二〇〇五年)。
(10)たとえば、桜井英治『破産者たちの中世』山川出版社、二〇〇五年。井原今朝男『日本中世債務史の研究』東京大学出版会、二〇一一年。
(11)柳原敏昭「中世日本の北と南」(歴史学研究会・日本史研究会編『日本史講座四　中世社会の構造』東京大学出版会、二〇〇四年)。同『中世日本の周縁と東アジア』吉川弘文館、二〇一一年。
(12)大石直正ほか『日本の歴史一四　周縁から見た中世日本』講談社、二〇〇一年。
(13)大庭康時「集散地遺跡としての博多」(『日本史研究』四四八、一九九九年)。
(14)大石直正『奥州藤原氏の時代』吉川弘文館、二〇〇一年。
(15)藤原良章「中世都市と交通体系」(歴史学研究会・日本史研究会編『日本史講座四　中世社会の構造』東京大学出版会、二〇〇四年)。
(16)市村高男「中世後期の津・湊と地域社会」(中世都市研究会編『中世都市研究三　津泊湊』新人物往来社、一九九六年)。綿貫友子『中世東国の太平洋海運』東京大学出版会、一九九八年。
(17)矢田俊文「中世水運と物流システム」(『日本史研究』四四八、一九九九年)。
(18)鈴木公雄編『貨幣の地域史―中世から近世へ―』岩波書店、二〇〇七年。
(19)藤田貞一郎『「領政改革」概念の提唱―訓詁学再考―』清文堂出版、二〇一一年。
(20)宮本又次『大阪町人論』ミネルヴァ書房、一九五九年、四四ページ。
(21)前掲宮本著書、四四～四五ページ。
(22)林屋辰三郎『近世伝統文化論』創元社、一九七四年、一ページ。
(23)青山忠正『明治維新の言語と史料』清文堂出版、二〇〇六年、二ページ。

(24)荒武賢一朗・渡辺尚志編『近世後期大名家の領政機構―信濃国松代藩地域の研究Ⅲ―』岩田書院、二〇一一年。荒武執筆の総論でもこの「藩」に関して述べている。
(25)Mark Ravina,Land and Lordship in early modern Japan,Stanford University Press,1999.この和訳書として、マーク・ラビナ著、浜野潔訳『「名君」の蹉跌―藩政改革の政治経済学―』ＮＴＴ出版、二〇〇四年。
(26)前掲ラビナ、浜野訳書、三一～三四ページ。
(27)宮地正人ほか『新体系日本史1　国家史』山川出版社、二〇〇六年。
(28)中井信彦『幕藩社会と商品流通』塙書房、一九六一年。同『転換期幕藩制の研究』塙書房、一九七一年。高槻泰郎『近世米市場の形成と展開―幕府司法と堂島米会所の発展―』名古屋大学出版会、二〇一二年、一一～五ページ。
(29)太田光俊「〈領主―民間〉関係論の再考―中世・近世の伊勢湾海運より―」(荒武賢一朗・太田光俊・木下光生編『日本史学のフロンティア1―歴史の時空を問い直す―』法政大学出版局、二〇一四年)。
(30)平川新『近世日本の交通と地域経済』清文堂出版、一九九七年。
(31)本城正徳「近世の商品市場」(桜井英治・中西聡編『新体系日本史一二　流通経済史』山川出版社、二〇〇二年)。
(32)脇田修『近世封建社会の経済構造』御茶の水書房、一九六三年。宮本又郎『近世日本の市場経済』有斐閣、一九八八年。
(33)鈴木敦子『日本中世社会の流通構造』校倉書房、二〇〇〇年。
(34)森嘉兵衛『森嘉兵衛著作集一　奥羽社会経済史の研究・平泉文化論』法政大学出版局、一九八七年。江頭恒治『近江商人中井家の研究』。三浦俊明『譜代藩城下町姫路の研究』清文堂出版、一九九七年。杉森玲子『近世日本の商人と都市社会』東京大学出版会、二〇〇六年。
(35)斎藤善之『内海船と幕藩制市場の解体』柏書房、一九九四年。同「流通勢力の交代と市場構造の変容」(同編『新しい近世史三　市場と民間社会』新人物往来社、一九九六年)。
(36)上村雅洋「書評・斎藤善之著『内海船と幕藩制市場の解体』」(『日本史研究』三九五、一九九五年)。
(37)前掲斎藤論文、一九九六年、二七～三八ページ。

(38)前掲斎藤論文、一九九六年。
(39)山形県立博物館所蔵長井政太郎収集資料のうち、「飛島資料」などを参照。
(40)仲野義文「十九世紀、石見東部における廻船活動と経営について」（研究代表者小林准士『山陰地方における地域社会の存立基盤とその歴史的転換に関する研究』二〇一一～一三年度島根大学重点研究プロジェクト研究成果報告書、二〇一四年）。以下の記述は仲野論文の成果、および久手竹下家文書所収史料に依拠している。
(41)前掲仲野論文に詳細な表が掲載されている。
(42)たとえば、江頭恒治『近江商人中井家の研究』雄山閣、一九六五年。北島正元『江戸商業と伊勢店―木綿問屋長谷川家の経営を中心として―』吉川弘文館、一九六二年。
(43)松元宏編『近江日野商人の研究―山中兵右衛門家の経営と事業』日本経済評論社、二〇一〇年。
(44)宇佐美英機、川島民親「近江商人川島宗兵衛家研究序説―その創業と経営活動―」（『滋賀大学経済学部附属史料館研究紀要』三五、二〇〇二年）。以下、川島宗兵衛家についての説明は断りのない限り、本論文から引用。
(45)滋賀県経済協会編『近江商人事績写真帖』下巻〔復刻〕、世界聖典刊行協会、一九七九年所収の「解説」を参照。
(46)川島宗兵衛家文書四四九。
(47)前掲注(46)史料。
(48)川島宗兵衛家文書「中国差引帳」。
(49)川島宗兵衛家文書五〇六「大坂店代呂物登せ附立帳」。
(50)川島宗兵衛家文書「布買帳」。
(51)川島宗兵衛家文書四五。
(52)川島宗兵衛家文書四八。
(53)ほかに佐土原・妻万町・本庄・中村町・城ヶ崎・高岡町・都城、そして薩摩鹿児島において取引をしている。取引相手は日向国二五三名、鹿児島三三名である。
(54)緒方博文「細島港の「みなと文化」」（財団法人港湾空間高度化環境研究センター「港別みなと文化アーカイブ」

http://www.wave.or.jp/minatobunka/archives/index.html)。
(55)児玉洋『細島伝承―その歴史と風俗―』文芸社、二〇〇五年。以下、断りのない限り、本書を引用。
(56)松下志朗『近世の山林と水運―日向諸藩の事例研究―』明石書店、二〇一一年。
(57)前掲松下著書、一〇九〜一一一ページ。
(58)黒木和政「美々津港の「みなと文化」」(財団法人港湾空間高度化環境研究センター「港別みなと文化アーカイブ」http://www.wave.or.jp/minatobunka/archives/index.html)。
(59)日向市美々津町「千石船」(日向市教育委員会作成の案内板、二〇一二年一月七日調査)。
(60)『日南市史』、一九七八年。
(61)都城市旧後藤家商家交流資料館の展示解説を参照(二〇一二年一月八日調査)。
(62)甲斐亮典編著『大淀川流域の歴史第二巻―近世・交流のすがた―』鉱脈社、二〇〇九年。

第七章　「貧しさ」への接近―十九世紀初頭、大和国田原村の家計から―

木下　光生

はじめに

いったい、生活の「貧しさ」とは、どのような指標や観点から、その有る無しや度合いを計れるのであろうか。現代の日本社会でも、生活保護の「不正」受給問題がしばしば世を賑わすように、その判断は大変悩ましく、難しい。ましてや、時代背景、社会環境も異なれば、頼るべき資史料も限られた過去の貧困ともなれば、ますますその線引きは難しくなることであろう。本稿は、この貧困の歴史的測定という難問に立ち向かうべく、十九世紀初頭の大和国で作成された村民世帯収支報告書を手掛かりに、近世日本における「貧困」、とりわけ村人たちの「貧しさ」に接近する方法と視点を鍛え上げていくものである。

何を「貧しい」生活とみなすのかは、そう簡単には言えない――はずである。ところが拙稿a[1]でも整理したように、これまでの日本近世史研究では、村における「貧困」や「貧農」の実在を、むしろ当たり前のように語ってきた。そこでは、「農民層分解」や「農村荒廃」といった歴史観を背景に、①作付面積（経営規模）五反、ないしは持高五石を基準として、貧農の多寡を計ったり、②荒れ地・手余り地・潰れ百姓の増加や農村人口の減少などを根拠として、十八世紀後半以降における村の荒廃と困窮（貧窮、窮乏）ぶりが、繰り返し説かれてきた。

こうした「貧農」「荒廃」史観に対しては、早くから佐藤常雄らによって警鐘が鳴らされ、今も平野哲也が注意をうながしている。(2) だがそれでも、村の「貧困」と「貧農」の実在は、今なお高校の日本史教科書や一般向けの歴史書で、当然のごとく記し続けられている。たとえば、山川出版社の二〇一二年検定済み高校日本史教科書『詳説日本史』（一八九ページ）では、近世の「多くの百姓」は、「衣食住のすべてにわたって貧しい生活を強いられた」人びととして描かれているし、小学館の『全集日本の歴史』シリーズでも、「江戸後期に始まる富の偏在によって生まれた貧農たち」が、村を離れて雑業層化することで、「これまでの強固な身分制社会そのものの土台をゆるが」し、「極度の貧窮のなかで、「世直し」をスローガンに国家の転換を希求するに至」ったと叙述される。(3)

さらに、最新の民衆運動史研究を牽引する須田努も、幕藩体制が崩壊していく背景に、①十八世紀における貨幣経済の進展と幕藩領主財政の悪化、および②十八世紀後半以降、「幕府から始まり、社会全体に広がっていった」「私慾の公認とでも言うべき儲け優先主義」を読み取り、③そうした「儲けを重視する風習」が、「農村荒廃」の深化と、「富裕百姓と小百姓との経済格差」の拡大（小作人に没落〔転落〕し、高利の貸付に苦しむ小百姓と、地主経営を安定化させていく富裕百姓）をもたらして、やがて④寛政期には、「幕藩領主と特権商人との私慾の連鎖と、これに対抗する百姓一揆という構図」を全国レベルで展開させ、⑤幕末開港後には、さらなる経済格差の拡大によって、「社会的弱者となった貧農・小作農、諸稼ぎに従事する人びと」が、豪農・商に対する打ちこわし（世直し騒動）に邁進していく、とする。(4) 百姓一揆・民衆運動史研究はこのかん、相当な「進展」をみせたはずだが、その根底部分では結局、元禄・享保期以降、「商人の農村への侵入、地主の高利貸化、貢租負担の加重等」によって、「農民の零細化・貧窮化」に拍車がかけられ、「農民は窮乏し、人口増加は停滞し、農地は荒廃せしめられ」、「窮地に追い込まれた農民はやがて鎌・鍬を執り、竹槍を携え、筵旗を樹てて、領主に対して反抗運動を起こすに至った」とした、一九四一年段階の古島敏雄[5]と何ら変わるところはない。村人の「貧しさ」を前提としなければ、百姓一揆や打ちこわしを理解できない、ということであろう。

だが、拙稿ａで指摘したように、こうした旧来型の実証法にもとづいた「貧困」や「貧農」の実在論は、実証の方法としても、歴史観としても、もはや成り立つ余地はほとんどない。すなわち、生業複合（兼業）が当たり前だった小農世帯において、持高や田畑の作付面積だけで、「貧」農かどうかを判断することはまったくできず、また、荒れ地・手余り地・潰れ百姓の増加や、農村人口の減少をいくら実証してみせても、それは村の「荒廃」や「困窮」を実証したことには何らならない。しかも、戦後まで射程にいれた谷本雅之による斬新な小経営研究の登場により、「農民層分解」という歴史像・歴史理論でもって日本の近世・近代史を描くこと自体、不毛な行為となってしまった[6]。

没落を生じさせにくい強靭な村社会がつくられる一方、経営破綻で夜逃げや流浪的な物乞いを余儀なくされた人びともいた以上[7]、近世の村社会に何らかの「貧しさ」が存在していたこと自体は間違いない。だが、その「貧しさ」の実像に接近するとき、これまでの研究手法ではもはや太刀打ちできないのであり、村人たちの「貧困」を厳密に語っていくためには、新たな視点と発想にもとづく実証法を、一から鍛え直さなければならない段階にいたっているのである。

この点につき、筆者は拙稿ａで、現代貧困研究の成果も参照しながら、新しい「村の貧困史」研究のためには、さしあたって、次の四つの実証作業が最低限必要であることを指摘した。

（A）村内各世帯の全収入と全支出を、世帯規模もふまえて把握する
（B）当該期における一般的な消費水準を見定める
（C）同時代の人びとが、どのような生活実態を「あってはならない状態」とみていたのかを見極める
（D）最低生活費を算出して、貧困線を設定する

近世史料にもとづいて、（A）～（D）すべてを実証するのは、相当困難なことである。だが、歴史上の貧困に少しでも接近するためには、右の実証作業を一つずつ地道に進めていくほかない。

そこで本稿では、いついかなる時代・地域の貧困史研究であろうとも、その議論の大前提として、もっとも肝心要な事柄となる（A）の課題――それは従来の近世史研究でもっとも弱かった部分でもある――にまずは取り組み、「村の貧困史」研究を前進させていくための、新たな出発点づくりに努めたい。その作業はきっと、（1）世帯収支の実態に迫れば迫るほど、個別世帯の次元で「貧しい」か否かの判断をくだすことが、いかに難しいことなのか、（2）「貧しさ」の指標となりそうな破産や夜逃げについて、その状況に陥っていく世帯の性格から、「法則性」のようなものを導き出すことが、いかに困難なことなのか、を明らかにすることであろう。そのうえで、右の（1）（2）で示される複雑さが、「困窮」を主張し続ける民衆運動を理解していくうえで、どのような意味をもつことになるのか、検討していくこととしよう。

一　大和国田原村の世帯収支報告書

1　『去卯年御田畑出来作物書上帳』の研究史的意義

前述したように、ある世帯が貧しいか否かを判断するうえで、いの一番に手掛けなければならないのは、その世帯の収入と支出、および世帯規模の把握である。また、この貧困判断を、村という次元で考えようとするならば、右の計測範囲は、対象地の全世帯、ないしは諸種の世帯類型にまたがった、過半の世帯にまでおよばなければならない。

こうした世帯収支の把握は、これまでの近世史研究でも試みられてきた。たとえば藤田覚は、文政〜安政期の随筆『文政年間漫録』をもとに、武蔵国豊島郡徳丸村（東京都板橋区）で田一町・畑五反を耕す、「良農」夫婦の年間収支例を紹介しているし、深谷克己も、寛政六（一七九四）年の『地方凡例録』巻之六下「作徳凡勘定之事」を根拠に、「上州群馬郡辺両毛作の場所」で田畑五・五反を所持し、諸稼ぎにも従事する、「小百姓壱軒」（家内五人）の農業経営収支の細かな数字を紹介している。[8] だがいずれの数値も、同時代人が、ある特定の経営形態・規模の世帯を念頭にはじき出した試算に過ぎず、それをどこまで当時の標準例としてみなしていいのか、判断しにくい。さらに穐本洋哉も、一八四〇年代に長州藩で作成された『防長風土注進案』をもとに、同藩領民の年間収支を算出しているが、[9]『防長風土注進案』の史料性格上、そこで得られる数値は、あくまでも村や宰判（郡）単位のものであり、世帯単位の収支は把握し得ない。

一方、こうした試算的な数値やマクロデータとは異なって、一八四〇年代の相模国足柄上郡では、報徳仕法の関係で、いくつかの村で村内各戸の世帯収支報告書がつくられており、菅野則子が分析を試みている。[10] 全世帯の世帯収支が書き上げられている点で画期的な史料であるが、各世帯の収入と支出が、ともに現物と現金にわけて計上されているため、単一基準で各世帯の総収入と、そこに占める各支出の割合を算出することが、極めて難しいものとなっている。つまり、これまでの研究では、右のような史料的な問題もあって、限りなく実情に近い世帯収支を、一村のほぼ全世帯にわたって把握し検討することが、ほとんどなされてこなかったわけである。

そうした研究現状を打破する史料が、今回注目する、大和国吉野郡田原村（奈良県宇陀市〔旧大宇陀町〕）の文化五（一八〇八）年『去卯年御田畑出来作物書上帳』[11]である。当該文書が作成された細かな経緯や、史料内容の性格や特徴、および信憑性如何については拙稿c[12]に譲るとして、いまその要点だけを記すならば、以下の通りとなる。

文化五年三月、年貢の「御定免御切替年限」にあたり、領主の幕府代官（五条代官）から村側の意向を尋ねられた田原村は、①同村は「夏毛一作」しか得られない「片毛作之所」でありながら、その夏毛が近年不作で「惣百姓弱り」となっているため、②「南都御代官様御支配之節」の「平シ《なら》免」、すなわち奈良代官が領主だった頃（延宝七（一六七九）年〜元文二（一七三七）年）の平均税率にまで、定免の免率を引き下げてくれるよう願い出た。[13] その際、「惣百姓弱り」と「村中困窮」の様子をより生々しく代官側に訴えるため、③預所となった元文三（一七三八）年以降、いかに「御取米」（年貢米）が増してきたか、またその「増免」が、いかに同じ近隣幕領村々のなかでも突出したものであったか、④連年の「御高免」のせいで、いかに「潰百姓」が「多出来」し、⑤村中でいかに借財が嵩み、⑥「御高ゟ不相応之人数」のため、いかに「手余り地」を持て余しているかが、切実に主張される。そして、そうした村民の「必至難渋」ぶりを、ひと目で代官側にわからせるために作成されたのが、文化四（一八〇七）年の一年間における村内全戸(四一軒)の世帯収支報告書＝『去卯年御田畑出来作物書上帳』であった。

田原村は延宝八(一六八〇)年以来、ときには他村と手をたずさえて、またときには田原村単独で、村の「困窮」をたびたび領主や幕府へ訴えてきた村落であった。(14) さらに文化五年は、大和国全体でみても、村々の困窮打開を目指した広域訴願運動＝国訴が、全面展開していくような時期でもあった。(15)『去卯年御田畑出来作物書上帳』は、村の困窮を主張し続けてきた田原村自身の歴史的蓄積、そして、大和国全体で巻き起こっていた同時代的状況のなかで登場してくるのである。

こうした経緯でつくられた『去卯年御田畑出来作物書上帳』は、次のような記載形式をとっていた。例として掲げたのは、報告書の十番目に登場する伊助家である。

　出来作物　　伊助
一小麦三斗　　代拾弐匁
一大豆三斗　　同拾五匁
一麦壱石　　同廿五匁
一ゐんとう七升　　同弐匁壱分
一給銀　　同八拾匁取込
〆百三拾四匁壱分

　賄入用
一五拾匁　　上納・小入用
一拾五匁　　農道具
一百目　　弐人分造用
一百六拾弐匁　　弐人分飯料
　　米壱石六斗　麦弐石
一六拾匁　　利足銀
　但し四百目借用銀有り
〆三百八拾七匁

差引弐百五拾弐匁九分不足

農作物と賃労働で得られた上段の「出来作物」銀一三四・一匁が年間収入、「上納」(年貢)と「小入用」(村入用)、および「飯料」(米・麦の主食費)などで構成された下段の「賄入用」三八七匁が年間支出となり、伊助家の場合、文化四年の一年間では、二五二・九匁の赤字となった。さらに、個人支出部分と思われる「造用」と、「飯料」での「弐人分」という記載から、伊助家の世帯規模が二名であったことも判明する。

『去卯年御田畑出来作物書上帳』では、この二名がどのような続柄・年齢の世帯構成員であったのか、また伊助家が当時、どれほど持高や作付面積を有していたのかはわからない。現段階では、各戸の作付面積をつかむことはできていないが、持高と宗門改帳上の家族構成については、文化三(一八〇六)年三月と同八(一八一一)年三月付の宗門改帳〔片岡戸口三五・三九〕、および文化七(一八一〇)年の年貢を村民に割り付けた際に作成された、文化八年六月の『午御年貢免割帳』〔片岡貢租六一五〕で把握することができる(文化四・五年三月付の宗門改帳は現存しない)。

そうした情報をとりまとめたのが、表1である。各項目の細かな説明については拙稿cに譲るとして、ここでは主だった項目についてのみ、簡単に触れておきたい。

〈戸主〉　世帯収支報告書に記された各世帯の代表者名(戸主、世帯主)。報告書での記載順に通し番号(1〜41)を付している。

〈員数〉　一行目が、世帯収支報告書の「飯料」「造用」部分に記されている人数、二・三行目が、文化三年三月と同八年三月の宗門改帳に登録されている人数とその内訳(名前、年齢、続柄)。

〈持高〉　一・二行目が、文化三・八年宗門改帳にみえる持高、二行目が、文化八年『午御年貢免割帳』にみえる文

表１　10 伊助家の世帯表

文化５年報告：戸主	10　伊助	
文化５年報告：員数	２人	
文化３年宗門改帳：員数	３人（伊助 33、妹とよ 16、母つき 56）	
文化８年宗門改帳：員数	３人（伊助 38、妹とよ 21、母つき 61）	
文化３年宗門改帳：持高（石）	無高【37】	
文化７年免割：持高（石）	0【38】	
文化８年宗門改帳：持高（石）	無高【38】	
文化３年宗門改帳：家持、棟数	家持、１つ（屋鋪「秀蔵借地ニ罷在候」、本家）	
文化８年宗門改帳：家持、棟数	家持、１つ（屋鋪「手余り村地ニ罷在候」、本家）	
文化４年出来作物（銀：匁）		
給銀	80	59.65%
麦	25（１石）	18.64%
小麦	12（0.3 石）	8.94%
大豆	15（0.3 石）	11.18%
ゑんとう	2.1（0.07 石）	1.56%
収入計	134.1【40】	
文化４年賄入用（銀：匁）		総支出内比（対総収入比）
飯料	162（２人分、米 1.6 石、麦２石）	41.86%（120.80%）
造用	100（２人分）	25.83%（74.57%）
利足銀	60（400 目借用銀）	15.50%（44.74%）
上納・小入用	50	12.91%（37.28%）
農道具代	15	3.87%（11.18%）
支出計	387	
収支差引（銀：匁）	− 252.9	
総支出／総収入	288.59%【40】	
等価可処分所得（銀：匁）	17.04【40】	
主食エンゲル係数	58.48%【34】	

化七年時の持高。【　】内の数字は、持高の多い順（降順）に並べたときの村内順位。以下、「収入計」（降順）、「総支出／総収入」（昇順）、「等価可処分所得」（降順）、「主食エンゲル係数」（昇順）も同じ。

〈出来作物〉「出来作物」を銀額の多い順に表記。銀額の脇の（　）は生産量で、％は総収入に占める割合。末尾に、原文で記された収入の総計を記し、計算が異なる場合は（　）内に補足。

〈賄入用〉「賄入用」を銀額の多い順に表記。％は総支出に占める割合で、（　）内に総収入に占める割合を記入。末尾には、原文で記された支出の総計を記し、計算が異なる場合は（　）内に補足。

〈総支出／総収入〉　総収入に占める総支出の割合を示したもので、一〇〇%をこえた部分が赤字率。

〈等価可処分所得〉　総収入から「上納・小入用」「利足銀」を引いて得られた数値＝可処分所得を、世帯収支報告書の員数の平方根で割ったもの。

〈主食エンゲル係数〉　総支出から「上納・小入用」「利足銀」を引いて得られた数値＝消費支出に占める、「飯料」（米・麦の主食費）の割合。

『去卯年御田畑出来作物書上帳』と宗門改帳・免割帳をあわせると、こうした個別世帯表を、文化五年三月段階の全世帯四一軒にわたって作成することができる。限りなく実情に近い各世帯の全収入と全支出、そして世帯規模を、村内全戸で把握できるという、この稀有な史料情報からどのような新しい歴史の世界が広がってくるのか。そのことを以下、田原村全体（次項）、および個別世帯（第二・三節）の問題にわけて、検討していくこととしよう。なお紙幅の関係で、全世帯の個別表を本稿に掲載することはできないので、ここで紹介する分以外の世帯表については、拙稿cを参照されたい。

2　田原村全体の特徴

各戸の収支を集計すると、表2のように、田原村全体での年間収入と支出を得ることができる。また「出来作物」の一部については、一八七三（明治六）年の田原村「一村限産物表」[16]で、自家消費の有無や売り先が判明するので、参考までにその史料文言も挿入しておいた。

まず収入面についていえば、六%弱の給銀・手稼ぎ（日用賃含む）、および貸付銀利足を除く、総収入の九割以上が、農作物で占められていたことがわかる。この点で当時の田原村は、典型的な農村であったといえよう。しかもこのうち、米が五二%を占めるほど圧倒的な地位を有しており、米作りを中心とした近世村落という、よく思い描かれる一般的な歴史像とも合致する。

とはいえ、逆にいえば残り半分の収入は、一二%弱の麦を筆頭として、多くても数%、ものによっては一%にも

表２　文化４年　田原村全体の年間収支（銀：匁）

総収入計	38760.99	明治6年産物表
米（作り米）※1	18840.5（48.60%）	貢納、自用費消
下作米	1319.5（3.40%）	
麦	4540（11.71%）	自用費消
小麦	719（1.85%）	
麦安	104（0.26%）	
給銀、手稼ぎ	2295（5.92%）	
たばこ	2126（5.48%）	自国売物
和薬品々	1971.88（5.08%）	
木香	160（0.41%）	
白芷	34（0.08%）	自国売物
けいかい	3.2（0.008%）	
いも	1446（3.73%）	自用費消（里芋）
種	1317.5（3.39%）	自国売物
大豆　※2	930.4（2.40%）	自用費消、自国売物
わた	470.5（1.21%）	
粟	468（1.20%）	自用費消
山ノいも	366（0.94%）	
小豆	354（0.91%）	自用費消、自国売物
ときひ	243.6（0.62%）	
楮木	225.51（0.58%）	自国売物
空大豆	163.5（0.42%）	
苧	162（0.41%）	
きひ	141.4（0.36%）	
茶	104.1（0.26%）	
苧黄、苧木	79.5（0.20%）	
貸付銀利足	75（0.19%）	
ゑんとう	32.7（0.08%）	
牛房	24（0.06%）	
まめば	23.8（0.06%）	
大こん	14（0.03%）	
畑稲	6.4（0.01%）	

※1：16半兵衛・17源七の推定米作込み。作り米・下作米合算の22彦左衛門は、便宜上「作り米」に一括。

※2：大豆・小豆合算の4要蔵は、便宜上「大豆」に一括。

総支出計	54413.69	対総収入比
飯料	16687（30.66%）	43.05%
上納・小入用	15206.19（27.94%）	39.23%
造用	10625（19.52%）	27.41%
利足銀	4740.5（8.71%）	12.23%
給銀	3480（6.39%）	8.97%
肥代	1756（3.22%）	4.53%
農道具代	1109（2.03%）	2.86%
牛代	710（1.30%）	1.83%
その他	100（0.18%）	0.25%

満たないような、実に細ごまとした諸作物の生産によって成り立っていたこともわかる。さらにそうした微細な収入も、その性格は決して一様ではなく、いも（里芋）、粟、ときひ（とうきび）、黍、茶のように自給的要素の強い作物もあれば、木香《もっこう》・白芷《びゃくし》・けいかい（荊芥）といった薬草（「和薬品々」も）や、煙草、種（菜種）、小豆、楮木のごとく、販売による現金収入目的のものもあった（田原村の近隣にある町場・松山町には、当時、薬種や和紙〔宇陀紙、国栖《くず》紙〕をあつかう業者がたち並んでいた）。安室知が注意をうながすように、[17]一見とるに足らないものにみえる些細な収入も、目的が自家消費であれ販売であれ、村人たちの経営にとっては、決して侮ることのできない地位にあったことが知られる。[18]

次に、支出面をみていこう。そもそもこの世帯収支報告書がつくられたきっかけは、「御高免」に対する村側の不満にあったわけだから、それに関わる「上納・小入用」（小入用の占める割合は小さい）からまずみてみると、村の総収入の四〇％弱と、かなりの比率を占めていたことがわかる。「御高免」を訴える田原村の主張を、具体的な数字でもって実証しているかにみえるが、ここで注意しなければならないのは、世帯収支報告書上の「上納・小入用」総計銀一五貫二〇六・一九匁と、実際の単年度税額とのズレ、である。

田原村を含む吉野郡村々は、寛永十八（一六四一）年段階には、すでに年貢米の代銀納を実現しており、[19]田原村の文化四年の単年度税額も、十分一大豆銀納、九分米銀納、小物成（山年貢）、高掛三役、口米、すべて込みで計銀一二貫一五三・一四匁（皆銀納）であった（文化五年三月「卯御年貢皆済目録」〔片岡貢租四四七〕）。したがって、村の総収入銀三八貫七六〇・九九匁に占める実質税率は、三一・三％にまで引き下げられることとなる。

また単年度税額と比べると、世帯収支報告書では、三貫余り余計に上納・小入用が計上されていたことも判明する。詳細は今後の課題だが、田原村では免割に際し、公定免率以上の割合で、年貢を高持世帯に割り付けていたことが確認できる[20]。それをふまえるとおそらく、田原村では年貢徴収にあたり、滞納世帯の年貢立て替えなど緊急時に備えて、高持百姓から少しずつ余分に年貢をとるような慣習があり、そうした行動の結果が、上述の差額となってあらわれたものと思われる。

実質税率三一%を、「御高免」=「高税率」とみなせるかどうかは、微妙なところであろう。ただ後述するように、各世帯の税負担率に相当な落差があったことをふまえると、そもそも村という単位で実質税率を云々すること自体、あまり生産的な議論ではないのかもしれない。この点については、またのちほど議論することとしよう。

加えてより重要なことに、支出全体からみると、実は上納・小入用などより、飯料や造用といった、人びとの「消費欲」に関わる支出項目の方が、はるかに大きな負担となっていたことがわかる(総収入に占める割合は、両者を足すと七〇%以上)。田原村が困窮の元凶としてやり玉にあげた年貢、およびそれをきっかけに生じた借金(利足銀)の割合も決して低くはないのだが(両者で五一%余)、それ以上に村人たちの足を引っ張っていた——村全体では、銀一五貫以上の大赤字——可能性が高いのが、米・麦という主食穀物に対する消費意欲と、世帯員各自の個人支出であった。困窮訴願運動で主張される事柄と、実際の支出内容とのズレが何を意味するのか、次節で検討することとしよう。

二 世帯間比較からみた困窮主張村落の実像

先述したように、『去卯年御田畑出来作物書上帳』の最大の強みは、村内全戸の家計事情をつかめるところにある。よってここではその強みを活かして、各種の指標から世帯間比較を試み、「困窮」を主張する村の内実に迫っていきたい。

1　総収入と持高

まず、これまでの研究で、村内における階層差や経済格差の指標としてよく用いられてきた、持高の位置について考えてみよう。図1は、文化四年の総収入順に各世帯を並べたもの（棒グラフの左側が総収入、右側が総支出）、図2は、文化四年の世帯収支情報を残したまま（後述の図3・4も同じ）、各世帯を文化七年の持高順に並べ替えたものである。

ここからすぐわかるように、持高順に並べると、一応は総収入順と同じく右肩下がりの傾向を示すが、それはかなり大まかにみた場合の話であり、むしろ子細にみれば、総収入順と合致しない例が多々あることに気づかされる（文化三年の持高順でも同じ）。試みに、文化三～七年の持高が三～四石、年収銀四〇〇匁であった29清吉を軸に、世帯規模を無視した単純比較をしてみると、持高がほぼ同水準であった17源七とは二〇〇匁もの差をつけられているし、持高では「勝って」いるはずの8源兵衛、9伝兵衛、20茂八、39平次とも、年収では一〇〇～二〇〇匁ほど「負けて」しまっている。

このことを、世帯規模がほぼ同じであった14源三郎と35藤兵衛の世帯表を使って、もう少し厳密に検討してみよう（表3・4）。両者は文化三～七年の持高では、八～九石ほどとほぼ同程度であったが（村内順位一三・一四位）、総収入では、源三郎家が銀一貫余（一五位）であったのに対し、藤兵衛家は銀一・七貫余（八位）と、七〇〇匁もの差がついていた。その最大の要因は米作りの量にあり、源三郎家では持高とあまり変わらない七石＝銀四二〇匁であったのに対し、藤兵衛家では持高の倍近い、一五石＝銀一貫余を稼ぎ出していた。持高と実際の米穀生産量の差を、如実に物語る数字である。

同様のことは、総収入が同程度の世帯同士でも指摘し得る。たとえば前述の35藤兵衛と21善次郎を比べると、両者の総収入には、銀一匁の差しかないにもかかわらず（村内順位七・八位）、持高上は、前者が八〜九石で、後者が一七石と、倍近い差があった。実際の米の生産量は、ともに一五〜一六石とほとんど差がなかったわけであるから、ここでもまた、持高と米作の実情とのズレを看取し得る。

しかもややこしいことに、持高が善次郎家の半分程度しかない藤兵衛家の方が、実は年貢負担が大きかったことも判明する（善次郎家の「上納」が銀五五二匁であったのに対し、藤兵衛家では小入用想定分を除くと、約七〇〇匁）。持高は、収入面はともかくとして、せめて税負担の差ぐらいは教えてくれるのではないかという淡い期待は、見事に裏切られることとなる（この点については、第三項も参照）。

持高が有するこうした虚偽性は、14源三郎・21善次郎・35藤兵衛のような、総収入の中上層世帯だけでなく、表1の10伊助のような低所得者層でも導き出せる。伊助家は、持高上は「無高」と登録され、総収入も銀一三四匁余（村内順位四〇位）と、田原村のなかでは下層に位置づく世帯であった。また、無高であることと連動して、賃労働で得られた給銀が、収入の主軸（年収の六割弱）となっていた。

とはいえもう一面では、残りの収入は麦、小麦、大豆、ゑんとう（エンドウマメ）といった、実に細ごまとした諸作物の集合によって構成され、しかもその割合は四〇％ほどと、決して小さくはなかった。おそらくそれらの作物は、小作地でもなく、また検地帳や名寄帳などの公的な土地台帳類にも登録されないような、家庭菜園的な畑に植えられていたのであろう。詳細は今後の課題だが、小作地ももたない無高であったとしても、決して非農家だったのではなく、むしろ、自給作物であれ、商品作物であれ、農業収入がかなりの重みをもっていたこと——ゆえに無

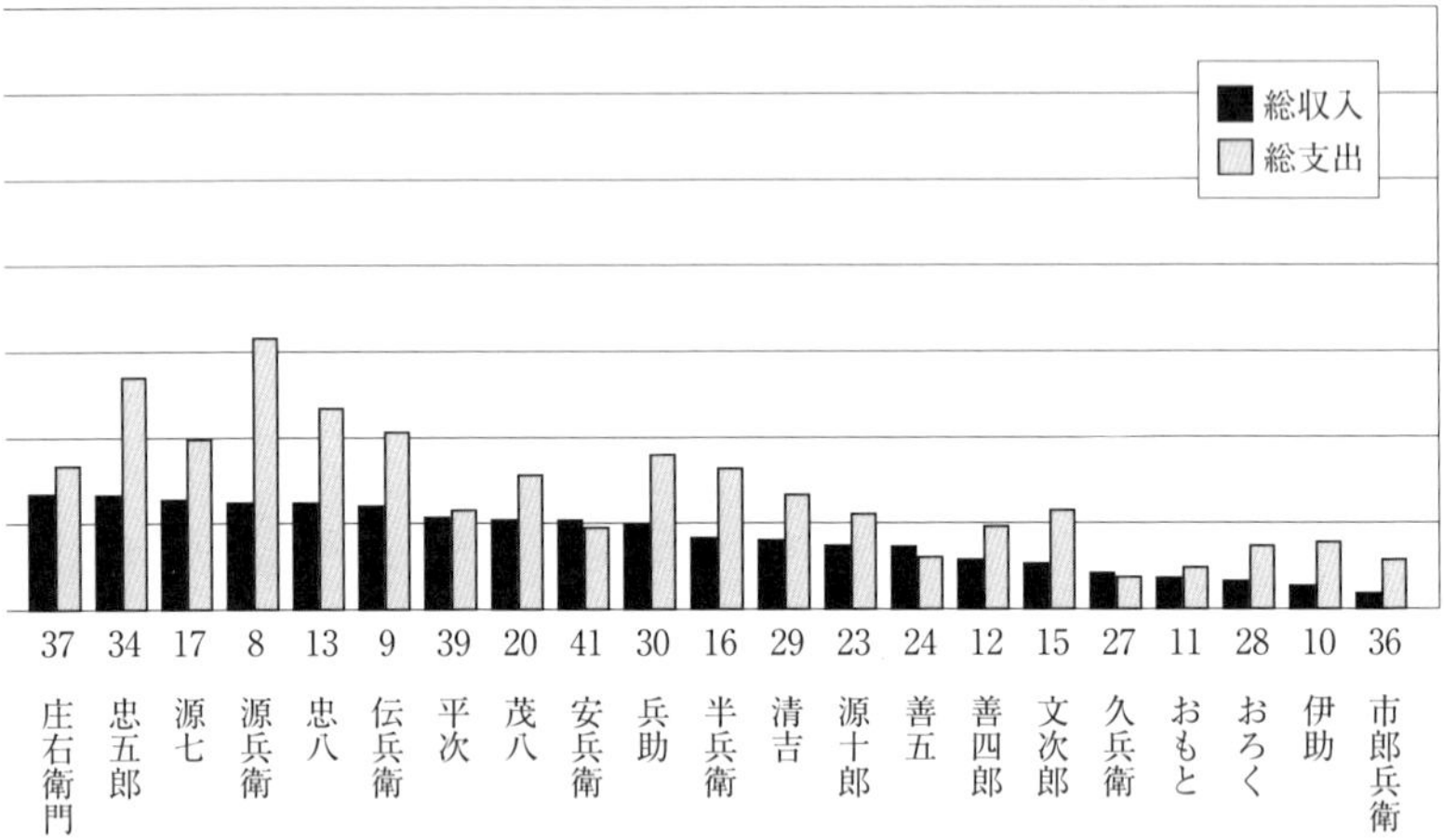

8	9	10	11	12	13	14
35 藤兵衛	19 おとよ	4 要蔵	5 藤右衛門	2 林蔵	33 兵蔵	26 源蔵
1723	1446.1	1351.4	1177	1148.5	1130	1010.95
2000.18	1530	1927	2156	2430	1396.17	1174.56
257	215	201	175	171	168	150

22	23	24	25	26	27	28
34 忠五郎	17 源七	8 源兵衛	13 忠八	9 伝兵衛	39 平次	20 茂八
663	637	619	617.78	599.5	533	517.4
1349.63	990	1578	1170	1032	574.77	777.5
98	95	92	92	89	79	77

36	37	38	39	40	41
15 文次郎	27 久兵衛	11 おもと	28 おろく	10　伊助	36 市郎兵衛
263.6	208	180	161.25	134.1	90
573	184.92	240	365.71	387	284.2
39	31	26	24	20	13

図１　文化４年　総収入順

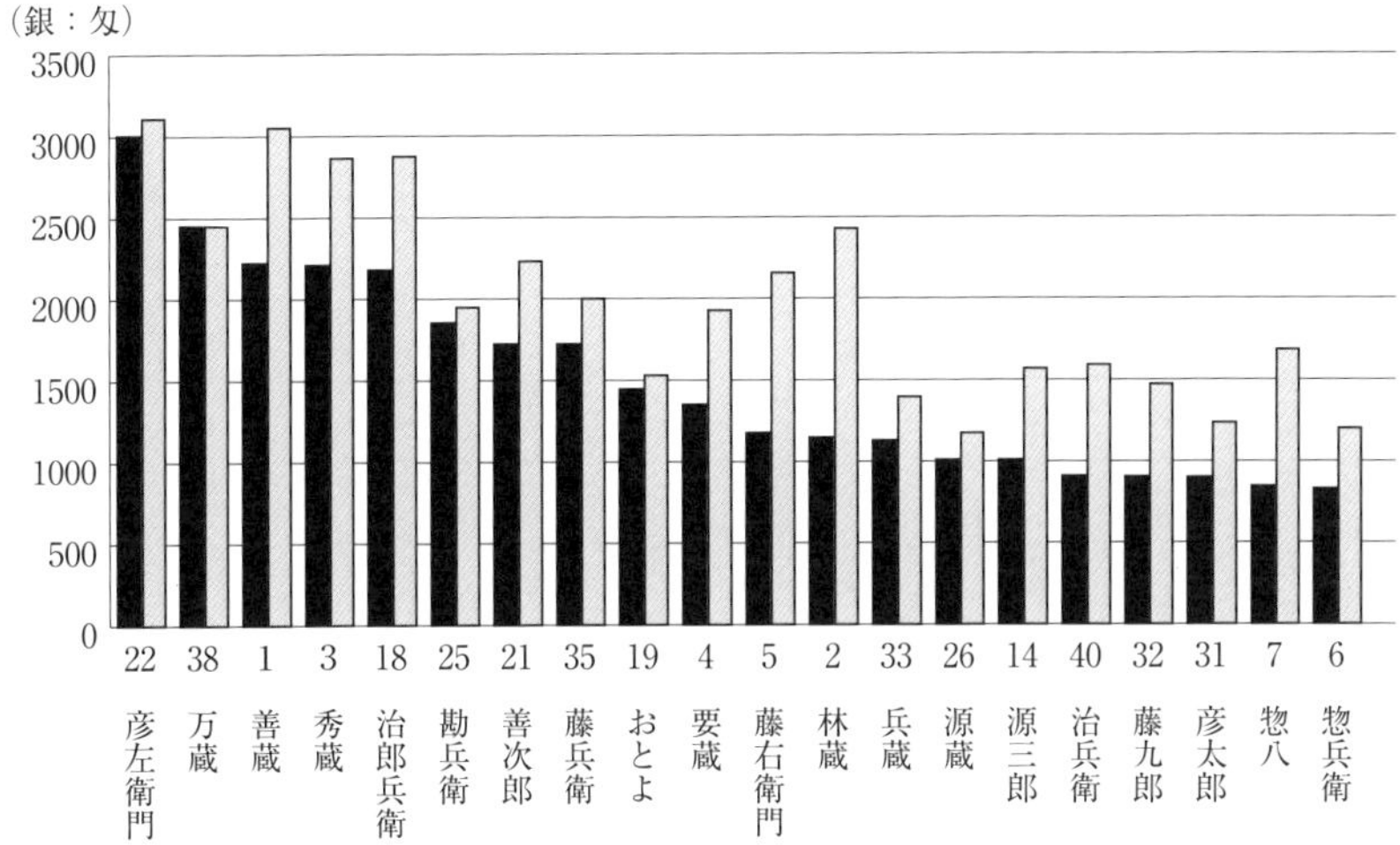

順位	1	2	3	4	5	6	7
世帯名	22 彦左衛門	38 万蔵	1 善蔵	3 秀蔵	18 治郎兵衛	25 勘兵衛	21 善次郎
総収入(匁)	3005.6	2448	2221.5	2208	2178	1854	1724
総支出(匁)	3109	2448.02	3052.4	2866	2876	1948.29	2230
指数	448	365	331	329	325	276	257

順位	15	16	17	18	19	20	21
世帯名	14 源三郎	40 治兵衛	32 藤九郎	31 彦太郎	7 惣八	6 惣兵衛	37 庄右衛門
総収入(匁)	1009.66	910	906	902	847	831	670
総支出(匁)	1567.7	1590.41	1470.67	1235.41	1683	1200	836.42
指数	150	135	135	134	126	124	100

順位	29	30	31	32	33	34	35
世帯名	41 安兵衛	30 兵助	16 半兵衛	29 清吉	23 源十郎	24 善五	12 善四郎
総収入(匁)	515.75	490	413.1	400	368.3	362.5	286
総支出(匁)	472.25	896.63	816	663.85	551	301	479
指数	76	73	61	59	54	54	42

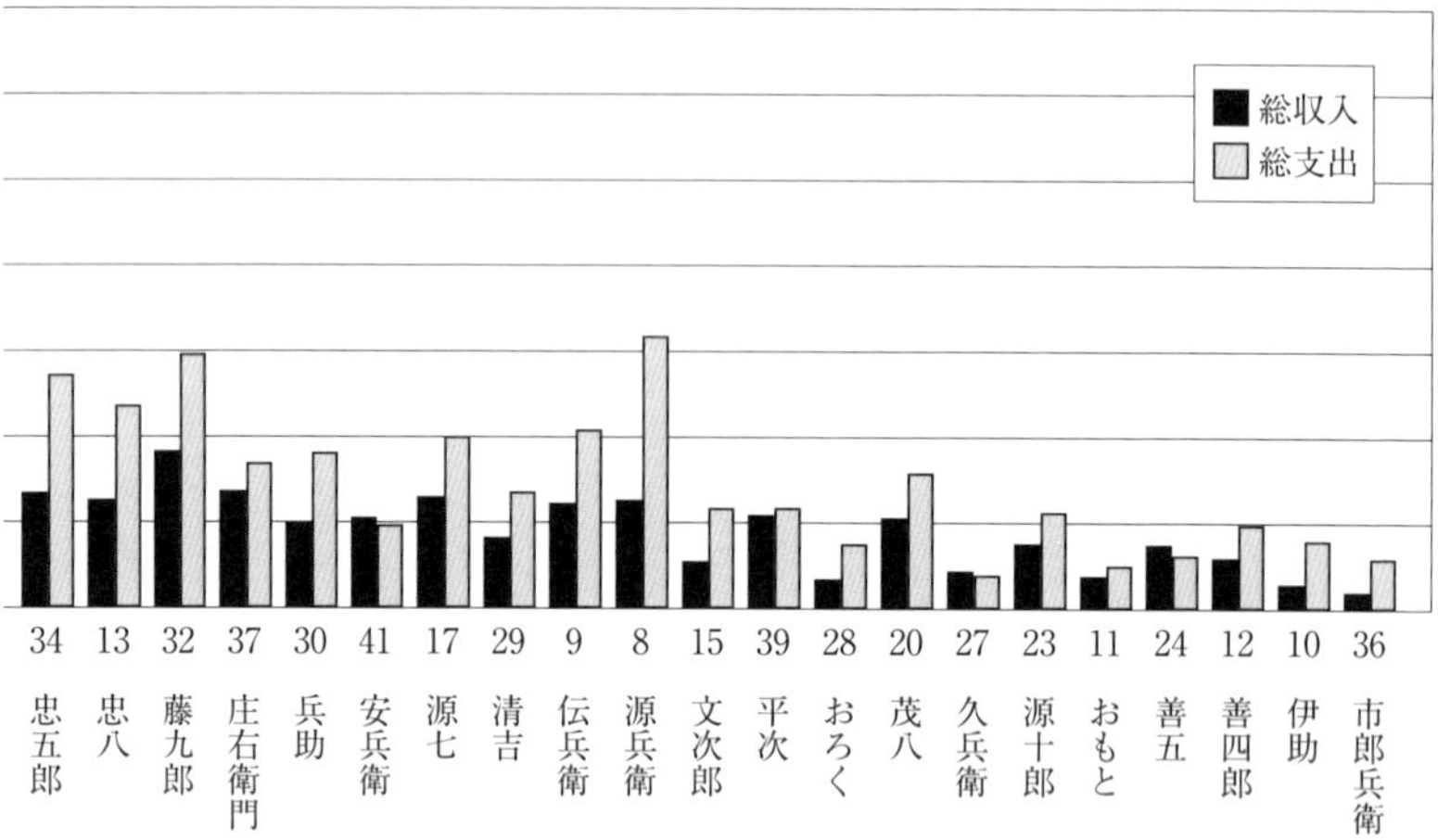

8	9	10	11	12	13	14
5 藤右衛門	18 治郎兵衛	2 林蔵	33 兵蔵	4 要蔵	14 源三郎	35 藤兵衛
1177	2178	1148.5	1130	1351.4	1009.66	1723
13.35	13.309	12.5135	11.6895	10.21	9.367	9.209
251	250	235	220	192	176	173

22	23	24	25	26	27	28
13 忠八	32 藤九郎	37 庄右衛門	30 兵助	41 安兵衛	17 源七	29 清吉
617.78	906	670	490	515.75	637	400
4.967	4.8	4.574	3.994	3.656	3.516	3.3285
93	90	86	75	68	66	62

36	37	38	39	40	41
23 源十郎	11 おもと	24 善五	12 善四郎	10 伊助	36 市郎兵衛
368.3	180	362.5	286	134.1	90
0.556	0.236	0	0	0	0
10	4	0	0	0	0

図2 文化7年 持高順

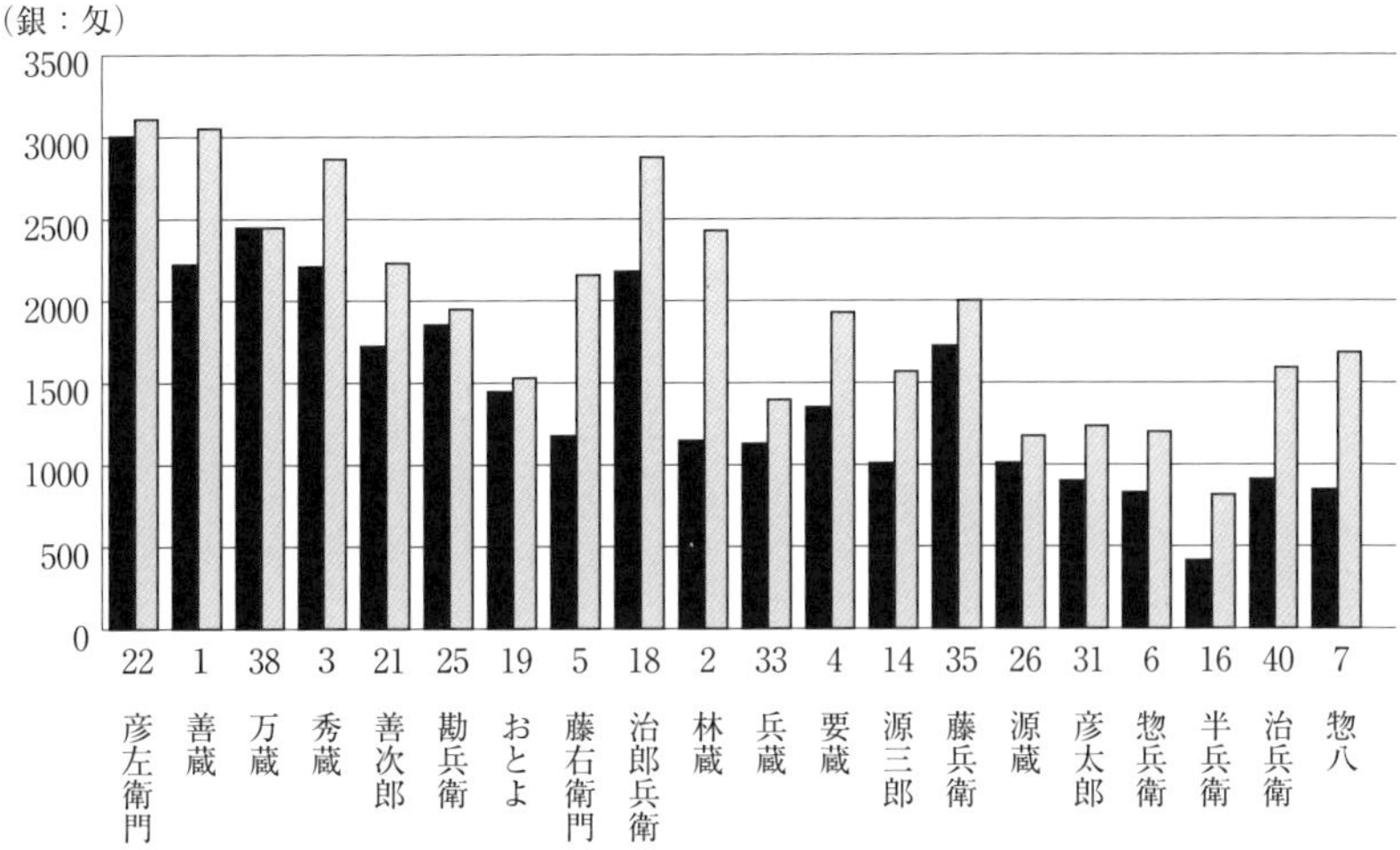

順位	1	2	3	4	5	6	7
世帯名	22 彦左衛門	1 善蔵	38 万蔵	3 秀蔵	21 善次郎	25 勘兵衛	19 おとよ
総収入(匁)	3005.6	2221.5	2448	2208	1724	1854	1446.1
持高（石）	26.277	25.367	22.7028	20.5295	17.89	14.41	13.9565
指数	495	478	428	387	337	271	263

順位	15	16	17	18	19	20	21
世帯名	26 源蔵	31 彦太郎	6 惣兵衛	16 半兵衛	40 治兵衛	7 惣八	34 忠五郎
総収入(匁)	1010.95	902	831	413.1	910	847	663
持高（石）	8.023	7.721	7.7	7.499	7.46	5.444	5.303
指数	151	145	145	141	140	102	100

順位	29	30	31	32	33	34	35
世帯名	9 伝兵衛	8 源兵衛	15 文次郎	39 平次	28 おろく	20 茂八	27 久兵衛
総収入(匁)	599.5	619	263.6	533	161.25	517.4	208
持高（石）	3.296	3.15	3.06	2.842	1.904	1.144	0.64
指数	62	59	57	53	35	21	12

表3　14 源三郎家の世帯表

文化5年報告：戸主	14　源三郎		
文化5年報告：員数	8人		
文化3年宗門改帳：員数	8人（源三郎49、妻くめ42、男子政次郎20、女子くり18、男子弁之助14、女子たね10、女子りゑ7、女子のふ3）		
文化8年宗門改帳：員数	8人（源三郎54、妻くめ47、男子政次郎25、女子くり23、男子半四郎〔元弁之助ヵ〕19、女子たね15、女子りゑ12、女子のふ8）		
文化3年宗門改帳：持高（石）	7.7528（貼紙8.2593）【18】		
文化7年免割：持高（石）	9.367【13】		
文化8年宗門改帳：持高（石）	11.7087【13】		
文化3年宗門改帳：家持、棟数	家持、1つ（屋鋪、本家）		
文化8年宗門改帳：家持、棟数	家持、1つ（屋鋪、本家）		
文化3年宗門改帳：牛数	1	（源三郎・伝兵衛相合牛1疋）	
文化8年宗門改帳：牛数	1		
文化4年出来作物（銀：匁）			
米	420	（7石）	41.59%
荒麦	155	（6.2石）	15.35%
小麦	12	（0.3石）	1.18%
たばこ	76	（130斤）	7.52%
山ノいも	60	（2駄）	5.94%
種	54.3	（0.9石）	5.37%
いも	54	（18荷）	5.34%
和薬品々	40.8		4.04%
大豆	25	（0.5石）	2.47%
楮	23.91		2.36%
わた	22.5	（900目）	2.22%
粟	18	（0.6石）	1.78%
苧	15	（1貫目）	1.48%
きひ	12	（0.4石）	1.18%
小豆	8.25	（0.15石）	0.81%
まめば	5.4	（18貫目）	0.53%
茶	4.5	（4貫500目）	0.44%
ときひ	3	（0.1石）	0.29%
収入計	1009.66【15】		
文化4年賄入用（銀：匁）			総支出内比（対総収入比）
飯料	575	（8人分、米6石、麦6.2石「子供多故、割合少シ」）	36.67%（56.94%）
御年貢銀	482.7		30.79%（47.80%）
造用	400	（8人分）	25.51%（39.61%）
利足銀	75	（500目借用）	4.78%（7.42%）
農道具代	20		1.27%（1.98%）
牛掛り	15		0.95%（1.48%）
支出計	1567.7		
収支差引（銀：匁）	－558.04		
総支出／総収入	155.27%【23】		
等価可処分所得（銀：匁）	159.79【21】		
主食エンゲル係数	56.93%【29】		
役職			
文化8年年貢免割帳	組頭		

表4 35藤兵衛家の世帯表

文化5年報告：戸主	35 藤兵衛	
文化5年報告：員数	7人	
文化3年宗門改帳：員数	8人（藤兵衛41、妻まつ44、男子善兵衛〔元吉松〕18、男子亀松16、女子むめ14、男子由松11、男子粂之助9、男子乙次郎4）	
文化8年宗門改帳：員数	8人（藤兵衛45〔46ヵ〕、妻まつ49、男子善兵衛23、男子新助〔元亀松ヵ〕21、女子むめ19、男子由松16、男子粂之助14、男子乙次郎9）	
文化3年宗門改帳：持高（石）	8.5456（貼紙8.8012）【15】	
文化7年免割：持高（石）	9.209【14】	
文化8年宗門改帳：持高（石）	11.105【14】	
文化3年宗門改帳：家持、棟数	家持、2つ（屋鋪、本家、小家）	
文化8年宗門改帳：家持、棟数	家持、2つ（屋鋪、本家、小家）	
文化4年出来作物（銀：匁）		
米	1050（15石）	60.94%
麦	175（7石）	10.15%
小麦	28（0.7石）	1.62%
たばこ	126（1駄）	7.31%
和薬品々	120	6.96%
いも	60（20荷）	3.48%
種	45.5（0.7石）	2.64%
大豆	40（0.8石）	2.32%
楮木	20（100貫目）	1.16%
わた	17.5（700目）	1.01%
ときひ	15（0.5石）	0.87%
粟	15（0.5石）	0.87%
小豆	11（0.2石）	0.63%
収入計	1723【8】	
文化4年賄入用（銀：匁）		総支出内比（対総収入比）
上納・小入用	718.18	35.90%（41.68%）
飯料	567（7人分、米5.6石、麦7石）	28.34%（32.90%）
造用	350（7人分ヵ）	17.49%（20.31%）
利足銀	225（1貫500目借用）	11.24%（13.05%）
肥代	80	3.99%（4.64%）
農道具代	30	1.49%（1.74%）
牛代	30	1.49%（1.74%）
支出計	2000.18	
収支差引（銀：匁）	－277.18	
総支出／総収入	116.08%【9】	
等価可処分所得（銀：匁）	294.74【9】	
主食エンゲル係数	53.64%【21】	
役職		
文化8年年貢免割帳	組頭	

表5　36市郎兵衛家の世帯表

文化5年報告：戸主	36　市郎兵衛	
文化5年報告：員数	2人	
文化3年宗門改帳：員数	1人（市郎兵衛70）	
文化8年宗門改帳：員数	1人（市郎兵衛75）	
文化3年宗門改帳：持高（石）	無高【37】	
文化7年免割：持高（石）	0【38】	
文化8年宗門改帳：持高（石）	無高【38】	
文化3年宗門改帳：家持、棟数	家持、1つ（屋鋪「但村地ニ罷在候」、本家）	
文化8年宗門改帳：家持、棟数	家持、1つ（屋鋪、本家「但手余り村地ニ罷在候」）	
文化4年出来作物（銀：匁）		
米	35（0.5石）	38.88%
麦	25（1石）	27.77%
大豆	10（0.2石）	11.11%
わた	10（5斤）	11.11%
和薬品々	10	11.11%
収入計	90【41】	
文化4年賄入用（銀：匁）		総支出内比（対総収入比）
飯料	162（2人分、米1.6石、麦2石）	57.00%（180%）
造用	100（2人分ヵ）	35.18%（111%）
上納・小入用	17.2	6.05%（19.11%）
農道具代	5	1.75%（5.55%）
支出計	284.2	
収支差引（銀：匁）	－194.2	
総支出／総収入	315.77%【41】	
等価可処分所得（銀：匁）	51.47【38】	
主食エンゲル係数	60.67%【38】	

高であっても、農道具代（場合によっては肥料代も）が計上される――には、十分注意する必要がある。

このことをより端的に示すのが、36市郎兵衛である（表5）。市郎兵衛もまた無高で、総収入も村内最下位の銀九〇匁であったが、その年収を支えていたのは、賃労働のような非農部門ではなく、むしろすべて農作物であった（農道具代も支出にあがっている）。しかも微量ながら、水田で米まで作っており、「田んぼをもった無高」という存在があり得たことが知られる。彼は文化四年には、七十一歳を迎える高齢者となっていたが、世帯収支報告書では世帯規模を二名と報告し、支出にも給銀を計上していないことから、実際には市郎兵衛本人が独りで農作業に打ち込んでいたのではなく、奉公人ではない何者かの支えを得て、日々の生活を送っていたものと思われる。[21] 市郎兵衛は、宗門改帳だけをみていると、「農業に従事しない無高貧農の独居老人」にしかみえないが、その経営実態は、まったくかけ離れたところにあったわけである。

このように、これまで多くの研究で階層差や経済格差、あるいは貧富差の指標として用いられてきた持高は、それらを厳密に実証していくうえで、まったく当てにならず、参考にすらならないのである。検地で算出された石高・村高が、実際の農業生産力と一致しないことは、先行研究でもつとに指摘されてきたところであるが（拙稿a参照）、今回の分析により、それは個別世帯の次元でも、よりはっきりと示されたといえよう。持高を用いて村内の階層構成表をつくったり、持高五石を基準に貧農の多寡を計ったりするなどという行為は、実証手法として、完全に破綻しているのだ。

一方、戦前以来、貧農の指標としてよく用いられてきた、作付面積五反（ないしは三反）についてはどうであろうか。史料の関係で残念ながら今回は、個別世帯の収支と作付面積を対応させることができなかったが、ここで注意すべきは、当の本人たちが世帯経営の実情を他人（この場合、領主の五条代官）に伝えようとする際、各戸の持高や作付面積の開示にほとんど頓着していない、という点であろう。つまり、十九世紀初頭に生きる田原村の人びと自身、持高や作付面積をいくら提示しても、それは世帯経営の実情（とりわけ収入面）を伝えたことには何らならず、むしろ自給部分も含めて、金銭化された世帯収支を開示した方が、はるかに経営の現実をあらわすことになる、と自覚していたものと推測されるのである。村人たちが五条代官に年貢減免を迫るとき、一方で持高にこだわらない世帯収支報告書を作っておきながら、もう一方で石高を基準に年貢の譲歩を引き出そうとしていたのは、石高が村経済の実情を反映していたからではなく、あくまでも困窮訴願運動を有利に進めていくうえでの一つの手段、戦法の一種として理解されていたからにすぎないのであろう。

2　経営健全度と等価可処分所得

ここまでは、総収入と比べた場合の、持高がもつ「あやふやさ」を指摘してきた。では持高にかわって、総収入を基準にすれば、村内の階層や格差、あるいは貧富の実態に迫ることはできるのであろうか。どうもそうではなさそうである。そのことを示すのが、経営健全度（総支出を総収入で割ってはじき出した黒字・赤字率）順に各世帯を並べ替えた図3と、等価可処分所得順に並べた図4である。

まず経営健全度でみると、黒字世帯が上位三軒しかおらず（ただし38万蔵の赤字は、わずか銀二厘）、高収入を得ていたところが、軒並み順位を下げていたことがわかる。なかには1善蔵（三位→一八位、赤字率三七％）や5藤右衛門（一一位→三一位、八三％）、2林蔵（一二位→三六位、一一一％）のごとく、大幅に順位を落としている世帯もある。年収はそこそこあるが、現実は「火の車」であったことを象徴する世帯だといえよう。

一方、四一軒中、唯一、単年度収支が黒字となっていたのは、24善五（表6）、27久兵衛（表7）、41安兵衛（表8）の三世帯であった。いずれも総収入でみれば、村内の低所得者層にあたるような家々であり（善五・三四位、久兵衛・三七位、安兵衛・二九位）、世帯規模も一〜二人と最小であった。持高五石という旧来型の「貧農線」をあえてあてはめるなら、「黒字の貧農」家庭――貧しいけれども余裕はある、余裕はあるけれども貧しい――ということにもなろう。安兵衛家にいたっては、借金も抱えている。

こうした面だけを切り取れば、右の三世帯は、「年収の少ない単身・二人世帯が、カツカツの生活を送って、何とか単年度黒字にしている」ようにみえるかもしれない。だが注意すべきは、いずれの家庭も飯料と造用については、一人前米〇・八石＋麦一石＝銀八一匁、造用一人前五〇匁、という基本設定額（拙稿c参照）を、他の赤字世帯と同様、普通に適用しているところである。つまりこれらの黒字は、生活費をギリギリまで切り詰めた結果生じたものだったのではなく、[22]むしろ、米・麦という主食穀物に対する摂取量や、世帯員の個人支出をめぐる、世間一般（この場合、田原村）の消費欲・消費水準を維持しながら獲得されていたものだったのである。彼らは特段、カツカツの生活を送っていたわけではなく、普通の生活をして、がんばって金を稼いで、黒字を達成していたのであった。

また税負担でみると、一六％ほどの27久兵衛を別として、四七％弱の24善五、三〇％弱の41安兵衛と、黒字世帯とはいえ、その比率は決して低くはなかったことも看取される。とりわけ善五については、員数・持高と総収入・税負担率だけで判断すると、一見、「低収入で重税にあえぐ持高五石未満の単身貧農」にみえる。だが子細にみればその内実は、（おそらく小規模な）所有地を小作に出して、年間五石というささやかな「下作取込」＝小作料収入を得て、それをもとに米・麦をしっかりと食べ、自分の個人支出もきちんと確保し、なおかつ単年度黒字を実現するという、見ようによっては悠々自適な独身生活を送っていたとも言えるわけである。税負担や持高、総収入の額面だけで、その世帯の階層や、生活の「苦しさ／貧しさ」を云々することの不毛さが知られよう。

続いて、等価可処分所得順の図4を検討していこう。拙稿cで説明したように、等価可処分所得とは、世帯規模が異なる者同士で所得比較をするとき有効となるもので、各世帯員がどれほど自由に処分できる所得（可処分所得）を有しているかを示す数値である。

ここでもまた、等価可処分所得順は、総収入順とも、経営健全度順とも、まったく一致しない。たしかに、等価可処分所得の上位十位以内に、総収入第一位の22彦左衛門、二位38万蔵、四位3秀蔵、六位25勘兵衛、七位21善次郎、八位35藤兵衛、九位19おとよ、一〇位4要蔵の八世帯が入っているように、全体としてみれば、「金持ちの方が、自由に処分できる金が多い」とは言える。

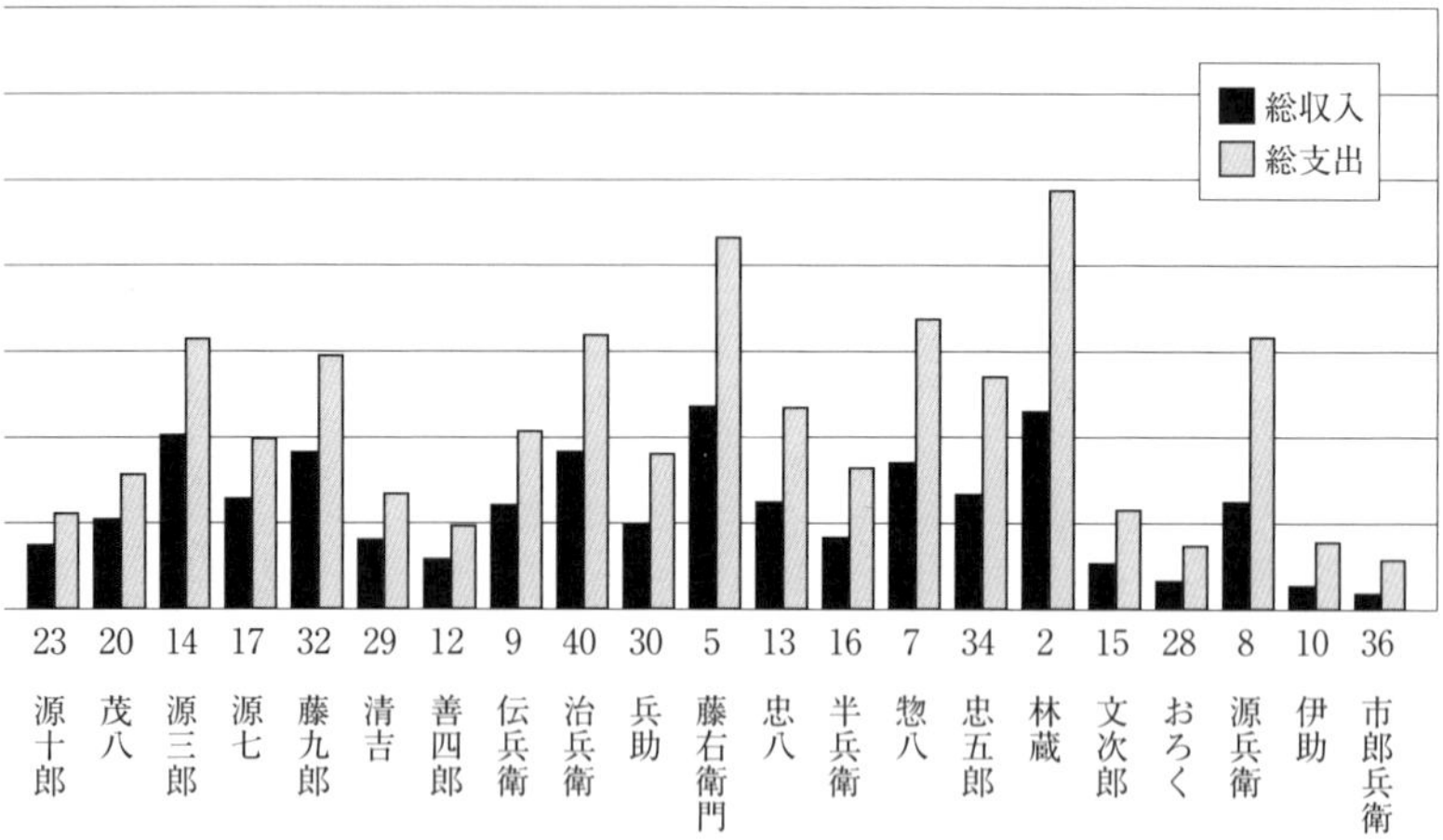

8	9	10	11	12	13	14
39 平次	35 藤兵衛	26 源蔵	33 兵蔵	37 庄右衛門	21 善次郎	3 秀蔵
107.83%	116.08%	116.18%	123.55%	124.83%	129.35%	129.80%

22	23	24	25	26	27	28
20 茂八	14 源三郎	17 源七	32 藤九郎	29 清吉	12 善四郎	9 伝兵衛
150.27%	155.27%	155.41%	162.32%	165.96%	167.48%	172.14%

36	37	38	39	40	41
2 林蔵	15 文次郎	28 おろく	8 源兵衛	10 伊助	36 市郎兵衛
211.58%	217.37%	226.79%	254.92%	288.59%	315.77%

図3 文化4年 経営健全度順

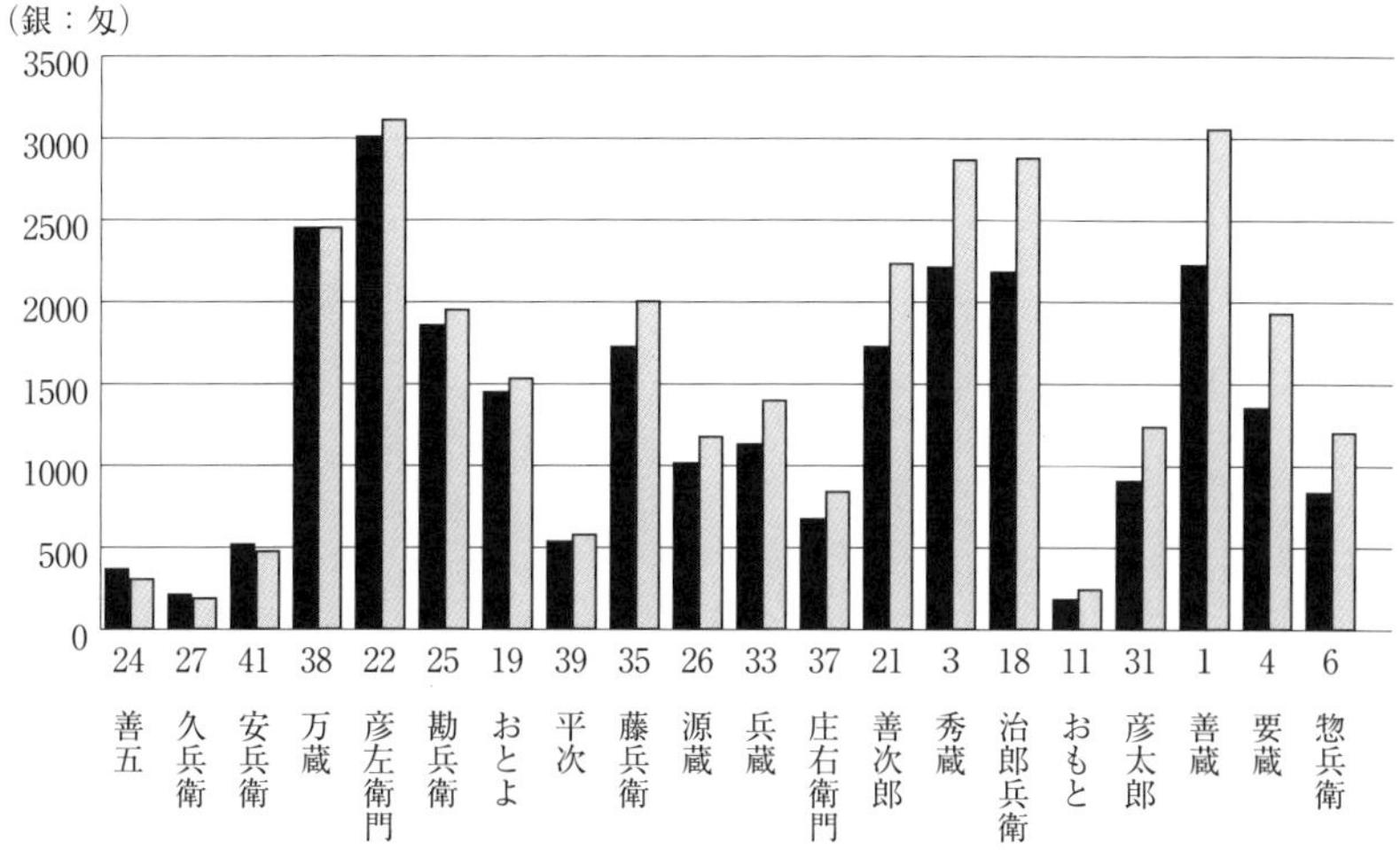

順位	1	2	3	4	5	6	7
世帯名	24 善五	27 久兵衛	41 安兵衛	38 万蔵	22 彦左衛門	25 勘兵衛	19 おとよ
健全度(%)	83.03%	88.90%	91.56%	100.00%	103.44%	105.08%	105.80%

順位	15	16	17	18	19	20	21
世帯名	18 治郎兵衛	11 おもと	31 彦太郎	1 善蔵	4 要蔵	6 惣兵衛	23 源十郎
健全度(%)	132.04%	133.33%	136.96%	137.40%	142.59%	144.40%	149.60%

順位	29	30	31	32	33	34	35
世帯名	40 治兵衛	30 兵助	5 藤右衛門	13 忠八	16 半兵衛	7 惣八	34 忠五郎
健全度(%)	174.77%	182.98%	183.17%	189.38%	197.53%	198.70%	203.56%

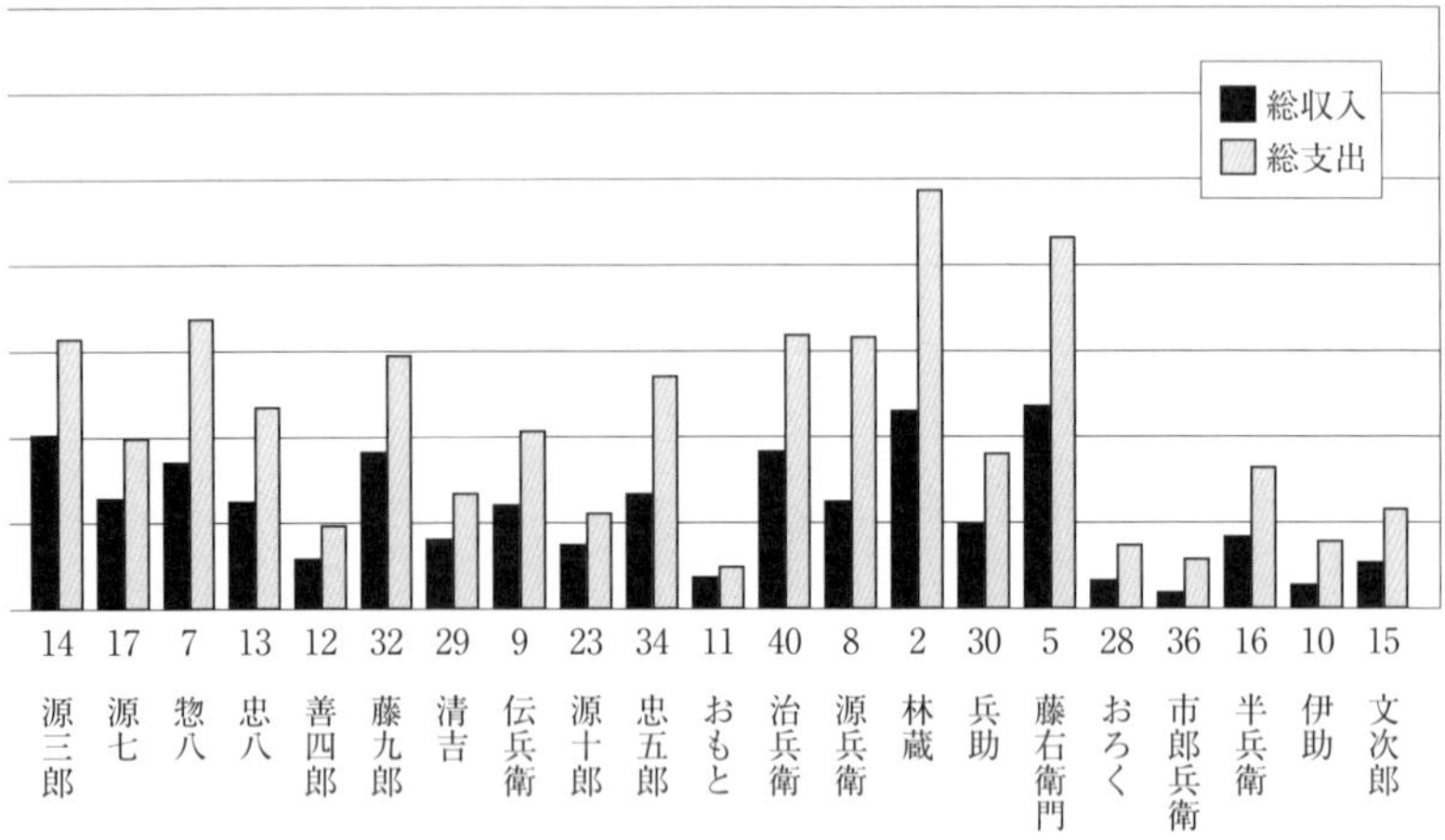

8	9	10	11	12	13	14
26 源蔵	35 藤兵衛	33 兵蔵	39 平次	18 治郎兵衛	31 彦太郎	41 安兵衛
302.67	294.74	294.63	248.97	235.96	233.75	230.16
189	184	184	155	147	146	144

22	23	24	25	26	27	28
17 源七	7 惣八	13 忠八	12 善四郎	32 藤九郎	29 清吉	9 伝兵衛
150.71	127.98	127.66	127.01	125.05	122.75	121.86
94	80	79	79	78	76	76

36	37	38	39	40	41
5 藤右衛門	28 おろく	36 市郎兵衛	16 半兵衛	10 伊助	15 文次郎
55.93	54.82	51.47	27.77	17.04	− 19.37
35	34	32	17	10	− 12

図4 文化4年 等価可処分所得順

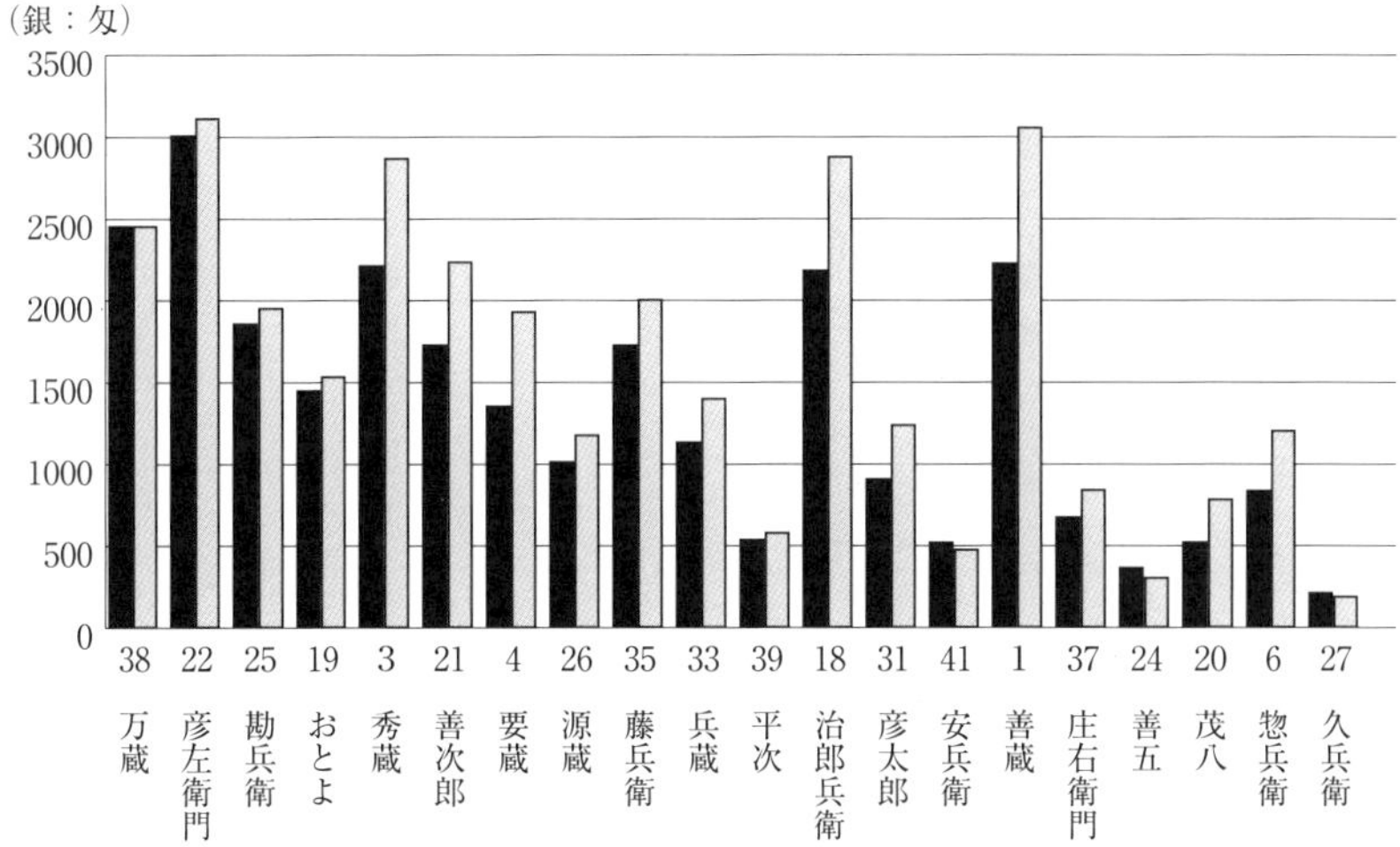

順位	1	2	3	4	5	6	7
世帯名	38 万蔵	22 彦左衛門	25 勘兵衛	19 おとよ	3 秀蔵	21 善次郎	4 要蔵
等価可処分所得(匁)	568.5	555.2	442.48	413.05	367.45	342.59	306.68
指数	355	347	276	258	229	214	191

順位	15	16	17	18	19	20	21
世帯名	1 善蔵	37 庄右衛門	24 善五	20 茂八	6 惣兵衛	27 久兵衛	14 源三郎
等価可処分所得(匁)	221.52	211.29	192.5	179.95	177.09	174.08	159.79
指数	138	132	120	112	110	108	100

順位	29	30	31	32	33	34	35
世帯名	23 源十郎	34 忠五郎	11 おもと	40 治兵衛	8 源兵衛	2 林蔵	30 兵助
等価可処分所得(匁)	112.39	111.63	92.37	83.93	80.96	70.18	63.685
指数	70	69	57	52	50	43	39

表6　24善五家の世帯表

文化5年報告：戸主	24　善五	
文化5年報告：員数	1人	
文化3年宗門改帳：員数	1人（善五53）	
文化8年宗門改帳：員数	1人（善五58）	
文化3年宗門改帳：持高（石）	4.685【22】	
文化7年免割：持高（石）	0【38】	
文化8年宗門改帳：持高（石）	無高【38】	
文化3年宗門改帳：家持、棟数	家持、1つ（屋鋪、本家）	
文化8年宗門改帳：家持、棟数	家持、1つ（屋鋪、本家「但手余り地ニ罷在候」）	
文化4年出来作物（銀：匁）		
下作取込	350（米5石）	96.55%
山ノいも	7.5（1俵）	2.06%
大豆	5（0.1石）	1.37%
収入計	362.5【34】	
文化4年賄入用（銀：匁）		総支出内比（対総収入比）
御上納・小入用	170	56.47%（46.89%）
飯料	81（1人分、米0.8石、麦1石）	26.91%（22.34%）
造用	50（1人分）	16.61%（13.79%）
支出計	301	
収支差引（銀：匁）	+61.5	
総支出／総収入	83.03%【1】	
等価可処分所得（銀：匁）	192.5【17】	
主食エンゲル係数	61.83%【41】	

だが子細にみれば、ことはそう単純ではない点もみえてくる。たとえば前述の黒字三世帯は、ここでも、総収入では自分たちと二〜五倍もの差がある世帯を押しのけて善戦しているし（41安兵衛・一四位、24善五・一七位、27久兵衛・二〇位）、総収入では第二七位の39平次も、等価可処分所得では、高収入世帯の18治郎兵衛や1善蔵を抜いて、第一一位まで順位を押し上げている。加えてその高収入世帯も、等価可処分所得では同列視できず、総収入銀二貫二〇〇匁前後で三〜五位を独占していた1善蔵、3秀蔵、18治郎兵衛も、等価可処分所得でみると、第五位の秀蔵と、一二位治郎兵衛、一五位善蔵との間には、指数で八二〜九一ポイントもの差がついていた。その背景には、年収に占める非消費支出（上納・小入用＋利足銀）の割合の差が横たわっていよう（3秀蔵が四七％ほどだったのに対し、18治郎兵衛と1善蔵は七三％余）。

このように、世帯間で所得比較をするうえで、おそらくもっとも公平な数値になると思われる等価可処分

表7　27 久兵衛家の世帯表

文化5年報告：戸主	27　久兵衛	
文化5年報告：員数	1人	
文化3年宗門改帳：員数	2人（久兵衛28、弟善七20）	
文化8年宗門改帳：員数	2人（久兵衛33、弟善七25）	
文化3年宗門改帳：持高（石）	1.1273（貼紙0.8）【35】	
文化7年免割：持高（石）	0.64【35】	
文化8年宗門改帳：持高（石）	0.8【36】	
文化3年宗門改帳：家持、棟数	家持、2つ（屋鋪、本家、小家）	
文化8年宗門改帳：家持、棟数	家持、1つ（屋鋪、本家）	
文化4年出来作物（銀：匁）		
給銀取込	150	72.11%
荒麦	25（1石）	12.01%
和薬品々	20	9.60%
種	13（0.2石）	6.25%
収入計	208【37】	
文化4年賄入用（銀：匁）		総支出内比（対総収入比）
飯料	81（1人分ヵ、米0.8石、麦1石）	43.80%（38.94%）
造用	50（1人分）	27.03%（24.03%）
上納・小入用	33.92	18.34%（16.30%）
農道具代	10	5.40%（4.80%）
肥代	10	5.40%（4.80%）
支出計	184.92	
収支差引（銀：匁）	+23.08	
総支出／総収入	88.9%【2】	
等価可処分所得（銀：匁）	174.08【20】	
主食エンゲル係数	53.64%【19】	

所得を導入すると、総収入や赤字率、ましてや持高だけでは見えてこない世界が広がってくる。また、等価可処分所得順に各世帯を並べると、その分布が結構ばらついていて、多数派を占める「普通」の世帯を導き出すことが、意外と難しい点にも気づかされる。中央値は一応、銀一六〇匁弱の14源三郎となるが、その前後に明確な「層」が築かれていたわけでもなく、あえていうなら、そこから指数で二〇ポイントほど離れた、二三位7惣八〜二八位9伝兵衛の銀一二〇匁台層が、「普通」の世帯の一群といえるのかもしれない。いずれにせよ、等価可処分所得をもってしても「普通」を導き出すことが難しいということは、どこに貧困線を引いて、どこからを貧困層とみなすべきなのかも意外と困難、ということを意味していよう。

表８　41安兵衛家の世帯表

文化５年報告：戸主	41　安兵衛	
文化５年報告：員数	２人	
文化３年宗門改帳：員数	２人（与吉17、母いち43）	
文化８年宗門改帳：員数	２人（安兵衛〔元与吉〕22、母いち48）	
文化３年宗門改帳：持高（石）	5.6446（貼紙4.57）【23】	
文化７年免割：持高（石）	3.656【26】	
文化８年宗門改帳：持高（石）	4.57【28】	
文化３年宗門改帳：家持、棟数	家持、２つ（屋鋪、本家、小家）	
文化８年宗門改帳：家持、棟数	家持、２つ（屋鋪、本家、小家）	
文化４年出来作物（銀：匁）		
米	350（５石）	67.86%
麦	62.5（2.5石）	12.11%
小麦	12（0.3石）	2.32%
たばこ	24（40斤）	4.65%
大豆	20（0.4石）	3.87%
種	19.5（0.3石）	3.78%
いも	15（５荷）	2.90%
和薬	10	1.93%
小豆	2.75（0.05石）	0.53%
収入計	515.75【29】	
文化４年賄入用（銀：匁）		総支出内比（対総収入比）
飯料	162（２人分、米1.6石、麦２石）	34.30%（31.41%）
上納・小入用	152.75	32.34%（29.61%）
造用	100（２人分ヵ）	21.17%（19.38%）
利銀	37.5（250匁借用銀）	7.94%（7.27%）
肥代	20	4.23%（3.87%）
支出計	472.25	
収支差引（銀：匁）	+43.5	
総支出／総収入	91.56%【3】	
等価可処分所得（銀：匁）	230.16【14】	
主食エンゲル係数	57.44%【32】	

3　税負担と飯料・造用

先述した黒字世帯の税負担率が、一六％ほどの27久兵衛、四七％弱の24善五、三〇％弱の41安兵衛と、三世帯のなかだけでも一様ではなかったことが示すように、世帯単位でみると、税負担率はかなり多様であったことがわかる。全体でみると、税負担率四〇％台（一三世帯）と三〇％台（一一世帯）が突出して多いが、その一方で二〇％台も六世帯、一〇％台も五世帯あり、12善四郎のごとく七・三％しかないような世帯もあった。逆に、五一・九％の28おろく、六七・九％の５藤右衛門、そして七二・四％の40治兵衛のごとく、過半の三〇〜四〇％台をはるかにしの

表9 15文次郎家の世帯表

文化5年報告：戸主	15 文次郎	
文化5年報告：員数	2人	
文化3年宗門改帳：員数	3人（文治郎42、女子なか9、男子菊松6）	
文化8年宗門改帳：員数	2人（文治郎46〔47ヵ〕、男子菊松11）	
文化3年宗門改帳：持高（石）	2.275【31】	
文化7年免割：持高（石）	3.06【31】	
文化8年宗門改帳：持高（石）	6.1【22】	
文化3年宗門改帳：家持、棟数	家持、1つ（屋鋪、本家）	
文化8年宗門改帳：家持、棟数	家持、1つ（屋鋪、本家）	
文化3年宗門改帳：牛数	1（源三郎・伝兵衛相合牛1疋）	
文化8年宗門改帳：牛数	1	
文化4年出来作物（銀：匁）		
荒麦	100（4石）	37.93%
小麦	20（0.5石）	7.58%
たばこ	30（50斤）	11.38%
いも	30（10荷）	11.38%
小豆	20（0.4石）	7.58%
大豆	15（0.3石）	5.69%
和薬苗	10	3.79%
けいかい	3.2（4貫目）	1.21%
楮木	10（50貫目）	3.79%
ときひ	9（0.3石）	3.41%
わた	5（200目）	1.89%
きひ	4.5（0.15石）	1.70%
茶	3（3貫目）	1.13%
まめば	2.4（6貫目）	0.91%
粟	1.5（0.05石）	0.56%
収入計	255.5（263.6）【36】	
文化4年賄入用（銀：匁）		総支出内比（対総収入比）
御年貢	231	40.31%（87.63%）
飯料	162（2人分、米1.6石、麦2石）	28.27%（61.45%）
造用	100（2人分）	17.45%（37.93%）
利足銀	60（400匁借用銀）	10.47%（22.76%）
農道具代	20	3.49%（7.58%）
支出計	573	
収支差引（銀：匁）	－317.5（309.4）	
総支出／総収入	217.37%【37】	
等価可処分所得（銀：匁）	－19.37【41】	
主食エンゲル係数	57.44%【31】	

ぐ「超高税率」世帯もあり、15文次郎（表9）にいたっては、八七・六％にもおよんでいた。二〜三石と、15文次郎とほぼ同じ持高であった39平次の税負担率が一九％であったことをふまえると、持高と税負担率は、単純な相関関係（正比例の関係）にはなかったといえよう（第一項で比較した、21善次郎と35藤兵衛の場合も同じ）。

前節で確認したように、田原村全体の実質税率は、三一・三％であった。だが個別世帯の次元にまで降りてみると、各世帯の間には税負担をめぐって相当な落差があったことが看取され、そこで平均値（三七・二七％）を求めて、村全体での実質税率と比べてみても、ほとんど意味をなさないといえよう。つまり、これまでの研究のように、村という次元だけで実質税率を云々していると、それより低い税負担世帯を見逃すだけでなく、たとえ村全体では低税率が実現されていたとしても、それよりはるかに高率の税を負担していた世帯を見逃す可能性も出てくるわけである。村が「高免」を嘆いたり、あるいは逆に「あの頃は低税率でよかった」と過去を振り返っていたとしても、その背景には、村の「高免」より低い税負担の世帯もいれば、低税率だった「古き良き時代」でも、（超）高税率負担を強いられていた世帯がいたかもしれない、と想定しておかなければならないのだ。

では四一軒中、三八世帯（赤字が微量な38万蔵を除くと三七世帯）までをも赤字に追い込んだ元凶とは、いったい何だったのであろうか。村側の主張に従えば「御高免」、およびそれによって引き起こされた借金が最大の「悪者」となるわけだが、それは額面通りに受け取っていいのであろうか。

たしかに、表2で確認したように、田原村全体でみると、村の総収入に占める上納・小入用と利足銀の割合は、決して低くはない（両者で五一％余）。また個別世帯の次元でみても、世帯収入に占める上納・小入用と利足銀の比率が、四〇％台が九世帯、五〇％台が七世帯、六〇％台が二世帯、七〇％台が四世帯、八〇％台以上が五世帯と、二七世帯もあり、なかには15文次郎（表9）のごとく、一〇〇％を超える世帯すらあった。「御高免」と借金のせいで赤字となり、首がまわらない世帯が頻出しているという村側の主張は、一面では「ことの真実」を言い当てているるといえよう。

では、この「高い」税金と借金問題さえ解決されれば、みな黒字に転向できるのであろうか。実はそうでもない。というのも、上納・小入用と利足銀をチャラにする、という非現実的なことを想定したとしても、赤字を解消できる、あるいはできそうなのは、赤字世帯（赤字微量の38万蔵は除く）の三七軒中、たったの一七世帯であり、しかもそのうち一三世帯は、等価可処分所得が銀二〇〇匁以上もある、中上層世帯であった（図4の上位一六世帯のうち、38万蔵、4要蔵、41安兵衛を除く一三世帯。残りの四世帯は、二一位14源三郎、二六位32藤九郎、三二位40治兵衛、三六位5藤右衛門）。加えて、年貢減免をめぐる村側の当初要求四三％減（年平均一六四石余→九四石余、拙稿c参照）をふまえて、上納・小入用半減、利足銀ゼロを適用すると、赤字解消家庭は、1善蔵、18治郎兵衛、19およ、22彦左衛門、25勘兵衛、35藤兵衛、39平次の七世帯に、さらに絞り込まれる。

つまり、村側の要求が最大限に実現されたとしても、その恩恵にあずかって赤字を解消し、「必至難渋」ぶりから解放される可能性があったのは、実はごく一部の比較的裕福な家だけ、だったのである（しかもすべての「金持ち」世帯が救われるわけでもない）。したがって、人びとを困窮に陥れる根本原因は、もっと別のところにある、とみなさなければならない。そしてそのとき気づかされるのが、前節でも指摘した、飯料と造用の重み、である。

表2でわかるように、飯料と造用が村の総収入に占める割合は、上納・小入用と利足銀の五一・四％をはるかにしのぐ、七〇・四％であった。また個別世帯でみても、飯料と造用だけで年収を超えてしまう世帯は、実に一五世帯もあり、続いて九〇％台が四世帯、八〇％台が三世帯と、八〇％以上世帯だけでも過半に達してしまう。上納・小入用と利足銀の年収占有率が、八〇％以上世帯で五軒、うち一〇〇％以上世帯にいたっては、たった一軒しかな

かったことと比べると、その差は歴然としていよう。しかも上納・小入用と利足銀では、四〇％以上世帯が全部で二七であったのに対し、飯料・造用のそれは三九と、ほぼ全世帯を占めていた（18治郎兵衛と24善五だけが三〇％台）。つまり、「困窮」する田原村の人びとの足を引っ張っていたのは、「御高免」でも借金でも何でもなく、むしろ彼ら自身の旺盛な消費意欲に支えられた、米・麦の主食穀物に対する摂取量と、造用という個人支出部分だったのである。とりわけ、一〇〇％以上世帯の一五軒のうち一四世帯は、等価可処分所得の中央値（14源三郎）以下にいたことが示すように、飯料と造用の負担は、中下層の家庭に重くのしかかっていた。これこそが、田原村の人びとを「必至難渋」に陥れていた元凶だったのであり、彼らは飯料と造用に象徴される一定の生活水準[23]を保とうとするがゆえに、自らの手で赤字を招来してしまっていたのである。

このことがもつ意味は大きい。なぜならこうした実態は、困窮を主張する村側の嘆願書には、一切登場してこないからである。困窮をもたらす決定的な元凶にはあえて触れず、要因としては一番手にあたる年貢と借金の問題で、領主に詰め寄る。そこからみえてくるのは、そもそも困窮を旗印にした民衆運動というのは、その根本原因に迫るような性格のものだったのではなく、むしろ税金や借金という、責任の所在（敵の存在）が比較的わかりやすく、「攻めやすい」ところを狙っておこなわれた政治運動だったのではないか、という歴史像である。

考えてみれば、飯料を規定する米・麦の価格相場は、誰も最終的には統制できなかったであろうし、造用にいたっては、領主や幕府のまったく関知し得ないところだったであろう。であれば、そのような責任の所在もよくわからず、誰を敵にしたらいいのかもよくわからない問題について、ことさら運動のなかで取り上げてみても、詮なきことであったろう。ましてや、ことの発端は自分たち自身の消費欲——須田努のいう「私慾」——にあったわけだから、なおさら領主に詰め寄る筋合いがない。田原村が五条代官に年貢減免を迫るとき、実際には銀で年貢を納めておきながら、その銀額の総計や、銀建ての米相場を論点に領主側と交渉するのではなく、あくまでも石高の量でかけ引きしていたところなども、「代官側に、実際の税額を規定する米相場の調整能力はない。ゆえに攻めるなら、具体的な交渉が可能な石高の量だ」という村側の判断のあらわれだといえよう。

三　赤字世帯のその後を追う

ここまでは、世帯表の集計や世帯間比較などを通して、困窮を主張する田原村全体の実情をみてきた。本節では、もう少し個別世帯に寄り添い、世帯表と宗門改帳を照らし合わせながら、赤字を抱えて難渋する人びとが、その後どうなっていくのかを追っていきたい。とりわけ、「貧しさ」の指標となりそうな破産と夜逃げに着目し、それがどのような世帯におとずれるのか、またそこに「法則性」のようなものを見出せるのかどうかを検討していくこととしよう。

1　しぶとく生き続ける大赤字世帯

田原村には文化八年以降、ほぼ毎年のように宗門改帳が残されており[24]、文化五年の『去卯年御田畑出来作物書上帳』に掲載された各世帯について、宗門改帳上の家族構成がどのように推移していくのか、追っていくことができる。また、ある家で破産が生じた場合も、「去御改後、身上沽却仕候」などと注記したり、本来ならば持高や棟数を記すべき箇所（記載形式は拙稿ｃ参照）に「無高無家」と記したりして、破産の事実を比較的丁寧に記録してくれているので、どの家族でいつ破産がおきたのか、ある程度正確に把握することができる。その史料的特性を活かして、以下、大赤字をだしていた世帯の、その後を追ってみよう。

まず注目されるのは、全世帯のなかで唯一、可処分所得がマイナスとなっていた15文次郎（表9）の動向である。彼の家は、非消費支出にあたる年貢と利足銀、計銀二九一匁だけで年収の二六三・六匁を超過し、自由に処分できる所得がまったく残されていなかっただけでなく、総支出が総収入の倍以上にものぼるような、大赤字世帯であった。しかも宗門改帳上の家族構成は、男手ひとつで小さな子どもの面倒をみなければならないような、父子家庭的様相を呈していた。まさに嘆願書でいうところの「必至難渋」ぶりを体現する世帯だったわけである。ただ、どれだけ赤字を抱え「困窮」していようとも、飯料と造用に象徴される一般的な消費水準を引き下げようとは、決していなかった。

年貢が、年収の九割近くに達していたということは、事実上、納税はほとんどままならなかった、ということであろう。そのうえ、赤字率も一〇〇％を優に超えていたわけであるから、客観的には破産して、潰れ百姓となって財産処分をし、それで滞納税と借金を弁済する、ということがなされていても良さそうなものである。ところが宗門改帳をみる限り、文次郎家が身上沽却に追い込まれた形跡はまったくみられず、むしろ、文化五年の世帯調査から三十年以上もたった天保十二（一八四一）年の宗門改帳でも、同家は普通に家族登録されていた。このかん、文化五年の世帯調査時には八歳だった文次郎の息子菊松が、十八歳で勘次郎と改名し、結婚、離婚、再婚を経たのち、父文次郎の跡を継いでおり、文次郎自身も、天保九（一八三八）年に七十三歳の高齢で亡くなるまで、宗門改帳上の戸主であり続けた。年貢の支払いもままならないほどの低収入で大赤字の世帯といえども、破産せずに村で生活し続けることは可能だったのである。[25]

同様のことは、高収入で村内の役職にも就くような家でも確認できる。たとえば2林蔵は、村の年寄や組頭を務めていたような家で、年収も村内第一二位の銀一貫一四八匁余を稼ぎ出していたが、前述の文次郎家と同じく、支出が収入の倍以上もあるような大赤字世帯であった。だがそれでも破産に追い込まれることはなく、文化八年に二十歳だった林蔵の息子栄蔵が、その後、父林蔵の跡を継ぎ、天保十二年段階でも持高一一石余、牛一疋を有する八人家族として登録されていたのであった。

一方、破産してしまうものの、村には居続ける家もあった。その一例が、表1の10伊助である。伊助家は、総収入・等価可処分所得ともに、村内第四〇位に位置づく低所得者層であり、その年収は、二人分の年間主食費すら賄いきれないほどのものであった。また、赤字率も二〇〇%におよばんばかりの、「超」大赤字世帯であった(これも村内第四〇位)。前述の文次郎家と同様、村側のいう「必至難渋」ぶりを体現する「困窮」世帯――飯料・造用の一般消費水準を堅持したままの――だったのである。

とはいえ、文次郎家がそうであったように、伊助家もまた、右のような「悲惨」な家計実態であったにもかかわらず、すぐさま破産に追い込まれたわけではなかった。逆に文化十(一八一三)年以後は、無高から脱却して五・七石の高持百姓となり、文化十三(一八一六)年から文政八(一八二五)年の間も、ずっと四・七三石の高持百姓として登録されていた(このかん、伊助本人も結婚と離婚を経験している)。経営の実情を示す数値としては頼りない持高とはいえ、伊助家の経営が文化五年の世帯調査以後、いくぶんか上向きになっていたことが示唆される。

ところが、結局は家計のやりくりはうまくいかなかったらしい。文政八年の宗門改帳では、「高四石七斗三升」および「本家壱軒」の記載箇所に、「無高」「家なし」と記す付箋が貼り付けられ、宗門改帳が作成された同年三月以降、いずれかの段階で、破産してしまったことが知られる。そしてその後の宗門改帳でも、「無高無家」の家として登録し続けられ、天保十(一八三九)年には、とうとう伊助の妹とよ(四十五歳、年齢は原文通り)一人だけの家になってしまった（伊助は、六十歳代に入った天保七〜九年頃に病死したものと思われる）。

　このように、文化五年の世帯調査以後、低所得で超大赤字世帯の伊助家が歩んだ道のりは、良いときもあれば悪いときもあるような、決して平坦なものではなかった。伊助たちの苦労が偲ばれるが、それでも彼らは、破産したとは言っても、即、夜逃げを強いられたわけではなく、住み慣れた居村に居続けることができた。田原村にはそうした選択肢が、破産者たちに与えられていたのである。(26)

2　破産と夜逃げに陥る健全世帯

　前項では、世帯収支の数値上、いかにも破産に陥りそうな世帯に注目して、破産や夜逃げの有無を検討してみた。その結果、破産にいたる経緯や条件が、そう簡単には説明できないことがみえてきたが、実はそのことは、数字のうえではとても破産に陥りそうにもない世帯の行く末からも指摘できる。それを象徴するのが、18治郎兵衛の破産と夜逃げの過程である。

　治郎兵衛家は、文化八年には庄屋を務め、文化三年の持高は三七石余で村内第一位、文化四年の年収は銀二貫一七八匁で第五位、等価可処分所得でも二三六匁弱で第一一位と、世帯収支上は裕福にみえる家庭であった。また赤字も七〇〇匁ほどあったものの、その比率は三二%程度で、前述した15文次郎、2林蔵、10伊助などと比べれば、はるかにその経営は健全であった。ところがこの「裕福で健全」な世帯が、文化十年三月以後、急降下していくことになる。(27)

　すなわち、文化十一（一八一四）年三月の宗門改帳では、「無高家（無脱カ）」と登録されて「家持」の肩書きがはずれ、「去御改後、身上沽却仕候ニ付、親子共奉公稼ニ罷出居候」と注記される。治郎兵衛家は前年三月の宗門改め後、土地や家屋・牛などを処分して破産してしまい、文化十年当時三十六歳の治郎兵衛と、十歳の息子万次郎、および七歳の娘りか（りう・りよとも）は、奉公人として働きに出ることになった。文化十三年宗門改帳には、「去ル酉年（文化十年—引用者注）、身上沽却仕候而無家、親子三人共親類方へ奉公稼ニ罷出居候」とあるから、彼らの奉公先は村内や近隣の親族であったことがわかる。

また治郎兵衛の妻いゑは、「此所妻いゑ儀、離縁仕、親元同村秀蔵江罷帰り候」と、治郎兵衛と離婚して、実家の3秀蔵家に戻っていた（文化十三年には、高二石余、「屋鋪壱ヶ所、本家壱軒」の「棟数壱つ」をもつ「家持」として、いゑ一人で「別家」）。さらに四歳の息子忠吉も、「此所忠吉儀、去御改後、宇陀郡下守道村仁兵衛と申者子分ニ差遣申候」と、隣村の宇陀郡下守道《しももち》村（宇陀市〔旧大宇陀町〕）の仁兵衛家へ「子分」（養子か）として差し出されていた。治郎兵衛家は、破産にともなう大幅な収入減に対処するため、妻を経済的に余裕のある村内の親元に戻し（3秀蔵の年収と等価可処分所得は、文化四年時に村内第四・五位、持高は文化十年段階でも二五石余）、世帯規模を小さくして飯料・造用の支出を抑えるとともに、家族全員が奉公稼ぎで外出して面倒をみられない幼児を、近所の他家へ出して子育ての手間をはぶく、という選択肢をとったのである。

このように治郎兵衛家の生活は、破産を契機に激変したが、それでも先述の10伊助と同じく、身上沽却しても宗門改帳には登録し続けられ、居村に住み続けることができた。加えて文化十五（一八一八）年宗門改帳では、いまだ「無高」で「当時奉公仕居申候」という状況でありながらも、「家持」の肩書きが復活し、「土蔵壱ヶ所」をもつなど、再建の兆しもみえてきていた。

ところが文政二（一八一九）年宗門改帳では、「無高」の「家持人」という立場のまま、治郎兵衛の息子万次郎（十六歳）と娘りう（十三歳）の二人家族となる。治郎兵衛の名は消え、「此所次郎兵衛義、出奔仕候」という注記のみが残される。どうやら治郎兵衛は、前年三月の宗門改め後、当時十五歳と十二歳の子どもを残して、一人だけで「出奔」、すなわち夜逃げしてしまったらしい（前述の文化十五年宗門改帳でも、「家持」治郎兵衛の名に「出奔人」の追記がある）。その後、残された子どもたちは、文政三（一八二〇）年には、かつて治郎兵衛家より隠居別家した、19およの家（註(27)参照。当時の戸主は弥三郎、持高一二石余）に一時的に預けられることとなる。さらに翌年、万次郎と妹のりよは弥三郎家から「別家」し、十八歳の万次郎を戸主として、高五石余、「屋鋪壱ヶ所、本家壱軒」の「棟数壱つ」を有する「家持」となった。そしてそこに合流したのが、八年前の破産時に（宗門改帳上は）離ればなれとなった、母いゑであった。こののち右の三人家族は、二十年後の天保十二年まで宗門改帳に登録し続けられていく。

文化十年の破産から、文政四（一八二一）年の再興にいたる治郎兵衛家の八年は、実に波瀾万丈であった。その過程からは、興味深い問題を多々議論できるが、ここではひとまず、世帯収支だけでみれば、とても破産しそうには見えない世帯であっても、身上沽却と出奔の憂き目に遭う可能性はあったことを指摘しておきたい。

同様のことは、39平次でも確認できる。平次家は、総収入は銀五三三匁（第二七位）と大したことはなかったものの、等価可処分所得では銀二四九匁弱と上位に位置し（前述の治郎兵衛家をしのぐ第一一位）、赤字率もわずか八％弱（第八位）と、かなり健全な経営をしていた。その後も、持高を微増させていたところをみると（文化七年二・八石余、文化八年三・六石弱、文化十年四・九九石、文化十二年四・七四石）、経営的には特段大きな問題を抱えてはいなかったらしい。

ところが、文化十三年三月の宗門改帳に、「此所平次儀、家内五人共、去亥（文化十二年―引用者注）十二月、一同召連出奔仕」とあるように、文化十二（一八一五）年の年末、当時四十五歳の平次は、妻のいそ（三十七歳）、および六～十一歳の子ども三人を引き連れて、突如、夜逃げしてしまう。村側は、さきの文章に続いて、「（平次家の行方を―引用者注）相尋候得共、未タ行衛相知不申候ニ付、無印ニ而奉差上候」と注記し、出奔から三ヶ月ほど経った時期ではあったが、いまだ行方知れずだったため、ひとまず通常の家族情報(五名の名・年齢・続柄、持高〔四・九九石〕、棟数、「家持」の肩書き)だけを書き上げて、平次の判を得ないまま、領主の五条代官に宗門改帳を提出している。(28)

前述の治郎兵衛は、単身での出奔であったが、平次家の場合、一家総出での夜逃げであり、事態はより深刻のように思える。だが実は、翌十四(一八一七)年三月の宗門改帳をみると、まるで何事もなかったかのように、何の注記もなく平次家は登録されており、しかもハンコまできちんと押されている。そして、この二四年後の天保十二年段階でも、七十一歳の平次を「家持」の戸主として、高四・四石余、「屋敷壱ヶ所、本家壱軒、小屋壱軒」の「棟数弐つ」と、宗門改帳上での健在ぶりをみせつけるのであった。いったん家族全員で出奔したものの、彼の家は実にあっさりと復帰を果たし、その後も村内で普通に生活し続けていたのである。

だがもちろん、治郎兵衛個人がそうであったように、皆がみな、夜逃げからの返り咲きを果たせるわけではない。たとえば20茂八(勘七と改名)は、平次家と同じく、「此所勘七家内六人共一同、去亥(文化十二年—引用者注)十一月出奔仕」と、文化十二年冬に一家全員で夜逃げし、文化十三年三月の宗門改帳では「無印」で家族登録がなされた。ところが結局復帰を果たせず、翌年の宗門改帳では、「所々相尋候得とも、行衛相知不申候ニ付、帳外奉願上、御聞届有之候ニ付、帳外ニ仕候」と、帳外扱いとなって、田原村の宗門改帳から消滅した。

茂八家の赤字率は五〇%ほどで、健全経営といえるかどうかは微妙なところであったが、税率が一一・五%と低率だったおかげで、持高は一石程度ながら、等価可処分所得では銀一八〇匁弱(第一八位)と、村内では健闘している方だった。だがそれでも一家総出で出奔せざるを得ず、しかも平次家のような返り咲きも叶わなかった。税率や等価可処分所得といった客観数値だけで、破産や夜逃げ、そしてそこからの「敗者復活」の可能性を探ることは、意外にも難しいのである。

3 「貧困への道」に「法則性」はあるのか

このように、文化五年の世帯収支報告書と宗門改帳をかけ合わせていくと、各世帯の動向がいかに多様だったか、また身上沽却や出奔に陥りそうな世帯を「予測」することが、いかに困難なことなのかがみえてくる。

たとえば15文次郎のように、可処分所得がまったくなく、世帯収支も大赤字だったにもかかわらず、破産も夜逃げもせず、普通に在村し続けられた世帯がいた一方、それよりもはるかに健全経営にみえた18治郎兵衛や20茂八が、破産したり、出奔や帳外の憂き目に遭う。また同じ村役人級の家でも、2林蔵より圧倒的に赤字が少なく、等価可処分所得もはるかに上回っていた18治郎兵衛が破産し、治郎兵衛個人も行方知れずになったのに、林蔵家は大赤字を出しながらも、破産も夜逃げもすることなく、平然と村内で生活し続けることができた。加えて、健全経営からの転落＝出奔では同じ経験をしながらも、あっさりと復帰し得た39平次のような家もあれば、20茂八のごとく、そのまま帳外扱いとなってしまう家もあった。茂八家よりもはるかに経営実績が悪く、破産まで経験した10伊助ですら、居村に住み続けることができたのに、である。

田原村の各世帯がみせるこうした多様さ、融通無碍さは、いったい何を意味しているのであろうか。おそらくそれは、そもそも破産や夜逃げとは、年収や等価可処分所得、あるいは赤字率といった客観数値が、あるところまで来たら必ず生じる、という類のものではなかった、ということであろう。つまり、「貧しさ」の指標となりそうな身上沽却や出奔という事態には、それを必然化させる「客観的な科学法則」などない、のだ。

これまでの近世史研究は、小百姓の没落と貧農化の背景に、「貨幣経済の進展」や「幕藩領主と特権商人との私慾の連鎖」を見出した須田努のごとく、村の貧困（困窮）化過程には、何か特定の「法則」や「構造（的矛盾）」があると仮定して、それを実証した気でいた。だが、従来の史料水準をはるかに上回る『去卯年御田畑出来作物書上帳』にもとづくと、そうした想定と実証は、はかなくも崩れ去っていく。村人たちがたどる可能性のあった「没落と貧困への道」は、「幕藩領主と特権商人との私慾の連鎖」などという、本人たちの外側にある特定の「敵」で説明できるほど、単純なものではなかったのだ。近世の村社会において、貧困にいたる客観法則などない、という謙虚な姿勢をとってこそ、新しい「村の貧困史」研究は始まる。

破産や夜逃げを通して貧困を考えるとき、もう一つ注意しなければならないのは、身上沽却や出奔後の生活を、必ずしも「貧しく、悲惨」なものとは即断できない点である。たとえば18治郎兵衛の場合、破産後は父子三人で働きに出ることになったわけだが、「無高で、賃労働収入を主とする世帯」という面では共通する10伊助（表1）の例をふまえると、家族総出での奉公稼ぎとは言っても、それとは別に、農作物収入が四割ほどあった可能性があるし、収入的にはどれほど苦しい生活を送っていようとも、一般消費水準の飯料と造用は、普通に適用されていたかもしれない。また家出や夜逃げが、即「路頭に迷う」ことを意味していなかった以上（拙稿b参照）、出奔して村には戻らなかった治郎兵衛個人や茂八一家が、その後どのような生活を送ることになったのかは、変な先入観をもたずに、相当慎重に吟味しなければならない。それだけ破産と夜逃げ、そして「貧困」の世界は奥深いのである。

おわりに

以上、大和国田原村の文化五年『去卯年御田畑出来作物書上帳』という稀有な史料を用いて、十九世紀初頭〜前半における村民世帯収支の実情、および赤字世帯の行く末を追ってきた。その結果みえてきたのは、持高という指標の頼りなさと、赤字をもたらす米・麦の主食費と個人支出の重み、そして「普通」の世帯と「貧しい」世帯を導き出すことの難しさと、貧困化を必然化させる客観法則のなさ、である。

この分析結果は、村の「貧困」と「貧農」の実在——しかも、あやふやな実証にもとづいた——を前提に理解されてきた、通説的な近世民衆運動像に、根本的な見直しを迫る。すなわち、村人たちが「重税反対」を旗印に困窮訴願運動を展開していたのは、何も本当に「御高免」が困窮の根本原因だったからではなく、むしろ責任の所在がはっきりして、「攻めやすい」論点だったからであった。また実際問題としても、村人たちが懸念した身上沽却や出奔の発生要因に、一目瞭然な法則性など存在していなかった以上、対領主交渉において、具体的な「算段」が可能な——困窮化要因を「法則的」に説明できそうな——税金や借金の問題に、「民衆の敵」が絞られていくのも、ゆえなきことではなかった。

したがって、民衆運動のなかで繰り返し主張される、「重税（と借金）による困窮」という責め立ては、社会の実情を反映したものというよりも、領主から年貢減免を引き出すための、一種の「政治（運動）用語」としてみなした方がよほどいい。人びとを困窮に陥れていた本当の要因は、米・麦に対する消費意欲と個人支出にあったのであり、そうした社会の現実と運動の主張内容のズレにこそ、ことの本質が潜んでいる。

村人たちの没落と貧困を理解する際、注視すべきは、「幕藩領主と特権商人との私慾の連鎖」などという、当時の人びとにとって「外在的」で「よそよそしい」事柄ではない。大事なのは、自らの消費欲という「内なる」問題だったのであり、実際の年収をあまり顧みないまま、飯料と造用に象徴される一般消費水準を保とうと無理をし、結局は赤字を招き入れて、破産や夜逃げの可能性を高めるという、自分で自分の首を絞めてしまう事態の方が、よほど深刻だったのである。歴史上の貧困を「誰かのせい」にする前に、もっと没落と貧困に向き合う当事者たちの身に寄り添わなければならない。

本稿で明らかにした事柄からは、今後、さまざまな論点が議論可能となる。たとえば世帯経営の多様さについては、十七世紀以来の射程で検討すべきであろう。田原村の天和三（一六八三）年人別帳でも、①三・八石余の持高を質入れして、「惣領」（長男）を近村で年季奉公させる世帯、②持高二・六石程度ながら、一年季の女性「召使」を雇って、七十歳の母親と二人暮らしをする世帯、③「高無」のため「日用取」や「出奉公」で家族を養う世帯、④「乞食」として登録される十四歳の単身男性世帯など、早くも世帯経営が多様化していたことがわかる。[29] この多様さをふまえると、おそらく、持高だけでは計りきれない世帯総収入や、〈普通―貧困〉世帯の線引きの難しさ、そして困窮にいたる客観法則のなさも、遅くとも十七世紀後半以来の問題であった可能性が高い。

また、世帯経営の浮沈をめぐる「とらえどころのなさ」は、貧困救済をめぐる「自己責任」の問題とも連関してこよう。筆者はかつて、村社会が困窮村民に救いの手をさしのべるとき、村の社会責任と、村民の自己責任とのあいだで、たえず揺れ動いていたことを指摘した（拙稿d）。両者のせめぎ合いが生じる歴史的背景はなかなか複雑であるが、困窮にいたる法則性のなさは、村社会のなかで自己責任論を強固に正当化する、一つの「実態」として認識されていた可能性があろう。

さらに、第三節で試みた個別世帯の追跡調査からは、極度の没落を食い止めるさまざまな社会的装置――湯浅誠のいう「溜め」（拙稿d参照）――の存在意義が痛感される。とりわけ破産後の18治郎兵衛家が、再就職先の手配をはじめとして、ありとあらゆる場面で親類の手を借りることができたのは、親族組織の相互扶助機能を検討するうえで、非常に興味深い。また10伊助や36市郎兵衛のごとく（表1・5）、無高の「屋鋪（地）」が、「村地」「手余り村地」となっていたのも、村の低所得者層対策の一環だったと思われる。それが発動される基準や選定手続きがどのようなものであったのか、さきの自己責任論との兼ね合いも含め、今後追究していく必要がある。
このほか、10伊助や36市郎兵衛のように、そもそも飯料すら賄いきれない年収で、どうやってメシにありつけたのかも課題となろう。市郎兵衛にいたっては、超大赤字だったにもかかわらず借金がなく、そうした「赤字だが借金はゼロ」という家庭は、ほかにも八世帯あった。借金に頼るか否かも含め、根本的な問題として、そもそもどのようにカネをまわせば、一般的な消費水準を維持しながらの自転車操業が可能となるのか、地道に検証せねばなるまい。

このように、田原村の『去卯年御田畑出来作物書上帳』から広がる歴史の世界は、果てしなく広い。たった一村の事例で全体を語れるのか、というもっともらしい批判が出てくるかもしれないが、そうした批判はおそらく不毛である。なぜなら、『去卯年御田畑出来作物書上帳』が示す世帯収支情報は、これまでの研究が依拠してきた、どの数値、どの史料的根拠よりも、圧倒的に精緻で豊かだからであり、一般化できるか否かを問われるべきは、田原村側ではなく、これまで実態だと思い込まれてきた先行研究側の数字(持高や作付面積など)だからである。それだけ、田原村の文化五年『去卯年御田畑出来作物書上帳』がもつ意義は大きいのであり、今後はこれを基準に、「村の貧困史」研究は語られなければならない。すべては田原村から始まるのである。

［註］

(1)拙稿a「村の「貧困」「貧農」と日本近世史研究」(『奈良史学』二九、二〇一二年)。
(2)佐藤常雄・大石慎三郎『貧農史観を見直す』講談社現代新書、一九九五年、平野哲也『江戸時代村社会の存立構造』御茶の水書房、二〇〇四年など。研究史の詳細については、拙稿a参照。
(3)青木美智男『全集日本の歴史　別巻　日本文化の原型』小学館、二〇〇九年、四六・六二ページ。

(4)須田努『幕末の世直し　万人の戦争状態』吉川弘文館、二〇一〇年、三・二三〜二五・三二〜三五・四〇〜四二・一四二ページ。
(5)古島敏雄『日本封建農業史』(初出一九四一年、のち『古島敏雄著作集』二、東京大学出版会、一九七四年)、二三八ページ。
(6)谷本雅之の成果については、拙稿a参照。なお、谷本「近代日本の世帯経済と女性労働―「小経営」における「従業」と「家事」―」(『大原社会問題研究所雑誌』六三五・六三六、二〇一一年)では、議論の視野が一九八〇年代にまでおよんでいる。
(7)註(2)平野前掲書、拙稿b「没落と敗者復活の社会史―近世の「物乞い」「家出」再考―」(世界人権問題研究センター編『救済の社会史』同センター、二〇一〇年)。
(8)藤田覚『天保の改革』吉川弘文館、一九八九年、六一〜六二ページ、深谷克己『百姓成立』塙書房、一九九三年、一六〇〜一六三ページ。
(9)穐本洋哉『前工業化時代の経済―『防長風土注進案』による数量的接近―』ミネルヴァ書房、一九八七年。
(10)菅野則子「天保期下層農民の存在形態」(『歴史学研究』三六五、一九七〇年)。関連史料は、『二宮尊徳全集』第一六・一八巻(二宮尊徳偉業宣揚会、一九二八・二九年、復刻版・龍溪書舎、一九七七年)、および神奈川県立公文書館保管間宮家文書にある。なお、これらの史料と先行研究の情報については、荒木仁朗「近世後期小前層の債務処理―足柄平野農村を素材に―」(近世史フォーラム例会報告、二〇一三年三月二三日)より得た。
(11)田原村片岡彦左衛門家文書・貢租一〇八〇。以下、同家文書を利用する場合は、片岡家の現当主・彦左衛門氏が作成した文書目録の分類名と整理番号にもとづいて、本文中に〔片岡貢租一〇八〇〕などと記す。なお本史料は、『新訂大宇陀町史』史料編第二巻(一九九六年)二七二〜三二二ページにも収録されているが、若干の誤植があるため、本稿では原文書に拠った。
(12)拙稿c「一九世紀初頭の村民世帯収支―大和国吉野郡田原村の事例から―」(『奈良史学』三〇、二〇一三年)。
(13)田原村の領主の変遷や、歴代領主の平均税率の推移については、拙稿c参照。

(14)『新訂大宇陀町史』史料編第二巻および第三巻(二〇〇二年)に、田原村が関わった延宝八年～明治二(一八六九)年の困窮訴願運動史料が掲載されている。
(15)谷山正道『近世民衆運動の展開』高科書店、一九九四年。
(16)『新訂大宇陀町史』史料編第三巻、二〇六～二〇七ページ。
(17)一九一五(大正四)年の『上竜門村風俗誌』(田原村含む)には、「茶ハ自家用ノ外、製スルモノナク」とある(『新訂大宇陀町史』史料編第三巻、八七四ページ)。
(18)安室知「稼ぎ」(『暮らしの中の民俗学2　一年』吉川弘文館、二〇〇三年)。
(19)『新訂大宇陀町史』史料編第一巻、二〇〇一年、三二一～三二二ページ。
(20)たとえば文化七年の場合、毛付高(控除後の課税対象村高)に対する免定上の免率は、「免四ツ弐分七厘八毛余」(四二・七八％余)であったのに対し〔片岡貢租一七七〕、村内の免割では「免五ツ壱分六厘」(五一・六％)という、全高持世帯共通の割合で年貢が割り付けられていた〔片岡貢租六一五〕。
(21)文化二(一八〇五)年三月の田原村宗門改帳〔片岡戸口三四〕によると、市郎兵衛は29清吉の父で、この年の宗門改めまでに清吉家から「壱人別家」したことがわかる。したがって、市郎兵衛を助けていたのは、息子の清吉家の誰かかもしれない。
(22)飯料の一人前基本額八一匁は、「これ以上切り詰められないギリギリのもの」だったのではなく、一人前約一三匁で計上した11おもと、五〇匁で計上した13忠八のごとく、「切り詰めようと思えば切り詰められるもの」であった。
(23)一人前一・八石という米・麦の年間消費量が、田原村における「一般消費水準」を示していたことは、主食エンゲル係数による世帯間比較からもうかがえるところである。たとえば四一世帯中、二二世帯は、主食エンゲル係数五〇％台に含まれていたし、飯料を極端に切り詰めていた主食エンゲル係数第一位の11おもと(三一・八％)を除くと、主食エンゲル係数による世帯間格差は、等価可処分所得順などより、はるかに小さくなっていた(中央値五三・六％の指数を一〇〇とすると、最下位24善五の六一・八％とは一五ポイント差、上位第二位18治郎兵衛の三八・〇％とは三〇ポイント差)。こと主食の米・麦についていえば、「金持ち」も「貧乏人」も、似たような食文化圏にいた、すなわち「一般的な消費水準」を共有していた、ということであろう。

(24)直接用いるのは、文化八年~天保十二(一八四一)年の宗門改帳〔片岡戸口三九~六九〕。以下、これらにもとづいた記述は、いちいち典拠を示さない。

(25)村内で唯一、赤字率が二〇〇%超えをして、群を抜いて「悪成績」だった36市郎兵衛(表5)も、結局破産も夜逃げもすることなく、七十八~七十九歳まで長生きして、文化十二(一八一五)年三月の宗門改め前に天寿を全うしている(ただし家としては「跡退転」=絶家)。

(26)他村の事例については、拙稿d「せめぎ合う社会救済と自己責任—近世村社会の、没落と貧困への向き合い方—」(『奈良歴史研究』七六、二〇一一年)参照。

(27)治郎兵衛家の持高が、文化三年から七年にかけて、三七石余から一三石余に急減しているのは経営悪化によるものではなく、文化三~四年の間に治郎兵衛の息子文右衛門が、(おそらく治郎兵衛の死去をきっかけに)家督相続をして次代・治郎兵衛となり、先代・治郎兵衛の妻とよが、隠居分家して別世帯(19おとよ)を形成した際、持高を分割したことによる。

(28)出奔したからといって、すぐさま破産手続きに入るわけではない。『地方凡例録』巻之七下「勘当・旧離・帳外之事」では、「扨又欠落者《カケヲチモノ》、定法通り六箇月相尋ねても行方相知れず、永尋《エイタヅネ》伺ひ済ミたる上、村方より帳外相願ひ、代官聞届け、宗門帳を除くなり」と、出奔人が出てもすぐさま帳外扱いにせず、六ヶ月間は探索期間にあてるのが、幕府の「定法」であったと伝える(大石慎三郎校訂『地方凡例録』下、東京堂出版、一九九五年、一二五ページ)。

(29)『新訂大宇陀町史』史料編第二巻、一二三~一三四ページ。

荒武賢一朗《あらたけけんいちろう》
1972年生まれ　東北大学東北アジア研究センター准教授
関西大学大学院文学研究科博士後期課程修了　博士（文学）
〈主要著書・論文〉
『近世史研究と現代社会』（編著、清文堂出版、2011年）
「幕末期における大坂の特質―御進発をめぐる社会状況―」（『日本史研究』603号、2012年）
『日本史学のフロンティア　１・２』（共編著、法政大学出版局、2015年）
『屎尿をめぐる近世社会―大坂地域の農村と都市―』（清文堂出版、2015年）

木下《きのした》　光生《みつお》
1973年生まれ　奈良大学文学部准教授
大阪大学大学院文学研究科博士後期課程修了　博士（文学）
〈主要著書・論文〉
「働き方と自己責任を問われる賤民たち」
（荒武賢一朗編『近世史研究と現代社会』清文堂出版、2011年）
「個の救済と制限主義」（近世史サマーフォーラム2013実行委員会
『近世史サマーフォーラム2013の記録　地域と時代を重ねる』、2014年）
『日本史学のフロンティア　１・２』（共編著、法政大学出版局、2015年）

執筆者紹介（掲載順）

太田《おおた》　光俊《みつとし》
1978年生まれ　三重県総合博物館学芸員
大阪大学大学院文学研究科博士後期課程単位取得満期退学
〈主要著書・論文〉
「大坂退城後の坊主衆の動向——六通の起請文からみた顕如・教如対立の一断面—」
（大阪真宗史研究会編『真宗教団の構造と地域社会』清文堂出版、2005年）
「基調報告　豊臣期本願寺の吏僚—益田少将発給文書から」
（『織豊期研究』11号、2009年）
「大坂退去から見た織豊期本願寺教団の構造」（『ヒストリア』218号、2009年）
『日本史学のフロンティア　１・２』（共編著、法政大学出版局、2015年）

神谷《かみや》　大介《だいすけ》
1975年生まれ
東海大学文学部非常勤講師・横須賀市総務部市史編さん係非常勤職員
東海大学大学院文学研究科博士課程単位取得退学　博士（文学）
〈主要著書・論文〉
「文久・元治期の将軍上洛と「軍港」の展開—相州浦賀湊を事例に—」
（『関東近世史研究』72号、2012年）
「幕末の台場建設と石材請負人」（小田原近世史研究会編
『近世南関東地域史論—駿豆相の視点から—』岩田書院、2012年）
『幕末期軍事技術の基盤形成』（岩田書院、2013年）

矢野健太郎《やのけんたろう》
1975年生まれ　島根県教育庁文化財課
九州大学大学院人文科学府博士課程単位取得退学
〈主要著書・論文〉
「明治初期山口県における地域財政の再編」（『地方史研究』319号、2006年）
「明治初期山口県における地域共有米金」（『山口県史研究』第18号、2010年）
「土地丈量からみる近世・近代の土地把握」
（『日本史学のフロンティア２　列島の社会を問い直す』法政大学出版局、2015年）

藤井《ふじい》　祐介《ゆうすけ》
1982年生まれ　佐賀県立博物館学芸員
九州大学大学院比較社会文化学府博士後期課程単位取得退学
〈主要著書・論文〉
「神祇伯白川家の神社管掌と武家伝奏・職事」（『近世の天皇・朝廷研究』第２号、2009年）
「吉田家の神職支配をめぐる対馬藩の動向—天保期「藤内蔵助上京之儀」を事例に—」
（『九州史学』第163号、2012年）
「近世後期における神祇伯白川家の「譜代」神社管掌」（『朱』第57号、2014年）

編者

平川《ひらかわ》　新《あらた》
1950年生まれ　福岡県出身
宮城学院女子大学学長・東北大学名誉教授
東北大学大学院文学研究科修士課程修了　博士（文学）
<主要著書・論文>
『紛争と世論—近世民衆の政治参加』（東京大学出版会、1996年）
『近世日本の交通と地域経済』（清文堂出版、1997年）
『全集　日本の歴史』第12巻「開国への道」（小学館、2008年）
『講座　東北の歴史』第二巻「都市と村」（共編著、清文堂出版、2014年）
『江戸時代の政治と地域社会』全二巻（編著、清文堂出版、2015年）

通説を見直す—16～19世紀の日本—
2015年5月25日発行
編　者　平川　新
発行者　前田博雄
発行所　清文堂出版株式会社
〒542-0082　大阪市中央区島之内2-8-5
電話 06-6211-6265　FAX 06-6211-6492
ホームページ= http://www.seibundo-pb.co.jp
メール= seibundo@triton.ocn.ne.jp
振替 00950-6-6238
組版：トビアス　印刷：朝陽堂印刷　製本：免手製本
ISBN978-4-7924-1035-3　C3021